그래도
희망은
노동운동

우리시대의 논리 ❷
그래도 희망은 노동운동

1판 1쇄 | 2006년 5월 1일
1판15쇄 | 2017년 3월 3일

지은이 | 하종강

펴낸이 | 정민용
편집장 | 안중철
편집 | 윤상훈, 이진실, 최미정
그림 | 캐리커처_민애수 본문그림_손문상

펴낸 곳 | 후마니타스(주)
등록 | 2002년 2월 19일 제300-2003-108호
주소 | 서울 마포구 양화로 6길 19(서교동) 3층
전화 | 편집_02.739.9929/9930 제작·영업_02.722.9960 팩스_0505.333.9960

블로그 | humabook.blog.me
페이스북 | facebook.com/humanitasbook
트위터 | @humanitasbook
이메일 | humanitasbooks@gmail.com

인쇄·제본 | 한영문화사 031-903-1101

값 10,000원
ⓒ 하종강, 2006

ISBN 89-90106-18-4 04300
      89-90106-16-8 (세트)

그래도 희망은 노동운동

우리시대의 논리 ②

하종강 지음

후마니타스

일러두기

1. 본문 안에 들어 있는 [ ]의 내용과 상자 안에 *표시되어 있는 자료들은 본문의 이해를 돕기 위해 편집자가 추가한 것이다.
2. 에필로그에 들어 있는 인터뷰와 글은 월간 『말』(2001년 1월, 2001년 12월)에 실렸던 글들이다. 원고를 사용할 수 있도록 허락해 준 월간 『말』에 감사드린다. 또한 김주익 열사와 배달호 열사의 그림을 사용할 수 있도록 허락해 준 (주)우리교육에도 감사드린다.

하종강의 『그래도 희망은 노동운동』은
노동문제를 자신의 문제가 아니라고 생각하는,
노동문제에 대한 이해가 별로 깊지 않은
그런 보통 사람들을 대상으로 한 책입니다.

노동자이면서도 자신이 노동자가 아니라고 생각하는 사람들,
가족 중에 노동자가 있으면서도
노동문제는 자신과 별로 관계없는 문제라고 생각하는 사람들,
노동문제는 민주노총·한국노총만의 문제라고 생각하는 사람들,
노동운동은 노동자에게만 유익할 뿐 사회 전체에는
유익하지 않다고 생각하는 사람들,
그러면서도 자신이 객관적이고 합리적인 사고를
한다고 생각하는 사람들…….
그런 사람들이 우연히 이 책을 보고,
'아, 이렇게 생각해 볼 수도 있겠구나' 라고
이해할 수 있도록 해 보자는 취지로 구성했습니다.

차 례

들어가는 글 8/

제1장 노동운동을 비판하려면

〈왕의 남자〉와 줄광대의 부채 15/ 노동운동을 비판할 때에는…… 19/ 노동자 개인의 인품도 중요하지만 23/ 대기업 노동자들은 기득권자인가? 26/ "평등주의가 경제 발전의 적"이라뇨 29/ 노사가 동등하다고? 32/ 노사관계 안정의 책임 35/ 함부로 충고하지 말지어다 38/ 시민운동가에게 듣고 싶은 한마디 43/ 부자 학교의 가난한 학생 47/ 하루 더 퍼져 있겠다는 것이 아닙니다 53/ 얼마나 더 많이 죽어야 합니까? 58/ 성직자들의 삼보일배와 노동자들의 파업 61/ 근로자파견법과 비정규직에 관한 기업의 주장 64/ 비정규직에 대한 경총과 IMF의 상반된 입장 67/ 비정규직 노동자를 늘리는 정부의 배짱 70/ 국민의 소비가 기업의 수출보다 중요합니다 73/ 대기업 노동자 임금도 인상되어야 합니다 76/ 기아자동차 노조 사건의 물타기 79/

제2장 파업에 대한 편견과 이데올로기

조종사 파업, 당신은 지지했습니까 87/ 맞아 죽을 각오로 하는 '친조종사 파업' 선언 89/ 공무원 노조의 파업이 너무나 정당한 이유 99/ 공무원 노조의 민주노총 가입을 판단하는 기준 102/ 전교조의 연가 투쟁은 불법인가 104/ 운전기사들에게 인권은 있는가? 107/ 벼랑에 내몰린 대학교 미화원 노동자들 111/ LG정유 노조의 파업과 외국 자본의 성격 113/ 아름다운 섬 제주도 양돈축협 노동자들의 싸움 116/ 조흥은행 노조 파업이 불법인 이유를 아십니까 119/ 교사들도 노동조건 향상 요구를 할 때가 됐습니다 122/ 철도 노조 파업에 대한 대통령과 언론의 태도 125/ 병원 파업을 보는 눈 128/ 청구성심병원에서 일어난 일 131/ 계약직만 돼도 좋겠습니다 134/ 특수고용직도 노동자입니다 137/ 현대자동차 노동자들이 고임금이라구요? 140/ 교섭 타결한 보건의료산업 노조와 금속 노조의 공통점 143/ SBS미디어넷 노동자들이 노숙농성 투쟁을 하는 이유 146/ 지하철 노동자들이여, 우리 KBS 노조도 애쓰고 있다 151/ 병원 노조 활동, 올바로 평가돼야 156/ 울지 마세요, 당당히 맞서세요 167/ 다른 나라들의 파업 174/

제3장 노동운동을 용납 못하는 사회

부자가 되라고 가르치는 사회 181/ 노동문제를 사회부 사건기자의 눈으로 보지 마라 184/ '노동'이란 단어를 두려워하지 마십시오 187/ 노동자가 죽음을 선택해야 하는 사회 190/ 사장님들, 제발 정도껏 하십시오 193/ 노동자 권리를 주장하면 매국노 취급을 받는 현실 196/ 이 분명하고도 기묘한 현상 199/ 대통령이 팔 걷어붙이고……202/ 새내기 노동자들, 그들이 잘못인가 205/ 신입사원들에게 노동교육을 하면서 210/ 단체교섭, 학교에서 가르쳐야 한다 214/ 헌법재판소가 무식한 이유 219/

제4장 노동의 눈으로 바라본 세상

백혈병 노동자에 대한 세 가지 관점 225/ '기업살인법'이라는 단어를 기억하시기 바랍니다 228/ 월드컵 축구 231/ 파란색, 빨간색 235/ 남구만의 시조 다시 읽기 238/ 정부 정책을 결정하는 막강한 사람들에게 240/ 국회 환경노동위의 증인 채택 243/ 공안문제연구소 감정 목록에 오르다 246/ 개나 소나 다 이야기하는 '국가 정체성' 249/ 독립운동은 아직 끝나지 않았습니다 252/ 역사 교과서 편향 논란과 3·1독립만세운동 255/ 주5일 근무제를 둘러싼 산수 258/ 이라크에서 '화물'이 되어 돌아온 두 노동자 261/ 이런 기업은 빨리 도산해야 합니다 264/ 민주노총 이수호 후보의 당선을 보는 눈 267/ 정몽헌 회장의 죽음으로 다시 생각해 보는 '재벌' 271/ 노동위원회의 위원 기피신청 제도 274/ 무식하거나, 혹은 비겁하거나 280/ 부산상고 노무현, KIST에 취업했으면 283/ 아버지의 고교등급제 285/ 국민연금 제도를 어떻게 할 것인가? 288/ 노동절에 생각한다 291/ "똑똑한 소비"의 깊은 뜻 294/

제5장 그래도 희망은 노동운동

전태일 열사 추모 33주기 299/ 공무원 징계자 수련회 302/ 우리보다 더한 사람들 306/ 위로할 수 있는 자격 309/ 요즘 노동조합 위원장 선거 312/ 인생에 도움이 되는 잠 314/ 사랑 사랑 누가 말했나 317/ 참여 경영은 필연입니다 321/ 몰락하는 중산층 324/ 아아, 한라중공업 327/ 학생들이 희망입니다 332/ 길 위에서 만난 사람들 335/ 하루 동안 만난 사람 337/ 어느 돌멩이의 외침 339/ '복직이'에 관한 추억 344/ 단병호 위원장에 관한……349/

에필로그 355/

들어가는 글

강원도의 농공단지에 있는 한 중소기업 노동조합이 단체교섭을 진행하고 있어서 몇 차례 다녀왔습니다. 그 노동조합의 교선부장은 언제 봐도 조용조용하고 참 온순한 인상을 가진 사람입니다. 말도 얌전하게 하고 피부 빛깔도 하얗고 생전 화낼 줄을 모르는 사람입니다. 머리에 "단결" "투쟁" 구호가 적힌 빨간 머리띠를 매고 있는 교선부장에게 농담반 진담반 물어보았습니다.

"교선부장님은 아무리 봐도 투사형은 아니고, 참 얌전하고 온순한 인상을 가지셨는데, 어떻게 노동조합 간부를 하게 됐어요?"

교선부장은 조용조용한 말씨로 답했습니다.

"제가 어릴 때부터요······ 뭔가 좀······ 정의로운 일을 하고 싶었거든요. 학교에 다닐 때도, 공부 잘해서 반장하는 것 말고······ 남들 앞에 나서서 잘난 척하는 것 말고······다른 사람들에게 도움이 되는 뭔가 좀 착하고 정의로운 일을 하면서 살고 싶었거든요."

세련된 말씨는 아니었지만 더듬더듬 말하는 교선부장의 얼굴을 저는 똑바로 쳐다볼 수가 없었습니다. 그 사람의 얼굴에서 환한 빛이 나는 것 같았습니다. 항상 그렇듯, 세련됨과 진정성은 별로 관계가 없습니다.

제가 만나는 노동자 중에는 이런 사람들이 많습니다. 이런 사람들이 노동조합 활동을 시작합니다. 언론이 '집단이기주의'라고 비난할지라도, 노동자들 중에는 이런 사람들이 많습니다.

어쭙잖게나마 노동문제에 관한 일을 직업으로 선택한 뒤 20여 년의 세월이 흘렀습니다. 요즘처럼 노동자 권리에 대해 이야기하기가 조심스럽고 어려운 시기는 일찍이 없었습니다. '노동조합'이나 '근로조건'과 같은 지극히 평범한 단어조차 남몰래 숨죽여 가며 속삭여야 했던 1980년대 '암흑의 시대'에도 지금처럼 어렵지는 않았습니다. 박정희로부터 노무현 대통령에 이르기까지 모두 여섯 명의 대통령을 거치는 동안 과거 그 어떤 정권에서도 지금처럼 노동자의 권리를 옹호하기가 어려운 때는 없었습니다.

사람들은 대부분 장애인의 권리가 확대되는 것이 옳다고 생각하고 여성의 권리가 신장되는 것 역시 옳다고 생각합니다. 그것이 우리 사회가 진보하는 방향이라고 생각합니다. 그렇게 생각하는 사람들도 노동자의 권리가 지금보다 더 높은 수준으로 확대되고 노동자 임금이 인상되는 것은 사회에 해롭다고 생각하는 경우가 많습니다. 특히 '국가경제'에 해를 끼치는 일이라고 생각합니다. 생각을 조금 더 하는 똑똑한 사람은, 엄청난 차별을 받는 영세 하청업체 비정규직 노동자들의 권리는 지금보다 확대되는 것이 옳지만 대기업 정규직 노동자들의 기득권은 지금보다 낮아지는 것이 한국 사회에 유익한 길이라고 생각합니다. 그것이 '국가 경쟁력'을 키우는 길이라고 생각합니다.

과연 그런 것일까요? 혹시 우리 사회 노동자들의 권리는 정상화되기도 전에, 흔히 말하는 '글로벌 스탠더드'에 이르기도 전에 다시 뒷걸음질치고 있는 것은 아닐까요? 이런 이야기들을 사람들에게 하고 싶었습니다.

　한 시민사회단체 회원들을 대상으로 강의를 마치고 나왔더니 서너 명의 사람이 입구에 옹기종기 모여 서서 저를 기다리고 있었습니다. 도서출판 후마니타스 출판사의 직원들이라고 자신들을 소개했습니다. 어수선한 사무실 귀퉁이에 둘러 앉아 잠깐 이야기를 나눴는데, 제 글을 모아서 책을 내고 싶다고 했습니다. 제가 너무 바빠서 도저히 원고를 정리할 시간이 없다고 했더니 자기들이 내 글을 모아서 원고를 마련하는 수고를 감당하겠노라고……. 벌써 책 한 권 분량의 글들을 모아서 직원들이 모두 돌아가며 읽었노라며 그럴듯하게 제본된 책을 한 권 내밀었습니다.
　이야기를 나눈 시간은 30분도 채 되지 않았지만 '80년대의 헌신성'이 느껴지는 사람들이었습니다. '아직도 이렇게 일하는 사람들이 있나' 싶었습니다.
　그로부터 며칠 뒤, 한 보따리의 원고 뭉치를 받았습니다. 제가 '승낙'하면 곧바로 책으로 낼 수 있다고 했습니다. 살펴보니 인터넷에 가볍게 올린 글들과 방송에서 자유롭게 내뱉은 말들이 원고의 대부분이어서 책으로 펴내기에는 부끄러운 수준의 내용도 많았지만 내가 직접 손을 보기로 하자면 또 부지하세월일 테니 그냥 두는 수밖에 없었습니다.
　높임말로 쓴 글과 내림말로 쓴 글들이 뒤섞여 있어서 "이거라도 하나로 통일하는 것이 어떠냐?"고 했더니 "그냥 자연스럽게 이대로 두는 것도 좋다"고 했습니다. 글쓴이 서문을 몇 자 쓰라고 하기에 저는 좁은 소견으로 "추천사라도 하나 받아야 하지 않겠느냐?"고 했더니 "그런 것 없이 그냥 담백하게 내자"고 했습니다.

그렇게 이 책이 세상에 나오게 됐습니다.
얼굴이 달아오를 정도로 부끄러운 많은 것들을 '자연스러움'과 '담백함' 이라는 단어 뒤에 감춥니다.

2006. 5. 1
메이데이를 앞 둔 신새벽에

하종강

제1장

노동운동을 비판하려면

비정규 해고 노동자 구혜영_그림 손문상

〈왕의 남자〉와 줄광대의 부채

사극의 틀을 깨뜨렸다는 신선한 평가를 받은 영화 〈왕의 남자〉가 관객 천만 명을 돌파했습니다. '대한민국' 국민 네 사람 중에 한 명은 이 영화를 봤다는 뜻입니다. 아직 이 영화를 보지 못한 사람은 그만큼 먹고살기가 팍팍하고 힘겹다는 뜻입니다.

왕이 나오는 사극이면서도 역사의 한켠에 소외돼 있던 광대들이 끝까지 그 영화의 주인공입니다. 한 비평가는 "역사에서 소외된 비주류(광대)의 입장에서 주류(왕)의 역사를 들여다봤다"고 칭찬하면서도 "광대들의 자유로운 영혼에 대한 이야기가 왜 이 시대에 필요한지, 그것을 밝혀 주지는 못했다"고 아쉬움을 표현하기도 했습니다.

남사당패에서 줄 타는 묘기를 부리는 사람을 '어름'이라 하는데 특히 줄타기의 최고수는 '어름산이'라고 부릅니다. '산이'는 사람과 신의 중간이라는 뜻입니다. 현재 우리나라에는 '어름산이'라고 불릴 만한 고수가 모두 7명밖에 없다고 합니다. 옛날에는 당대 최고의 어름산이가 동네에 들어오거나 저잣거리를 지나가면 다른 사당패들은 모두 깃발을 숙여서 존경을 표하기도 했습니다.

오래 전, 한 어름산이를 소개하는 기사를 읽다가 저는 이 대목에서 문득 목이 잠겼습니다. 몇 만 명의 노동자들이 모이는 노동자대회에서 그 해에 가장 열심히 처절하게 투쟁한 노동조합 깃발이 입장할 때, 다른 노동조합들이 모두 깃발을 숙이고 존경심을 표현하는 장면이 생각났기 때문입니다.

영화 〈왕의 남자〉에 대한 기사들을 읽으면서 저는 30년쯤 전에 다녔던 대학의 학생처장 교수님이 생각났습니다. 제가 대학에 들어간 해는 유신 독재가 한창 기세를 떨치던 1974년이었습니다. 그 무렵 이른바 '인혁당재건위' 사건이 벌어졌습니다. '사형'은 판결한다고 함부로 집행할 수 있는 그런 제도가 아닙니다. 우리나라에는 지금 50명이 넘는 사형수가 있지만 10년째 사형 집행이 없습니다. 그런데 박정희 독재 정권은 이른바 '인혁당재건위' 사건 관련자 8명에게 사형 판결을 한 뒤, 다음날 새벽에 바로 집행해 버렸습니다. 전날 법정에서 재판을 지켜봤던 가족들이 다음날 아침 일찍 위로하겠다고 교도소로 면회를 갔다가 시체를 부둥켜안고 울어야 했습니다.

종로 5가 기독교방송국 2층 강당에서 열린 기도회에 참석했던 '인혁당재건위' 사건 관련자 가족들이 사복경찰들에게 질질 끌려가며 "인혁당은 조작입니다!"라고 외치던 모습이 지금도 눈에 선합니다. 그 쇳소리로 외쳐대던 절규가 아직도 귀에 생생합니다. 그때는 새댁이었던 젊은 여성이 요즘 TV에 나오는 모습을 보니까 할머니가 다 되셨더군요.

대학교 2학년이었던 어느 날, 무슨 일 때문이었는지 자세히 기억나지는 않지만 옥신각신 대화를 나누던 학생처장이 저에게 따지듯 물었습니다.

"자네는 박정희 나쁘다는 얘기는 그렇게 열심히 하면서, 왜 김일성에 대한 욕은 한 마디도 안 하나? 공평하지 못한 것이 아닌가?"

여러분이 그런 질문을 받으면 뭐라고 답하시겠습니까? 저는 이렇게 답했습니다.

"김일성을 비난하는 이야기는 우리 사회에 흘러 넘치고 있지 않습니까? 그렇지만 박정희가 얼마나 나쁜 짓을 많이 했는지는 사람들이 너무 모르고 살잖아요. 하루아침에 귀한 목숨을 8명씩이나 목 매달아 죽였는데 누군가는 학생들에게, 시민들에게 그런 일이 벌어지고 있다는 것을 알려야 하지 않겠습니까? 그러니까 저 같은 사람들이 전심전력을 기울여 박정희가 한 나쁜 짓을 세상에 열심히 알려도 우리 사회의 균형이 맞으려면 아직도 멀었습니다."

영화 〈왕의 남자〉를 보면서 왜 30년 전의 이 일이 생각났을까요? 줄 타는 광대는 손에 부채 하나만 달랑 들고 줄 위에 올라갑니다. 그런데 이 광대의 부채는 언제나 광대의 몸이 기울어지는 반대편으로만 펼쳐져야 합니다. '나는 이쪽저쪽 어느 쪽에도 치우치지 않고 항상 공정하게, 객관적으로, 중립을 유지할 거야'라고 똑똑한 척하며 부채를 가운데로만 펼쳤다가는 바로 줄에서 떨어져 버리고 맙니다.

우리 사회에 범람하는 양비론이 대부분 옳지 않은 이유는 그 때문입니다. "양쪽 모두에게 책임이 있다"는 양비론은 공정하고 객관적인 태도를 유지했다는 만족감을 줄 뿐, 무책임할 때가 많습니다. 바늘 끝만큼이라도 옳은 편이 있다면 그 편을 들어야 합니다.

어떤 이들은 '이쪽저쪽 그 어느 편도 들지 않는 것'이 점잖은 교양인이 갖춰야 할 '중용'의 미덕인 줄 압니다. 그러나 그렇지 않습니다. "바늘 끝만큼이라도 옳은 편에 서되, 지나침이 없어야 한다"는 것. 그것이 우리 조상들이 가르친 중용의 미덕입니다.

한 쪽은 막강한 자본과 권력으로 무장한 자본가들이고 다른 한 쪽은 맨몸뚱어리밖에 없는 노동자들인데 그 사이에서 중립을 유지한다는 것은 불가능합니다. 노동조합을 탄압하는 성실한 인품의 인사노무 관리자들이 회사 입장에서는 충신이지만 역사 앞에서는 죄인이 될 수밖에 없는 이유가 그 때문입니다.

오래 전 제가 '대환이 형'이라고 부르며 따랐던 사람, 스스로 양심적 지식인이라고 생각하는 김대환 교수가 노동부장관이 된 뒤에는 노동계의 퇴진 요구를 받을 수밖에 없었던 이유도 그 때문입니다. 사회 전체가 경제에 '올인'하는 분위기에서, 다른 장관들이 모두 천편일률로 기업적 사고를 하는 나라에서 노동부장관조차 중립적 입장에 서겠다? 그것은 결국 강한 쪽을 편들겠다는 것에 다름 아닙니다.

　자본가와 노동자 사이에서 중립을 유지한다는 것은 불가능한 일입니다. '나의 말과 행동은 어느 쪽으로 펼쳐지는 부채인가?' 항상 그런 고민을 하면서 살았으면 좋겠습니다.

노동운동을 비판할 때에는……

노동문제에 관심이 있는 사람이라면 최근 한 인터넷 언론을 중심으로 진행되고 있는 노동운동에 대한 갑론을박을 지켜보았을 것입니다. 과거 노동운동에 몸담았던 한 사회운동가가 "현재 한국의 노동운동은 대기업 정규직 중심의 기득권 세력으로 매도되고 있으며 '왕자병 환자'로 치부되면서, 옹호해 주는 어떠한 사회 세력도 없는 고립무원의 상태에 갇혀 있는 실정"이라고 질타하면서 시작된 이 논쟁은 다른 사람들의 반론과 재반론이 이어지면서 관심을 불러일으키고 있습니다.

노동운동이 타락했다고 볼 수밖에 없는 구체적인 예들이 몇 가지 제시되기도 했습니다. 일부 노동조합 간부들의 그러한 행태를 저도 가끔 보게 됩니다. 어쩌면 저는 노동자들의 그런 "꼴사나운 모습"을 가장 많이 보는 사람일지도 모릅니다. 뿐만 아니라, 비정규직 노동자, 영세 하청업체 노동자, 시골 농공단지의 비닐하우스나 다름없는 허름한 공장에서 일하는 노동자, 아예 노동자로 인정받지도 못하는 특수고용직 노동자들을 가장 많이 만나는 사람일지도 모릅니다.

어제 하루만 해도, 아침 이른 시간에 공무원 노동자들을 만났고, 낮에는 병원 노동자들을 만났고, 오후에는 공공부문 대기업 노동자들을 만났고, 저녁 시간에는 지방 군청에서 일하는 비정규직 노동자들을 만났습니다. 오늘도 계속 그렇게 만났고, 앞으로도 계속 만날 것입니다. 지금은 대학생들과 노동문제를 이야기하기 위해 지방의 한 대학교에 와 있습니다.

아침에 만난 공무원 노동자들에게는 "활동가 몇 사람이 힘겹게 이끌어 가고 있는 공무원 노동조합에 가입하는 것이 왜 지극히 당연하고 자연스러운 일인가"에 대해 열심히 설명했지만, 수십 년 세월 동안 "노동조합은 우리 사회에 해롭다"는 인식에 익숙해진 공무원들은 좀처럼 동의하지 않는 표정이었습니다. '노동조합 활동 열심히 하는 동료들을 이상한 사람 취급하지나 말았으면……' 하는 것이 제가 그 공무원 노동자들에게 기대할 수 있는 최대치였습니다.

낮에 만난 병원 노동자들은 신입 간호사들이었습니다. 전국의 간호대학에서 상위 5% 이내 성적에 든 졸업생들만 추천을 받았다는데, 나중에 확인해 보니 신기하게도 그 사람들은 모두 교수님에게 추천서를 받으면서 "노동조합에 절대로 가입하지 마라. 네가 노동조합에 가입하면 내년부터 네 후배들이 그 병원에 취업할 수 없다"는 엄중한 경고를 듣고 왔다고 했습니다. 일주일 동안 진행되는 신입사원 연수기간에 단 한 시간을 할애받은 노조 간부들이 아무리 열심히 호소해도 노조 가입원서에 선뜻 자기 이름을 쓰는 사람은 거의 없었습니다. 오히려 "저 사람들은 병원에 취업했으면 병원 일이나 열심히 할 것이지, 왜 노동조합을 할까? 인간의 생명을 다루는 숭고한 직업 '백의의 천사'들에게 웬 노동조합?" 그런 시선으로 노조 간부들을 바라보고 있었습니다. 인생에서 '승진'이란 단어를 일찌감치 지워 버린 그 노조 간부들의 헌신적인 노력으로 자신들의 노동조건이 결정된다는 것을 그 사람들은 전혀 모르고 있었습니다.

오후에 만난 공공부문 대기업 노동자들은 "배부른 귀족 노조의 파업이라는 언론의 질타에 노동자들이 입은 상처가 매우 크다. 노동자들은 어떤 자기 성찰을 해야 한다고 생각하느냐?"고 저에게 조심스럽게 물었습니다. "다른 나라에는 입법 예가 거의 없다는 직권중재 제도를 거부하면 구속되고, 만일 받아들이면 이 불합리한 제도가 영원히 개정되지 않을 텐데 노동자들은 어떻게 하는 것이 좋겠느냐?"고, 선택의 여지가 없는 질문을 하기도 했습니다.

저녁에 만난 비정규직 노동자 아주머니는 군청에서 청소 일을 15년 동안이나 했다는데 "요즘 한 달에 얼마나 받으세요?"라고 물으니 "본봉은 40만 원 조금 넘고, 이것저것 합치면 60만 원쯤 받는다"고 했습니다. 15년 일하는 동안 자신들의 노동조건에 대해 군수님과 이야기할 수 있었던 기회는 "몇 년 전에 마음 좋은 군수님이 계셨을 때 딱 한 번뿐"이었다고 했습니다. 자기들은 공무원 노조에도 가입할 수 없지만 공무원 노조 간부들의 도움으로 이렇게 교육도 받게 되고 이제 곧 자기들끼리 별도의 노동조합을 만들 수 있게 됐다고 기뻐했습니다. 공무원들은 모두 받고 있는 식비를 자기들은 여지껏 받지 못하고 있는데 공무원 노조가 생기더니 노조 간부들이 찾아와 이것저것 묻기도 하고 "어떻게든 이번 교섭에서 아주머니들도 식비를 받을 수 있도록 해 보겠다" 약속했노라고, 그래서 노동조합이 좋다는 것을 알게 됐노라고 했습니다.

우리 노동운동의 잘못된 점들에 대해 노동자들을 직접 만나 이야기하지 않고, 노동운동에 대한 그릇된 혐오감에 수십 년 동안 익숙해진 보통 사람들, 스스로 양심적 지식인이라고 생각하지만 그릇된 제도권 교육의 모순을 극복하지 못한 사람들, 노동문제를 올바르게 이해할 기회가 단 한 번도 없었던 학생들, "내 생각에는 말이야……"라고 하면서 '조선일보 생각'을 말하는 사람들, 고의적으로 노동운동을 호시탐탐 헐뜯는 사람들도 모두 다 보는 언론 매체에 대고 말하는 것은, 최소한 제가 어제 만난 공무원 노동자들, 병원 노동자들, 공공부문 대기업 노동자들, 비정규직 노동자들이 조금이라도 더 인간답게 살 수 있도록 불철주야 노력하고 있는 착한 사람들을 더욱 힘들게 만드는 일입니다. 그들의 마음에 상처를 입힐 뿐 아니라 다른 사람들이 그들을 비웃게 만듭니다.

노동운동에 대한 정상적인 이해가 대중적 정서로 올바르게 자리 잡아 본

적이 역사상 단 한 번도 없는 사회에서 노동운동을 비판할 때에는, 자신의 말이 얼마나 옳은가 하는 것 못지않게, 자신의 말이 얼마나 옳은 영향을 끼치고 있는가 한 번쯤 생각해 봐야 할 것입니다.

> 참고로, 저는 거의 매일 노동자들을 만나 우리의 잘못된 행태에 대해 이야기합니다. "우리 정말 많이 반성해야 한다. 이러다가 망한다. 자신보다 더 어려운 처지에 있는 노동자들의 고통을 함께 끌어안을 수 없다면, 초등학교 도덕 교과서의 원칙들을 지킬 수 없다면, 우리는 사회에 아무런 유익한 영향도 끼치지 못할 뿐 아니라 자신의 인생을 가치 있게 채울 수도 없을 것이다……." 어쩌면 저는 노동자들에게 그런 '싫은 소리'를 가장 많이 하는 사람일지도 모릅니다. 어제도 했고, 오늘도 했고, 내일도 할 것입니다. 다만, 노동자들보다 훨씬 잘 사는 사람들이 주로 모여 있는 곳에서는 말하지 않습니다. 그것은 노동자들을 더욱 힘들게 만들어, 결국 우리 사회가 더 나은 사회로 발전하는 데 해를 끼치기 때문입니다.

노동자 개인의 인품도 중요하지만

지방에 내려갔다가 심야우등 고속버스를 타고 올라올 때가 많습니다. 새벽에 버스터미널에 내리면 택시를 이용할 수밖에 없습니다. 새벽 시간에 버스터미널에서 손님을 기다리는 택시들은 좀 멀리 가는 손님을 태울 수 있다는 기대를 하는 것이 당연합니다.

그런데 제가 사는 집은 버스터미널에서 아주 가까운 곳에 있습니다. 택시에 올라타서 우리 동네 이름을 말하며 가자고 하면 어떤 택시기사는 노골적으로 불만을 표시하기도 합니다. 시종일관 친절하게 대해 주는 택시기사들도 물론 많지만, 그렇지 않은 기사들도 많습니다. 어떤 기사는 운전을 얼마나 험하게 하는지 뒷자리에 앉아서 몸의 중심을 잡기가 어려울 정도일 때도 있습니다. 그 운전기사의 뒷모습만으로도 그가 얼마나 화를 내고 있는지 쉽게 느낄 수 있습니다.

그럴 때면 저는 택시 뒷자리에 앉아 이런 생각을 하기도 합니다. "내가 이런 사람들을 위해서 20년 넘게 일해 왔나?" 결론부터 말씀드리면, "그렇다"입니다. 택시 노동자들 개인의 인품과 무관하게, 그 사람들의 권리가 향상되는 것이 우리 사회가 발전하는 방향입니다. 훌륭한 인품을 가진 운수 자본가와 인격적 결함이 있는 운수 노동자들이 서로 대립하고 있다 할지라도, 시민들은 운수 노동자들 편에 서는 것이 우리 사회가 발전하는 데 도움이 됩니다.

우리 사회가 옳게 발전하는 방향이란, 가능한 한 사회 구성원 모두에게 유익한 방향이라는 뜻입니다. 되도록 많은 사람들이 행복하게 살아갈 수 있는 사회를 만들어가는 데 도움이 되는 것을 뜻합니다.

노동자 개인의 인품이 사회 이슈의 옳고 그름을 결정하는 가장 중요한 기준이 되는 것은 아닙니다. 예를 들면, 학식과 인품이 뛰어난 양반 계급과 불학무식한 머슴들이 대립하고 있는 구조에서는 백성들이 머슴들의 편에 서는 것이 우리 사회의 불합리한 신분제도를 철폐하고 근대 국가로 발전하는 데 도움이 됩니다.

따지고 보면, 택시기사들이 불친절한 것은 꼭 그들의 인품 탓도 아닙니다. 구조가 그들을 그렇게 만드는 측면이 있습니다. 만일 택시기사들에게도 완전월급제가 실시되고 있다면, 택시기사들이 가까운 곳에 가는 손님이라고 특별히 마다할 리가 없습니다. 사회문제를 구조적 관점에서 이해할 필요가 있습니다.

공무원 노조의 파업에 대해서, 자신이 겪은 공무원에 대한 불쾌한 경험들을 내세우며 반대하는 사람들이 많습니다. 우리 사회 공무원들은 불친절하고 고압적이고 무사안일하고 복지부동하다면서 "이런 공무원들에게 노동기본권을 보장하는 것은 말이 안 된다"고, "공무원들은 자신들의 권리를 주장하기에 앞서 민원인들을 대하는 태도부터 바꿔야 한다"고 목소리를 높이기도 합니다.

혹 그런 공무원들이 있다 해도 거대한 국가권력과 말단 공무원들이 맞서는 대립 구도에서는 국민들이 공무원들의 편에 서는 것이 우리 사회에 유익합니다. 고위직 공무원들과 하위직 공무원들이 대립 갈등을 빚을 때에는, 자신이 불편을 좀 겪더라도 하위직 공무원들의 권리를 옹호하는 것이 성숙한 시민의식입니다.

우리 사회에서 특별히 불친절하고 무뚝뚝하고 무사안일한 사람들만이 주로 공무원으로 임용됐을 리는 없습니다. 그리고 그러한 공무원들은 지금 공무원 노동조합에 열심히 참여하지도 않습니다. 그들은 공무원 노조 활동에 헌신적인 동료 공무원들에게도 똑같이 불친절하고 고압적이고 무사안일하고 복지부동하고 비협조적인 태도를 보일 뿐입니다. 성실하고 순수한 교사들이 초창기 전교조 활동에 앞장섰던 것처럼, 공무원 노조를 이끄는 사람들 중에도 역시 성실하고 순수한 공무원들이 많습니다.

노동귀족이라고 불리는 대기업 정규직 노동자들의 기득권을 비난하면서 비정규직 노동자들의 열악한 노동조건을 향상시켜야 한다고 주장하는 사람들은, 똑같은 이치로, 거대한 국가권력에 맞서는 공무원 노조의 입장을 지지해야 합니다.

대기업 노동자들은 기득권자인가?

대기업 노동자들의 기득권을 규탄하는 목소리가 자주 들립니다. 중소 영세 하청업체 및 비정규직 노동자들보다, 기업을 경영하는 사람들이 그런 말을 더 자주 하더니, 최근에는 노무현 대통령과 정부의 노동 정책 담당자들이 대기업 노동자들의 기득권을 지적하는 말을 자주 하고 있습니다. 노 대통령과 현 정부의 노동 정책 담당자들이 마치 대기업 노동자들에게 적개심마저 갖고 있는 것이 아닌가 생각될 정도입니다. 급기야 노무현 대통령은 온 국민이 지켜보는 텔레비전 토론 프로그램에 나와 대기업 노동자들에게 "비정규직 문제를 해결하기 위해 얼마나 진지하게 고민하고 있는가 양심에 손을 얹고 고민해 보라"고 엄숙하게 충고까지 하기에 이르렀습니다.

대기업 노동자들의 기득권을 지적하는 사람들에게, 자신이 직접 대기업 노동조합 활동을 해 본 경험이 있거나, 최소한 대기업 노동조합 활동가들을 옆에서 지켜본 경험이라도 있는지 묻고 싶습니다. 대기업 노동자들이 기득권을 갖고 있다면 그것은 어디까지나 중소 영세 하청업체 및 비정규직 노동자들과 비교해서 상대적으로 그렇다는 것이지, 대자본과의 관계에서조차 기득권을 갖고 있는 것은 아닙니다. 대기업 노동자들 역시 자본 앞에서는 약자에 불과합니다. 대기업 노동조합의 활동가들 중에서는 아직도 몇 년씩 진급을 포기한 채, 언제 해고당할지 모르는 위험 앞에서 아슬아슬하게 줄타기하듯 활동하고 있는 사람들이 많습니다. 그런 사람들에게 기업의 인사노무 관리자들은 "우리가 당신을 불법 해고하더라도, 대법원 판결을 받고 복직할 때까지는 몇 년이 걸린다"고 위협하면서 공공연하게 불이익 행위를 하기도 합니다.

경영자들은 대기업 노동조합이 경영에 지나치게 간섭하기 때문에 경영을 제대로 할 수 없다고 불평합니다. 생산라인의 작업 속도를 조절할 때마다 노동조합의 동의를 받아야 하니, 요즘과 같이 유연성이 요구되는 시대에 어떻게 기업을 경영할 수 있겠냐고 불평합니다. 노동조건에 영향을 미치는 작업 속도 조절 등의 문제는 노동조합과 합의하는 것이 당연합니다. 선진국 가운데는 그런 내용들을 의무적으로 노사가 합의하도록 법으로 규정하는 나라도 있습니다. 우리나라에서는 극소수의 대기업에서만 그런 사항들이 노사 합의로 이루어질 뿐, 대부분의 기업에서는 아직도 회사의 고유한 인사권 또는 경영권이라는 이름 아래 경영자의 전속적 재량으로 보호하고 있습니다. 노동조합이 경영에 관여하는 것을 비정상적으로 보는 것은, 우리가 수십 년 세월 동안 노동자들을 일방적으로 통제해 왔던 노사 관행에 익숙해졌기 때문입니다.

어떤 이들은 대기업 노동조합의 기득권을 지적하는 것이 노사 어느 쪽에도 치우치지 않는 중립적인 입장인 것처럼 생각합니다. 그러나 노사관계처럼 팽팽한 긴장이 서로 대립하는 상황에서 중립적인 입장을 이야기할 때는 신중하게 생각해야 할 것이 있습니다. 우리 사회는 지난 수십 년 동안 자본과 권력, 즉 돈 많고 힘있는 사람들의 주장이 일방적으로 관철된 사회였습니다. 그런 사회에서 힘없고 가난한 사람들이 이제 겨우 자신들의 주장을 펴기 시작한 것입니다. 수십 년 세월 동안 돈 많고 힘있는 사람들의 이익이 지나치게 반영되어 온 사회에서, 노동자들을 비난하는 말을 할 때는 한결 더 신중해야 합니다.

노 대통령이 대기업 노동자들을 직접 만나서 "비정규직 문제를 해결하기 위해 얼마나 진지하게 고민하고 있는가 양심에 손을 얹고 고민해 보라"고 권하는 것은 의미 있는 일일 수 있습니다. 그러나 온 국민과, 기업을 경영하는 사람들과, 보수적인 언론이 수십 년 동안 만들어 낸 시스템에 길들여져 객관적인 판단력을 상실한 시민들이 모두 보는 텔레비전 프로그램에 나와서, 대통령이 대기업 노동자들을 탓하는 발언을 하는 것은 옳지 않습니다. 자신의 말이 얼마나 옳은가보다 더욱 중요한 것은, 자신의 말이 우리 사회에 어떤 영향을 미치는가 하는 것입니다.

지난 대통령 선거 당시 노무현 후보가 제시했던 많은 비정규직 노동자 관련 공약들, 주5일제 도입시기 단축, 비정규직 1개월당 1.5일의 휴가 부여, 외국인 산업연수생제도 폐지 및 고용허가제 도입, 법정퇴직금제도 5인 미만 사업장 및 1년 미만 비정규직에도 적용, 불법파견 방지 감독체계 정비, 특수형태근로 종사자 사회보험 적용 및 단결권 보장 등 수많은 약속들 가운데 현재 실현되고 있는 내용이 단 하나라도 있는지, 정말로 양심에 손을 얹고 고민해야 할 사람은 누구일까요?

"평등주의가 경제 발전의 적"이라뇨

한국경제연구원 좌승희 원장이 "평등주의가 경제 발전의 적"이라는 내용의 주장을 했다고 언론이 보도했습니다. 좌 원장은 "지난 80년대 이후 관치 평등주의가 만연해 장기 저성장을 초래했다"고 지적하면서, 박정희 정권의 경제 정책에 대해서는 "한국 경제의 이륙"이라는 표현으로 치하하는 한편, 30대 재벌에 대한 규제를 잘못된 정책의 대표적 사례로 꼽았습니다. "박정희 패러다임을 청산하기 위한 개혁이 장기 성장 침체를 가져왔다"고 비난하면서, 심지어 "경제를 절대평등 사상에 의해 운영하겠다는 선언인 헌법 제119조를 철폐해야 한다"는 주장까지 했습니다.

참고로, 대한민국 헌법 제119조 제2항은 "국가는 균형 있는 국민경제의 성장 및 안정과 적정한 소득의 분배를 유지하고, 시장의 지배와 경제력의 남용을 방지하며, 경제 주체간의 조화를 통한 경제의 민주화를 위하여 경제에 관한 규제와 조정을 할 수 있다"고 규정하고 있습니다.

전경련 부설 연구기관 책임자의 위와 같은 주장은 잘 모르고 한 말이거나, 거짓말이거나 둘 중의 하나입니다. 평등은 경제 성장에 필수 불가결한 요소이고, 불평등은 경제 성장에 심각한 악영향을 끼친다는 것이 최근 몇 년간 거시경제학 분야의 중요한 연구성과입니다. 경제를 연구하는 사람이 그것을 몰랐다면 무식한 것이요, 알면서도 그렇게 말했다면 비겁한 것입니다.

우리나라 경제가 '한강의 기적'이라 불릴 정도로 높은 성장률을 기록했음에도 실패할 수밖에 없었던 이유가 경제 성장과 아울러 사회 불평등 구조가 심화됐기 때문이라는 것은 한국 경제를 조금이라도 공부한 사람들에게 이미 상식입니다. 정부의 경제관료나 학자들이 우리 경제의 문제점을 지적하면서 "건전한 내수를 창출하지 못했다", "소비가 위축됐다", "구매력의 안정적 유지가 불가능하다", "경기가 부양되지 않는다"고 하는 말들은 모두 우리 사회가 소수의 부자와 다수의 가난한 사람들로 구성돼 불평등 구조가 심화된 현상을 각각 다르게 표현한 것들입니다.

그동안 세계 여러 나라가 이념과 사회 체제에 따라 다양한 형태로 시도해 왔던 경제 발전 모델이 인류에게 남긴 공통적 교훈은 사회 양극화 현상이 심각해지면 그 어떤 놀라운 경제 성장의 성과도 하루아침에 무너질 수밖에 없다는 것입니다.

"어떤 경제학도 휴머니즘보다 위에 있을 수 없다"는 말이 있습니다. 다수의 가난한 사람들이 인간답게 행복을 누리며 살 수 있도록 하는 것이 올바른 경제 정책이란 뜻입니다. 이렇게 "약자의 권리를 보호해야 한다"는 명제가 인류 사회에 확립된 것은 단순히 "인간으로서 최소한의 행복이 보장돼야 한다"는 고전적 휴머니즘의 차원이 아니라, 평등을 구현하는 것이 공동체 전체의 발전에 유익하기 때문입니다.

지난해 에모리대학교에서 원숭이를 대상으로 평등의식과 정의감에 대한 실험을 했는데, 원숭이들에게 먹이를 주다가 불평등하게 대우하기 시작하면 무리 중에서 자신의 먹이를 포기하면서까지 그 불평등에 저항하는 원숭이들이 나타난다는 것입니다. 거듭된 그 실험에서 얻어진 결론은 "정의감은 학습의 결과가 아니라 진화되어 온 본능적 특성"이라는 것입니다. 평등을 지향하는 도덕률이 사회에 확립된 것은 인류가 오랜 역사 진화 과정 속에서 그 원칙들을 지키는 것이 인류 공동체의 유지 발전에 유익하다는 것을 체득했기 때문입니다.

좌 원장의 주장에는 옳은 내용도 있습니다. "시장경제란 잘하는 경제 주체와 못하는 경제 주체를 차별해 못하는 쪽은 탈락시키고, 잘하는 쪽은 더욱 지원하는 시스템"이라는 것입니다. 시장에서 우월한 경쟁력을 갖는 재벌기업에 대한 지원이 필요하다는 뜻으로 그렇게 주장했겠으나, 이 말은 자승자박입니다. 해방 이후 지금까지 우리나라의 경제 정책은 재벌기업이 아무리 부실경영·족벌경영의 잘못을 해도 시장에서 탈락하지 않도록 금융 특혜 등 온갖 지원을 해 주는 것이었습니다. 그 잘못이 결국 수십억 달러를 국제통화기금으로부터 빌리지 않으면 나라 전체가 도산할 수밖에 없는 치욕적인 경제 위기를 초래한 것입니다.

우리 사회에서 힘있고 돈 많은 사람들의 입장을 두둔하는 주장을 들을 때는, 그 사람이 그렇게 말함으로써 얻는 유익이 무엇인지 살펴봐야 합니다.

노사가 동등하다고?

비교적 공정한 언론이라는 평을 듣는 한 일간지가 '상생의 기업 경영'이라는 주제로 야심찬 기획 기사를 시작하면서 "새해를 맞아 노동자도 사용자도 갈등과 대립에서 벗어나 대화와 타협으로 '함께 사는' 틀을 찾아야 한다"고 취지를 설명했습니다. 이어서 "노사가 지금처럼 자기 몫 지키기만 고집한다면 그 길은 멀고도 멀 수밖에 없다"고 썼습니다.

이 말은 얼핏 흠 잡을 데 없이 들리지만, 자세히 보면 노사가 서로 대등한 입장일 때에만 어울리는 표현입니다. 이와 같은 표현들은 노사관계의 책임이 노사 양쪽에 공히 있을 때에만 할 수 있는 말입니다. 갈등과 대립의 책임이 누구에게 있는지, 자기 몫 지키기에만 열심인 편이 어느 쪽인지 위의 표현만으로는 전혀 알 수 없습니다.

대의원 선거를 앞두고 중요한 계획을 추진 중이던 노동조합 간부가 한동안 연락을 끊었다가 오랜만에 찾아왔는데, 그 저간의 사정은 이랬습니다.

회사가 갑자기 "조합원 다섯 명을 해고하겠다"고 노동조합에 통보했습니다. 정당한 사유를 묻는 노조 간부에게 회사의 인사노무 관리자는 "일단 해고하고, 몇 년 뒤 그 사람들이 대법원에서 부당해고 판결을 받으면, 그때 돈으로 해결하겠다"고 답했습니다.

며칠 뒤 회사는 타협안을 제시했습니다. "노조 대의원 선거에서 회사가 후보를 내보내는 선거구에 노동조합 측이 후보를 내지 않는다고 약속하면, 지금 추진하는 다섯 명에 대한 해고는 없었던 일로 하겠다"는 것입니다. 해고 운운하던 처음부터 회사의 목적은 바로 노동조합 대의원 선거였습니다.

노동조합 회의에서는 격론이 벌어졌으나 결국 그 타협안을 받아들이기로 했습니다. 다섯 명의 노동자가 해고돼 몇 년 동안 복직 투쟁을 벌이느니 대의원 몇 자리를 내주는 것이 낫다고 생각했기 때문입니다. 회의를 마치면서 노조 간부들은 지난 10년 동안 어용 노조를 민주화하느라고 겪었던 어려움을 떠올리며 눈물지었습니다.

노동조합 집행부를 구성할 때 회사는 또다시 조건을 제시했습니다. 노조 간부 중에서 회사가 지목하는 사람을 제외시켜 주면 전임자 수를 늘려주겠다는 것입니다. 회사는 구체적으로 노조 간부의 이름을 거론하면서 "이 사람은 절대로 안 된다"고 못을 박았습니다. 전체 조합원 수에 비해 턱없이 적은 전임자 수를 늘리는 것이 오랜 숙원사업이었던 노동조합의 대책회의에서는 또다시 격론이 벌어졌습니다. 결국 회사로부터 지목받은 간부가 눈물을 흘리며 "현장 업무에 복귀하겠다"고 말하는 것을 들으면서 다른 간부들도 모두 따라 울었습니다. 현장으로 복귀한 간부는 노동조합을 가장 열심히 탄압하는 관리자 담당 부서로 배속됐습니다. 그런데도 그 노동자는 이렇게 말합니다.

"노동조합을 떠나 현업에 복귀하는 것이 사실 너무 즐겁다. 40년 인생을 통해 배운 것보다 노동조합에서 2년 동안 배운 것이 더 많았지만, 노동조합 활동은 솔직히 너무 힘들었다. 신물난다. 남아있는 동지들에게 미안하다"고 말했습니다.

노동조합 간부들과 가깝게 지내는 직원들은 절대로 진급이 안 되는 것이 이 회사에서는 오랜 관행입니다. 인사과 직원들은 마치 군대의 보안대원처럼 다른 직원들 위에 군림합니다. 자신들은 월급의 몇 배나 되는 활동비를 마음대로 쓸 수 있다는 자랑을 즐겨 합니다. 그 사람들의 언행에는 우리 시대 가장 성공한 직장인이라는 자부심이 가득 차 있습니다.

우리나라에서 몇 손가락 안에 드는 대기업에서 일어나고 있는 일입니다. 인사노무 관리자들이 인간의 탈을 쓰고 아직도 이런 일을 하는 시대에 우리가 살고 있습니다. 이 이야기에 공감하는 직장인들이 많을 것입니다.

우리 노사관계는 절대로 동등하지 않습니다. 정치인이 단식을 하면 기자들이 단체로 몰려가고, 전직 대통령까지 찾아가 "단식하면 죽는다"는 훌륭한 가르침을 주었다고 언론이 시시콜콜 보도합니다. 그러나 노동자가 골리앗 크레인에 올라가 100일 넘게 고독과 싸우며 농성하고, 10년이나 묵은 해고 때문에 노동자들이 굴뚝에 올라가 목숨을 건 농성을 두 달이나 하다가 그 굴뚝에서 새해를 맞아야 하는 일이 벌어져도 우리 언론은 별로 주목하지 않습니다.

"노사 대립으로 국가 경제가 위태롭다고 한탄하면서도 상대방에 대한 책임 전가에만 급급한 한국적 현실" 따위의 표현은 노사가 평등할 때에만 할 수 있는 말입니다. 외국의 성공적인 노사 화합 사례를 소개하면서 "소유와 경영을 독점하려는 자본가나, 자기 권익만 찾는 노조에 새로운 영감을 던져 준다"고 함부로 결론 맺을 일이 아닙니다. 양비론은 대부분의 경우에 옳지 않습니다.

노사관계 안정의 책임

다음의 주장들을 한번 잘 살펴보시기 바랍니다.

"노사관계를 향상시켜야 하는 책임은 경영진에게 75%, 노동조합과 직원에게 25% 있다."
"파업은 신뢰 부족에서 생기는 것이다."
"직원들의 미래를 보장해 주기 위한 경영진의 전략이 차질 없이 추진되면 노동조합도 파업을 무기로 내세우지만은 않을 것이다."
"한국 자동차업계에서는 노사 상호불신으로 그동안 문제가 많았는데 노사 간 신뢰 구축에는 경영진의 역할과 책임이 크다."

이상은 민주노총의 주장이 아닙니다. GM대우자동차의 닉 라일리 사장이 GM의 대우차 인수 후 첫 임금협상에 대한 소감을 묻는 기자들의 질문에 그렇게 답했습니다.

최근에 이와 비슷한 이야기를 한 외국인 경영자가 또 있습니다. 한국 도요타의 오기소 이치로 사장도 도요타의 노사문화를 설명하면서 "노조는 경영진을 비추는 거울이다. 경영진이 잘하면 노조도 잘하게 돼 있다", "경영진의 꾸준한 노력 없이 안정적 노사관계는 유지될 수 없다"며 노사관계에서 경영진의 역할과 책임을 강조했습니다.

한 참석자가 오기소 이치로 사장에게 "회사의 수익을 재투자와 노동자 복지에만 활용한다면 주주의 불만은 어떻게 하느냐?"고 공격적인 질문을 던지자 그는 "우선적으로 직원의 만족을 고려하지 않으면 회사 경영이 성공하기 어렵다. 주주들도 직원들의 전적인 협력이 없으면 자신이 투자한 회사가 이익을 내지 못한다는 것을 알아야 한다"고 답했습니다. 장기 불황의 늪에서 허덕이는 일본에서 유독 흑자를 기록하는 기업에서 잔뼈가 굵은 경영인이 한 말입니다.

비슷한 얘기가 또 있습니다. 11년간의 한국 근무를 마치고 러시아로 떠나는 BAT코리아의 존 테일러 사장도 기자회견장에서 "고약한 노조는 회사가 경영을 잘못했기 때문이다"라고 말했습니다.

지극히 당연한 이런 이야기들을 외국 경영자의 입을 빌려 들어야 하고, 그 당연한 말들이 뉴스거리가 된다는 것은 매우 서글픈 일입니다. 외국 경영자들이 왜 최근에 이런 목소리를 부쩍 높였을까? 외국 자본이 보기에도 우리 사회에 만연한 노동운동에 대한 적대감과 비판 일변도의 여론 형성은 정상이 아니라고 느끼고 있는 것입니다.

그동안 우리 사회의 심각한 불평등 구조를 초래하는 데 혁혁한 공을 세웠던 사람들이 이제는 정규직과 비정규직 노동자의 차별을 이유로 노동운동 내부의 평등을 문제 삼아 공격하고 있습니다. 노동자들은 "어디 겁나서 임금인상 요구하겠나?", "파업 한번 더 하다가는 매국노 되는 것은 아닌가?"라고 두려워하고 있습니다.

주5일 근무제가 법제화되는 과정에서도 지난해까지 민주노총의 주장을 지지했던 시민사회단체들이 올해에는 노동운동 지도자들이 쏟아지는 폭우를 맞으면서 국회 앞에서 농성해도 별 반응이 없었습니다. 그동안 우리 사회에서 가장 도덕적 우월성을 지녔던 집단에 대해 온 사회가 등을 돌리는 이러한 현상은 결코 정상이 아닙니다.

우리나라 노동조합의 활동 양상에 다소 두드러진 측면이 있다 해도 그것은 노동자들의 인격이나 본성 탓이 아닙니다. 불순한 배후가 순진한 노동자들을 조종하기 때문은 더욱 아닙니다. 우리 사회의 심각한 불평등 구조와 기업의 비이성적 노무관리 관행에 큰 책임이 있는 것입니다.

노사관계의 안정은 노동자들의 요구를 억누르는 방법으로는 이루어지지 않습니다. 노동자들의 상대적 박탈감이 줄어들고 최소한의 보람있는 생활이 가능하다고 느낄 수 있는 경제 구조가 만들어져야 노사관계가 안정됩니다. 노동자들을 꾸짖는 캠페인으로는 만들어질 수 없습니다. 임금이 상승되는 속도보다 사회 불평등 구조가 심화되는 속도가 더 빠른 상황에서는 불가능한 일입니다. 노동자들의 임금인상과 복지향상 요구는 노동자 개인의 삶의 질을 향상시킨다는 고전적 의미뿐만이 아니라 우리 경제의 구조적 악순환을 개선한다는 측면에서 이해해야 합니다.

함부로 충고하지 말지어다

재벌회사 백화점에서 일하다가 한 달 만에 해고당한 사람이 있었다. 그 백화점에 직접 고용된 것이 아니라, 백화점에 시설관리 인력을 파견하는 용역 회사에 소속된 이른바 '용역 노동자'였다. 어릴 때 소아마비를 앓는 바람에 한 쪽 다리에 불편한 장애가 남았으나 냉동기를 관리하고 형광등을 교체하는 따위의 업무를 수행하는 데에는 아무런 지장이 없었다. 취업한 지 한 달 만에 해고당할 아무런 이유도 없었다.

회사에서도 이 노동자를 막상 해고해 놓고는 다른 매장에 취업시키려고 면접을 주선하기도 하고 다른 보직이라도 주려고 애를 썼으나 결국 이 노동자는 해고된 상태에서 임금 한 푼 받지 못한 채 두 달을 넘기고 있었다. 참 이상한 사건이었다. 노동자에게는 어울릴 만한 해고 사유가 전혀 없었고, 회사로서도 굳이 이 사람을 해고할 마음은 없어 보였다. 그렇지 않고서야 다른 일자리를 찾아 주려고 두 달 동안이나 그렇게 애썼을 리가 없다. 한참 동안 이것저것 물어보아도 쉽게 이해되지 않는 사건이었다. 나는 행여나 싶어 마지막으로 물어보았다.

"혹시, 이 사람이 파견 나가 일하고 있던 백화점의 높은 사람이 '손님들이 왔다갔다하는 매장에서 장애인이 저렇게 절뚝거리고 다니면 보기에 흉하니 다른 사람으로 바꾸시오'라는 지시가 있었던 것은 아닙니까?"

용역 회사에서 나온 책임자는 머뭇거리면서 답했다.

"사실은…… 그렇습니다."

나는 잠시 할 말을 잃었다. 나중에 친구에게 이 이야기를 전했을 때, 친구는 이 대목에서 대뜸 욕을 뱉었다.

"이런, 죽일 놈들……."

다 아는 것처럼, 우리 사회에는 '장애인문제'도 있고 '노동문제'도 있다. 우리 사회의 장애인 노동자는 그 두 가지 문제를 이중으로 겪어야 한다.

"지금까지 다른 직장에서는 어땠습니까?"

내 질문에 그 장애인 노동자는 대답을 못했다.

"전에 다른 직업을 가져 본 적은 있었습니까?"

그 질문에도 그는 대답을 못했다. 그랬을 것이다. 그 나이가 되도록 그 사람에게 번듯한 직장은 그 백화점이 처음이었으니까.…… 잠시 후, 그가 떨리는 목소리로 답했다.

"그렇지만…… 저는요…… 보일러 기능장 자격도 갖고 있구요…… 냉동기 산업기사 자격증도 있습니다."

그 외에 한 가지 자격이 더 있다고 했는데, 그 말은 내가 무식한 탓에 못 알아들었다. 내가 잘 모르는 자격증이었다. 기능장 자격증, 그것이 얼마나 갖기 어려운 자격증인가. 나 같은 사람은 지금부터 죽을 때까지 노력해도 그 자격을 얻기 어려울 것이다. 산업기사 자격증 역시 만만한 게 아니다. 남들이 하나도 갖기 어려운 자격증을 세 개씩이나 갖고 있으면서도 그 장애인 노동자는 아직까지 번듯한 직업을 가져 보지 못했던 것이다. 그게 '썩을 놈의' 우리 사회다.

모처럼 기분을 내러 백화점에 '쇼핑'을 갔다가 장애인 노동자가 일하는 것을 보면 "에이 기분 잡쳤네"라고 생각할 수밖에 없는 것이 겨우 우리 사회의 수준인가. 장애인 노동자가 일하는 모습을 보면 사람들이 오히려 "아, 이 회사는 장애인에게 일자리를 제공하는 썩 괜찮은 회사로구나"라고 생각할 수 있는 사회는 언제쯤 이루어질까. 백화점의 관리자가 매출을 단 몇 푼이라도 더 올리기 위해서 장애인 노동자를 내쫓아야 하는 것은 그 관리자의 도덕 수준이 낮은 탓인가, 아니면 자본과 노동의 치열한 대립 구도가 만들어 내는 우리 사회의 모순 탓인가. 참 여러 가지 생각을 했다.

어려움 속에서 뼈를 깎는 노력을 한 끝에 보란 듯이 성공한 훌륭한 장애인들에 관하여 언론은 격찬을 한다. 그러면, 우리 사회의 교양 있는 지도층은 그 장애인의 성공담을 이야기하면서 사람들에게 충고한다.

"자, 무엇을 두려워하십니까? 지금부터 시작하십시오. 이 사람은 그 모든 어려움을 훌륭하게 극복하지 않았습니까?"

이건 옳은 게 아니다. 장애인에게는 온통 두려움뿐인 세상을 고스란히 내버려 둔 채, 용기를 가지라고 충고하는 것은 결코 옳은 게 아니다. 서울 방배 지하철역 플랫폼에 아직도 그 글이 붙어 있는지 모르겠다. 외국의 어느 청각장애인 여성이 20년 동안 피눈물나는 노력을 한 끝에 세계적인 타악기 연주자가 되었다는 감동적인 내용이었다. 그 여성은 연주를 할 때마다 맨발로 무대에 오르는데, 그것은 발바닥으로 느껴지는 마루의 미세한 떨림으로 북소리를 듣기 위해서라고 한다. 이제는 공기의 미세한 흐름으로도 보통 사람보다 훨씬 더 섬세하게 북소리를 느낄 수 있는 경지에 이르렀다고 하니 얼마나 훌륭한 사람인가. 어느 소설가가 썼다는 그 글 역시 이렇게 끝맺고 있었다.

"무엇이 두려우십니까? 지금 당장 시작하십시오."

나는 인적 뜸한 플랫폼의 의자에 앉아 곰곰 생각에 잠겼다. 그러한 성공담들이 일방적으로 강조되는 것이 석연치 않게 느껴지는 이유는 무엇일까. 그토록 어려운 처지의 장애인도 그렇게 훌륭하게 성공했으니, 그보다 별로 더 어렵지도 않은 조건에서 당신이 성공하지 못한 것은 게으르거나 멍청하기 때문이라는 은근한 조장이 그 글에 숨어 있는 것은 아닐까. 우리 사회의 모순된 억압구조를 개인의 불성실로 은폐하고 싶어하는 불순한 음모가 알게 모르게 그 글에 숨어 있는 것은 아닐까.

오해가 없기를 바란다. 어려운 환경에서 성공한 사람들의 눈물겨운 노력을 깎아내리자는 것이 아니다. 장애인문제나 노동문제나 결국은 우리 사회 '구조'의 문제이지 '개인'의 문제가 아니라는 말을 하고 싶은 것이다.

1982년이었나……. 시내버스 안내원들과 작은 모임을 꾸린 적이 있었는데, 그 해에 어느 시내버스의 안내원이 명문대학교에 합격하는 통쾌한 일이 벌어졌다. 시내버스 안내원들은 새벽 1시까지 일하고 4시에 일어나는 생활을 했다. 이틀 일하고 하루 쉰다지만 버스회사마다 안내원이 모자라서 실제로는 일주일에 하루 쉬기가 어려웠다. 안내원이 있던 시대에 시내버스를 타 본 경험이 있는 사람들은 기억을 한번 되새겨 보자. 안내원의 어떤 모습들이 기억나는지…… 정류장과 정류장 사이의 그 짧은 시간에 안내원들은 서서 졸았다. 그토록 어려운 형편에서 틈틈이 공부해 명문대학교에 합격했으니 그 안내원은 얼마나 훌륭한 사람인가. 온갖 매스컴들이 '난리 부르스'를 추는 것도 당연하다. 우리 안내원 소모임에서도 그 이야기가 나올 수밖에 없었는데, 가장 나이 어린 안내원이 이야기를 듣다가 지나가는 말처럼 가볍게 중얼거렸다.

"그렇게 되지 못한 사람들은 다 부끄러운 사람들이야."

나이 어린 안내원이 그렇게 말할 수밖에 없었던 이유는 무엇이었을까? 온갖 고난을 이기고 명문대에 합격한 훌륭한 안내원에 대한 매스컴의 일방적인 찬사 속에서 그 나이 어린 안내원은 어떤 말을 들었을까?

"이 사람은 이렇게 훌륭하게 해냈는데 너는 왜 못하는 거야? 네가 성공하지 못하는 것은 너 때문인 거야. 네가 게으르거나 멍청하기 때문이지 너를 둘러싸고 있는 환경 탓이 아닌 거야."

새벽 1시까지 일하고 새벽 4시에 일어나야 하는 안내원들도 과목당 한 달 천만 원짜리 쪽집게 과외를 받는 압구정동의 학생들과 똑같이 공부할 수 있다면 그 말이 맞는지 모른다. 그러나 안내원들이 재벌의 딸과 공정하게 경쟁할 수 있다는 건 '원초적으로 불가능'하다. 우리 사회 많은 노동자들이 겪는 문제는 '구조'의 문제이지 '개인'의 문제가 아닌 것이다. '구조'가 바뀌지 않고는 '개인'이 아무리 노력한다 해도 문제가 해결되지 않는다.

금년 입시철에도 어김없이 몇몇 대학에서는 장애인 탈락 소동이 되풀이되었고, 수원의 어느 대학교에서는 장애인이라는 이유로 면접에서 탈락시켰던 학생을 언론의 질타에 못 이겨 결국 합격시키기로 한 일도 있었다. 그러나 그 학생으로부터 "대학에 다니는 동안 어떤 불편도 감수하겠으며, 학교 당국에 어떤 시설 개선 요구도 하지 않겠다"는 각서를 받아냈다는 대목에 이르면 이건 거의 코미디다.

장애인들에게 "무엇이 두려우냐?"고 충고할 수 있는 사람은 누구인가. "못하니까 안 하는 것이 아니라, 안 해서 못하는 것이다"라고 감히 말할 수 있는 사람은 누구인가.

휠체어를 타고 다니면서 액세서리를 팔아 생계를 유지하던 장애인이 서울시장 앞으로 "서울 시내 거리의 턱을 없애 주십시오"라는 유서를 남기고 자살해야 하는 것이 '빌어먹을' 우리 사회다. 그 세상을 조금이라도 평등한 세상으로 바꾸기 위해서는 손가락 하나 까딱하지 않으면서 장애인과 노동자들에게 "용기를 가지라"고 충고하는 잘난 지도층에게 화 있으라.

시민운동가에게 듣고 싶은 한마디

내가 성공회대학교의 노동대학 강좌를 신청했다는 걸 알고, 어느 후배는 나에게 다음과 같은 편지를 썼다.

"하종강 선배의 학구열은 열 번 칭찬해도 모자라지만, 지금은 배울 때가 아니라 앞으로 가르칠 내용을 준비해야 할 때이다. 거기에 앞서 지금 당장 앞에 놓인 시급히 꺼야 할 불길도 너무나 많다. 미래를 여는 것은 배움이 아니라 연구와 토론을 통해서 가능하다."

그 후배의 문제 제기에 대한 변명을 오래 전부터 마음 속에 생각해 오다가, 오늘 잠시 시간이 난 틈에 재빨리 정리한다. 따지자면, 굳이 '변명'이랄 것도 없다. 내 생각도 그 후배와 같으니까. 내가 사람들에게 '지나치다'는 비판을 받을 정도로 항상 강조해 온 것도 바로 그런 내용이었으니.

마치 1980년대처럼 '오늘 잡혀갈까? 내일 잡혀갈까?' 하는 긴장감으로 쇠파이프를 다듬어야 하는 노동자들, 용산역 구내에 있는 높이 30미터의 철탑 꼭대기나 성남공단 아스팔트 도로에 천막을 치고 한 달 넘게 농성을 하는 노동자들을 일주일이 멀다 하고 만나야 하는 생활을 하면서, 한가하게 "공부나 해 보자"는 생각이었다면, 그건 내가 우선 받아들일 수 없다.

성공회대학교의 노동대학은 말이 '대학'이지 내가 한겨레신문사에서 진행하고 있는 '노동교실'과 같은 종류의 노동강좌이다. 고려대학교의 노동대학원이나 성공회대학교의 NGO대학원 같은 '제도권 교육과정'과는 격이 다르다. 만날 만나던 노조 간부들을 거기서 또 만날 뿐이다. 그러니 후배여, 내가 '대학'에 갔다고 너무 노여워하지 말기를…….

그런데 그 후배의 우려가 전혀 근거가 없는 것이 아닌 것이, 강좌에 몇 번 참여하면서 나는 아주 심각한 고민과 맞닥뜨렸다. 거기에 모인 노조 간부들 —지금도 현장 조직에서 직함을 하나씩 갖고 있는 명실상부한 '활동가'들— 이 점차 노동운동의 '스토아학파'들이 되어 가는 것이다.

일찍이 1980년대 초 '야학비판'에서 제기됐던 문제점도 그 비슷한 것이었다. 노동자들이 야학의 좋은 분위기에 온통 마음을 빼앗겨 이제는 현장조차 빼앗기겠네……가 되어버리는 것이다. 노동대학에 참여하는 노동자들도 마음의 중심이 '현장'에서 서서히 '노동대학'으로 옮아가는 것이 눈에 보이는 것이다. 마음이 옮아가면 활동의 중심까지 옮아가는 것은 시간 문제다. 절반 이상 수업을 빼먹으면서도 어쩌다 강의실에 앉아 있으면, 내내 그 고민이 머리에서 떠나지 않았다.

교수진의 강의 내용이 '너무' 훌륭했던 탓이겠지만 '정치경제학' 강의를 듣고 나면 거기 모인 노동자들은 '하던 활동을 잠시 미뤄 두고 정치경제학 공부를 제대로 해야 하는 것 아닌가' 하는 불안감을 느꼈고, '한국 자본주의'를 공부하고 나면 '이렇게 만날 임·단투에 목숨 걸고 싸우고 있을 게 아니라 한국 자본주의를 정확하게 이해하기 위해서 잠시 활동을 미룬 채 공부에 매달려야 하는 것 아닌가' 하는 고민을 하게 되는 것이었다.

우리들 내딛는 발걸음에 힘을 더하자고 모인 사람들이, 우리 노동운동에 대한 끊임없는 반성에 시달리면서 오히려 힘을 잃어 가는 것이다. 이걸 어떻게 하나……나는 짬 날 때마다 사람들에게 "여기서 배운 것들이 우리의 무기가 되도록 하지 못한다면, 우리는 노동운동을 포기해야 할 것"이라고 얘기할 수밖에 없었다.

이런 분위기는 며칠 전 진행된, 참여연대 박원순 변호사의 강의 시간에 더욱 두드러졌다. 박원순 변호사가 그날 했던 구구절절 옳은 주장에 대해서는 다시 설명하지 않겠다.

그날의 분위기는 한 마디로 '찬란한 시민운동의 승리와 초라한 노동운동의 패배'가 시종일관 비교되는 자리였다. 놀라운 승리를 가능하게 했던 참여연대의 선거 전술과, 열심히 싸울수록 시민들로부터 지탄받을 뿐인 노동자들의 구태의연한 투쟁 전술이 비교되었다. 참여연대 회원들은 1천 명만 모여도 세상을 바꾸지만, 노동자들은 10만 명이 모여도 세상이 바뀌지 않는 '이해할 수 없는' 현상이 비교되기도 했다.

우리들은 강의 시간 내내 알 수 없는 중압감에 시달렸고, 질문 시간에도 우리의 숨 막힐 듯한 그 답답함을 조리 있게 설명하지 못했다.

"노동자들도 모두 시민인데 왜 시민단체에 가입하지 않느냐"는 질책에 대해, "시민단체 회원들도 대부분 노동자인데 왜 자기가 속한 노동조합과 노동운동에 대해서는 무관심하냐"고 맞받아칠 수 없었다. 우리에게는 그럴 만한 능력이 없었다. 옛날부터 우리의 힘은 그런 데서 나오는 게 아니었으니까.

사회자가 "마지막 질문 하나만 더 받겠다"고 했을 때, 나는 참지 못하고 손을 들었다. 동시에 다른 참석자 한 사람도 손을 들었다. 내가 얼른 "저는 취소하지요"라고 했지만, 내 뒤편에서 누군가가 "두 사람 이야기 모두 다 들어 봅시다"라고 말했다. 누군지 모르는 그의 말 속에 나에 대한 '일말의 기대'가 스며 있다고 느꼈다면, 나의 자가당착이었을까.

내 발언 순서가 되었을 때, 내 목소리는 거의 떨려서 나왔다.

"질문이라기보다 부탁 하나 하겠습니다. 여기 모인 사람들은 자기 활동의 중심을 노동운동에 두고 있는 사람들입니다. 그 노동운동을 조금이라도 더 잘해 보자고 이 자리에 모인 것입니다. 오늘 강의를 듣고 나니, 마치 시민운동이 우리 사회를 개혁할 수 있는 더욱 본질적인 운동인 것처럼 느껴져서, 우리가 모두 노동운동을 포기하고 시민운동으로 가야 하는 것 아닌가 고민될 정도입니다. 그러나, 계급 투쟁으로서의 노동운동은 여전히 우리 사회에 필요하다는 것을, 시민운동과 차별성을 갖는 노동운동이 지금 이 시대에도 여전히 중요하다는 것을 시민운동가의 입으로 한번 듣고 싶습니다. 여기 이 자리는 말입니다……시민운동가가 와서 노동운동 하는 사람들을 모아 놓고 '당신들 지금까지 노동운동 잘못했소. 우리 시민운동 보시오. 얼마나 잘하고 있소?'라고 말할 수 있는, 그런 자리가 아닙니다. 부탁합니다. '당신들이 하는 노동운동도 중요한 거니까 계속 열심히 하시오'라고 선배 시민운동가의 입으로 한 번 말해 주십시오."

존경하는 박원순 변호사가 아니었다면(박원순 변호사와 같이 일해 본 사람들은 대부분 그 분을 존경하더군요. 같이 일해 본 사람이 존경하는 사람…… 정말 존경받아 마땅한 사람이겠지요.) 나는 "여기는 당신이 '감히' 그렇게 말할 수 있는 자리가 아니다"라고 말했을 것이다. '감히'란 단어가 목구멍까지 올라왔다 내려갔다.

박원순 변호사는 끝내 그 말을 하지 않았다. 오히려 "내 말이 그렇게 들렸다면 내가 오늘 여기에 온 목적을 달성한 것"이라고 웃으며 받았다. "참여연대 가입원서 가지고 왔으니 많이 가입하시라"고까지 했다.

늦은 밤, 강의실을 빠져 나올 때, 누군가 내게 다가와 말했다. "하 소장님 마지막 질문 아니었으면, 저 오늘 집에 가서 잠도 못 잤을 겁니다."

또 다른 사람이 혼잣말로 중얼거리는 소리도 들렸다. "여기가 어디라고……시민운동하는 사람이 와서 노동운동을 개떡을 만들고 있어. 에이, 그냥 확……."

시민운동과 노동운동은 반드시 만나야 한다. 그러나 시민운동은 (아직) 계급 투쟁이 아니다.

부자 학교의 가난한 학생

부자 동네 옆에서 가난하게 살았던 탓에, 어릴 적부터 알고 지내는 친구들 중에 진짜 부자가 몇 명 있다. 처음에는 우리 집이 가난한 순서로 두 번째 내지 세 번째쯤 됐는데, 더 가난한 집 아이들이 하나씩 둘씩 이사 가 버리는 바람에 나중에는 결국 우리 집이 가장 가난한 집이 됐다.

아이들 중 몇 명은 점심시간이 되면 집에서 기사나 '식모'가 싸 들고 온, 김이 모락모락 나는 따뜻한 점심을 펼쳐 놓고 다른 아이들과 어울려 먹기도 했는데, 나는 어머니가 싸 주신 조개젓 반찬이 냄새가 난다고 아이들이 얼굴을 돌리며 인상을 쓰는 바람에, 도시락을 창문틀에 내놓고 고개를 창문 밖으로 빼낸 채 혼자 점심을 먹기도 했다. 조개젓 반찬이 다 떨어질 때까지 며칠 동안이나 점심을 그렇게 먹었다. 내 등 뒤에서 "맛있는 반찬을 싸 와서 혼자 먹는다"고 수군거리는 못난 인간들은 그 시대에도 항상 있었다.

그런 분위기에서도 내가 그 학교를 끝까지 계속 다닐 수 있었고, 어머니가 학부형회에 "고개 빳빳하게 쳐들고" 참석해 대의원으로 뽑힐 수 있었던 이유를 굳이 설명하자면⋯⋯ 결국 내 자랑이 되니 하지 않겠다. 마음대로 짐작하기를⋯⋯.

나이 쉰이 넘은 요즘, 그 친구들은 몇 년째 한 달에 한 번씩 모이면서 나에게도 연락은 하지만, 나는 그 모임에 딱 한 번밖에 가보지 않았다. 그 친구들이 한 달에 한 번씩 모이는 최고급 식당 역시 어릴 적 친구가 경영하는 비싸기로 소문난 일식집이다.

요즘은, 그 친구들이 경영하는 회사에서 내가 하는 일과 관련된 일이 터지거나, 우리 사무실 변호사들의 급한 도움이 필요한 친구들이 가끔 연락하면 만날 기회가 있을 뿐이다. 그 친구들이 하는 이야기나, 한 다리 건너 다른 친구들의 소식을 들을 때마다 입이 쩍쩍 벌어진다.

부자 친구들_

우리나라에서 가장 비싼 커피를 판다고 소문이 자자한 커피전문점을 경영하는 사장님은 초등학교 때 내 짝이었던 친구다. 외국에서 20년 넘게 살다가 왔다기에 만났더니 "얘, 우리나라 커피 문화가 외국과 비교해서 50년쯤 뒤진 거 아니?"라고 묻는다. 나는 "그게 5백 년쯤 뒤진들 무슨 상관이냐?"고 대꾸했다.

한번 구경 가 보니, 한 잔에 몇 만 원씩이나 하는 커피를 마시러 사람들이 바글바글 와 있었다. 낯익은 연예인들의 얼굴도 보였다. 굳이 커피 창고를 구경시켜 준다기에 따라갔더니, 작은 깡통을 가리키며 "이거 한 통에 2백만 원쯤 하는 거야. 콜롬비아에서도 일 년에 몇 킬로그램밖에 생산되지 않지. 우리가 볼 때 'OOOO' 커피는 원가 몇 백 원밖에 안 되는 구정물에 불과해"라고 자랑스럽게 말했다.

대한민국 부잣집 아이들의 놀이터라는 번화가에서 커다란 미용실을 경영하는 친구도 있다. 부모님께 물려받은 그 상가가 아예 그 친구 소유다. 대한민국 멋쟁이들이 다 모인다는 다른 번화가에도 역시 부모님께 물려받은 상가를 한 채 더 갖고 있고, 그 상가에서 커다란 한식당을 경영하기도 한다. "너 요즘 돈 얼마나 버냐?"고 물었더니 그 친구는 잠시 머릿속으로 계산해 보는 표정을 하고 나서 "응, 많이 벌 때는……하루에 3천만 원쯤 벌어"라고 했다. 매출이 그만큼 된다는 뜻이겠지, 설마 그게 순수익일

라구……

 그 친구가 "술 한 잔 사겠다"고 했지만 술을 거의 마시지 않는 나는 2차 모임에 가지 않고 빠졌다. 나중에 들었더니 네 명이 한 술집에 가 5백만 원 어치쯤 마셨단다. 그런데, 한다 하는 재벌 누구누구가 단골로 드나든다는 그 술집에서 하룻밤에 5백만 원어치쯤 술을 마셔 봐야 '졸부' 취급 밖에는 받지 못한다는 것이다. 한국 자본가들을 대표하는 재벌 부자들에 비하면 자기들은 한낱 '새발의 피' 같은 존재라는 것이다.

 이 친구가 백화점의 명품점 앞을 지나다가 2천만 원짜리 코트가 좋아 보인다고 불쑥 들어가 걸치고 나온들 욕할 수 있을까? 하루 번 돈만큼도 안 되는데…… 그런 생각이 들었다. 드라마 〈봄날〉에서 고현정이 입고 나왔던 옷들이 한 벌에 천만 원짜리라고 하지 않던가. 그런 옷을 일상적으로 사고파는 세상이 우리 사회 한 구석에 버젓이 있는 것이다.

 그 친구에게 "너희 동네에 사는 아이들은 모두 족집게 과외를 받는다던데, 너희 집 아이들도 하냐?"고 물었더니, 친구는 "우리 큰 애도 했고, 막내가 지금 하고 있어"라고 했다. 내가 "정말로 과외비가 한 달에 과목당 천만 원씩 드냐?"고 물었을 때, 친구는 "그건 옛날 얘기"라고 했다. 한 과목에 2천만 원씩 다섯 과목 한 달 과외비만 1억 원이 든다는 것이다. 아예 "서울대 합격하면 몇 억" 그렇게 성과급을 계산하는 강사들도 많다는 것이다. 이 '썩을 놈의' 학벌 중심 사회에서 자기 아이들이 서울대에 들어간다는데 돈 있는 인간들이 그 돈을 내지 않을 리가 없다.

 한 평에 몇 천만 원이나 하는 금싸라기 땅에서 식당을 경영하는 친구 이야기도 전해 들었다. 젊은이들을 상대로 별로 비싸지 않은 음식을 파는 식당이라 카드가 아닌 현금으로 음식 값을 지불하는 손님이 대부분이라는데, 토요일 철야영업을 하면 그날 하루에만 매상이 5천만 원쯤 오른다는 것이다. 가족들이 일요일 새벽마다 커다란 여행용 가방들을 들고 와서 돈을 가득가득 담아 간다는 것이다.

우리나라에서 가장 비싼 아파트 한 채를 사고 팔았더니 "한 달에 정확하게 7억 원이 손에 떨어지더라"는 이야기도 들었다.

점점 늘어나는 고소득자들과 불로소득_

문제는 이렇게 노동하지 않으면서 쉽게 돈을 버는 고소득층의 소득이 증가하는 속도가 점점 빨라지고, 그 수도 점점 늘어나고 있다는 것이다. "하루에 3천만 원쯤 번다"는 친구에게 1년 전에 똑같은 질문을 했을 때는 "하루에 1,500만 원쯤 번다"고 답했었다. 이렇게 노동하지 않는 고소득층의 소득이 1년 사이에 100%나 늘어나는 동안 대기업 정규직 '노동귀족'들의 소득은 얼마나 늘었을까? 사람들에게 욕 먹어 가면서 죽어라 임금인상 투쟁해 봐야 10% 인상시키기도 어렵다.

연봉 수천만 원을 받는 노동귀족들도 갈수록 가난해지고 있는 것이다. 자신의 절대생활 수준이 향상되고 있어서 느끼지 못할 뿐이다. 아파트 평수가 점점 넓어지고, 자가용 배기량이 점점 큰 차로 바뀌고 있으니 자신이 과거보다 잘 살고 있다고 착각하고 있는 것일 뿐, 실제로는 갈수록 가난해지고 있는 것이다. 대기업 정규직 노동자가 그 지경이니 하청업체 비정규직 노동자들에 대해서는 더 이상 말할 필요도 없다.

이런 현상을 해결하지 못하면 우리 경제는 희망이 없다. 노동하지 않고 쉽게 돈을 버는 고소득층의 소득이 빠른 속도로 늘어나는 것을 붙들어 매지 못하면 우리는 다시 회복할 수 없는 경제 위기에 빠질 수밖에 없을 것이다.

서민들과 잘 섞이지 않고 자기들만의 세계에서 따로 놀고 있는 부자들은 사람들의 눈에 잘 드러나지 않는다. 이런 진짜 부자들에게는 분노하지 않는 사람들이 대기업 정규직의 임금인상 투쟁에 대해서는 '노동귀족'의 파업이라고 분개하는 것이다. 노동하지 않는 고소득층과 열심히 일하는 노동자들 사이의 엄청난 양극화 현상을 보지 못하는 착한 노동자들이 노동자 내부의 정규직과 비정규직 양극화 현상에 가슴 아파하면서, 자신의 임금인상 투쟁은 한국 경제에 유익하지 않다고 스스로 자격지심을 가질 수밖에 없다.

그러니, 우리들끼리 서로 정규직이네 노동귀족이네 싸우고 있는 모습을 진짜 부자들이 내려다보면서 얼마나 가소로워하고 있을 것인가…… 그런 생각이 들면 길을 걷다가도 이가 갈린다. 나는 평생 동안 이 부자들과 싸우기에도 시간이 모자랄 것이다. 조종사들의 파업은 이러한 부자들과의 싸움의 일부로서 의미를 갖는다.

공부 많이 한 학자들에 대한 바람_

공부를 많이 한 사람들이 해야 하는 역할 중 하나, 내가 피부로만 느끼는 이런 현상들을 데이터를 사용해 체계적으로 설명하는 일이라는 것이 나의 소박한 바람이다. 고임금 노동자와 저임금 노동자의 소득 차별을 설명하는 자료들은 많다. '근로소득 상위 몇 퍼센트, 하위 몇 퍼센트' 등의 자료들은 언론에도 자주 인용된다. 그러나 노동하지 않는 고소득층과 땀 흘려 노동하는 사람들과의 소득 차별을 설명하는 자료들은 별로 없다.

기업에 투자할 생각은 하지 않고 "돈 놓고 돈 먹는" 곳만 찾아 떠돌아다니는 자금이 420조 원이나 되는데, 그 돈은 우리나라 연간 정부예산의 3배나 되고, 국방예산의 20배나 되는 규모라는 것이 어떤 의미를 갖는 것인지, 누가 좀 속 시원하게 설명해 줬으면 좋겠다.

국민들 중 상위 1%가 우리나라 전체 사유지의 51.5%나 소유하고 있는 봉건적 코미디 같은 현상이 어떻게 근대 국가, 문명 사회에서도 가능한지, 누가 좀 속 시원하게 설명해 줬으면 좋겠다.

2004년도에 가처분소득이 기업은 41%나 증가했는데, 가계는 0.9%밖에 증가하지 않았다는 것이 무엇을 의미하는지, 그리고 기업의 가처분소득 증가율이 대기업과 중소영세 하청업체 사이에 또 엄청난 격차를 보이고 있다는 것이 무슨 뜻인지, 누가 좀 속 시원하게 설명해 줬으면 좋겠다.

　상장기업의 순익이 전년도에 비해 두 배나 늘었고, 주가는 사상 최고액을 기록하고 있고, 경상수지 흑자는 130억 달러나 되고, 외환보유액이 2천억 달러나 되고, 기업의 현금 보유액은 66조 원이나 되는 등 기업경쟁력은 역사상 최고 수준인데 고용증가율은 0%대에 머물러 있고 민간소비는 오히려 0.5% 감소했다는 이 어처구니없는 현상의 책임이 도대체 누구에게 있는 것인지, 누가 좀 속 시원하게 설명해 줬으면 좋겠다.

　나의 어릴 적 친구들이 이 글을 보게 되면, 아마 나에게는 더 이상 연락을 하지 않을지도 모른다. 나는 우리 사회 부자들의 실태를 엿볼 수 있는 유일한 통로를 잃어버리게 되는 셈이다. 이제부터는 공부 많이 한 사람들이 그 통로를 마련해 줘야 한다.

　이 엄청난 부자들을 만들어 내는 구조와 싸우지 않는 사람들은, 비정규직 노동자의 차별을 철폐하는 일에 나서지 않는 사람들과 똑같이, 해야 할 일을 하지 않는 사람들이다.

---

*한 조사에 따르면 2005년 땅값 상승에 따른 불로소득 총액이 같은 해 전체 노동자 1년 임금총액보다 많다고 한다. 즉 2005년 들어 부동산 가격 폭등으로 발생한 불로소득은 346조 원으로 이는 지난해 284조 원보다 18.9% 증가한 것이고, 1991년 이후 가장 큰 규모다. 이 수치는 2005년 한 해 동안 1,400만 임노동자들이 받은 임금총액(한국은행 피용자보수총액) 342조 원보다도 많은 금액이다. _「레이버투데이」, 2005.09.07, "노동자 임금 다 합쳐도 부동산 소득에 못 미친다"

하루 더 퍼져 있겠다는 것이 아닙니다

전등이 하나도 없어서 깜깜 무인지경인 연수원 주차장에서 떠날 준비를 하고 있는데, 어둠 속에서 검은 그림자 하나가 불쑥 나타났다.

"금방 나가시나요?"

"예."

"어디까지 가십니까?"

"인천이요."

"음...... 같이 좀 나갈 수 있을까요? 집사람이 아프다고 연락이 와서요."

"어디까지 태워드리면 되는데요?"

"그냥 나가다가 아무 데나 편한 곳에 내려 주시면 됩니다. 가서 노동조합 집행부에 말하고 올 테니까 잠깐만 기다려 주세요."

그는 사람들이 모여서 웅성거리고 있는 수련관 쪽으로 급하게 달려갔다.

낮에 수련회 장소를 찾아 들어오면서 보니까, 숲이 제법 울창하고 길도 험해서 '깊은 밤에 혼자 돌아가려면 꽤나 무서운 산길이 되겠다' 싶었는데 길동무가 생겨서 참 다행이었다. 늦은 밤에 깊은 숲 속에 있는 수련회 장소에서 혼자 돌아와야 할 때가 가끔 있는데, 그때마다 참 무서웠다.

언젠가 한 번은 화순의 안양산 자락에서 밤 12시쯤에 혼자 비포장도로를 빠져나오는데 사방 천지에 불빛 하나 없고 '어디 얼마나 캄캄한지 보자' 싶어 잠시 자동차의 불을 꺼봤더니 바로 코앞의 운전대조차 보이지 않는 것이었다. "어두움이 고체의 질감으로 주변을 감싼다"는 표현이 정말 실감났다. 30분 가량 숲길을 빠져나와서야 저 멀리 마주 오는 차의 불빛이 나무 사이로 언뜻언뜻 보였는데 그 차가 그렇게 반가울 수가 없었다.

차 한 대만 겨우 지나갈 수 있는 숲 사이의 오솔길에서 작은 안개 덩어리가 사람 무릎쯤의 높이에서 둥둥 떠다닐 때도 있다. 자동차의 전조등 불빛을 받아 하얗게 빛나는 그 작은 안개를 볼 때마다 그 안개가 꼭 한 사람의 영혼 크기만 하다는 생각이 든다. 어떤 날은, 작은 안개 덩어리 두 개가 나란히 떠 있다가 내 앞에서 길을 가로질러 건너기도 한다. 죽어서도 차마 손을 놓지 못하는 사이 좋은 오누이의 영혼이려니 싶은 생각이 들면서 뒷머리가 쭈뼛 솟는다. 그런 무서운 상상들이 내 의지와 상관없이 마구 생각나고, 그때마다 내 차 뒷자리에 누가 소리 없이 들어와 앉아 있는 것은 아닌가 싶어 룸미러를 자꾸 들여다보기도 한다. '오늘 밤도 꽤나 무서우려니……' 각오하고 있었는데 참 잘됐다 싶었다.

1분도 안 돼 돌아와 내 옆자리 조수석에 빈손으로 달랑 올라타는 그에게 물었다.

"수련회에 오면서 아무 짐도 없이 그렇게 맨몸으로 왔어요?"

"가방 하나 들고 왔는데, 나중에 친구들이 챙겨 주겠지요, 뭐."

'뭘 그런 걸 다 걱정하냐?'는 듯 대수롭지 않게 말하는 그의 답 속에는 친구들에 대한 믿음이 담겨 있다. 물어본 사람이 바보처럼 머쓱해진다. 고속도로 톨게이트 입구까지 가는 한 시간 남짓 동안 그와 나는 거의 쉬지 않고 이야기를 했다. 그의 안해 역시 작은 회사에 다니는 노동자라고 했다. 며칠 전에 사장이 바뀌었는데, 그 사장이 회사의 분위기를 좋게 만든다고 직원들과 함께 등산을 가자고 했단다. 그의 안해는 많이 불편한 몸이었지만 그 등산에 빠졌다가는 처음부터 사장한테 미움을 사 불이익을 당할까봐 마지못해 나섰는데, 기어이 크게 다치고 말았다는 것이다. 사장은 즐겁게 놀자고 하는 일이 노동자들에게는 그야말로 '고역'이 되기도 한다.

"요즘 다들 어렵잖아요. 마누라 데리고 병원 갈 시간도 없어요. 운동을 유난히 좋아하는 그 회사 사장은 '웬만큼 참아서 낫는 병이면 그냥 참는 것이 건강에도 좋다'고 말했다는군요. 나 참, 어이가 없어서…… 그런 말 들으면 '오냐, 내가 가다가 쓰러져 죽는 한이 있어도 함께 가 주마' 하는 오기가 생기는 거지요. 사장 마누라가 아프다고 해도 사장이 그렇게 말했겠어요?"

"그래서 빨리 주5일 근무제가 이뤄져야 한다"고 내가 맞장구를 쳤더니, 그는 정색을 하고 받았다.

"주5일 근무제가 실시되면, 그때는 병원 가는 게 문제가 아니지요. 제가 워낙 사람들하고 모이는 걸 좋아하거든요. 이사 가서 사는 동네마다 조기 축구회를 만들었을 정도예요. 그래서 저는 이사 갈 때마다 집 근처에 있는 학교 교장 선생님이 어떤 사람인지 무척 걱정이 됩니다. 교장 선생님이 어떤 사람이냐에 따라서 학교 운동장을 사용하는 데 엄청 큰 차이가 있거든요. 책임지기 싫어하는 교장 선생님 만나면 학교 운동장 한 번 사용할 때마다 그 고생이 말도 못합니다."

그는 자기가 일하는 부서에 모임을 하나 만드는 것이 오래 전부터의 꿈이라고 했다. 노력한 지 벌써 꽤 오래 됐지만 사람들이 모두 엄두를 못내고 있고, IMF가 닥친 뒤부터는 감히 말도 못 꺼내는 형편이라고 했다.

"그 모임이 무엇을 하든지 상관 없어요. 사람들이 좋아하는 거라면 저는 무엇이든지 할 자신이 있습니다. 제가 워낙 사람 모으는 걸 좋아하거든요. 그렇게 모여서 활동하면 평생 친구가 되는 거예요. 길흉제사가 있을 때 소주병 하나 꿰어차고 찾아가서 기쁨이든 슬픔이든 함께 나누면서 살자는 거예요."

그는 심지어 이렇게 말하기도 했다.

"주5일 근무제가 시행되기만 하면, 그 모임을 토요일마다 회사에 출근해서 하라고 해도 할 자신이 있다니까요."

그 노동자를 낯선 도시의 어두운 거리에 내려 주고, 혼자 집으로 돌아오면서 나는 곰곰 생각에 잠겼다. 그렇다. '노동시간 단축', 그것은 그 자체만으로도 우리들 삶의 질을 향상시키는 중요한 요인이 된다. 그러나, 더욱 중요한 것은, 노동시간 단축을 통해 우리는, 삶의 질을 향상시키기 위해 노력할 수 있는 공간을 마련하게 된다는 것이다. '노동시간 단축'이 또 다른 '노동시간 단축'을 낳는 것이다. "노동운동의 역사는 노동시간 단축의 역사"라고 하지 않던가.

'주5일 수업제'도 마찬가지다. 학생들이 진실로 청소년답게 시간을 보낼 수 있는 하루가 필요한 것이다. 선생님들이 조금이라도 더 시간을 쪼개 참교육을 고민할 수 있는 시간이 필요한 것이다.

'공무원 격주 휴무제'도 마찬가지다. 공무원들이 정말 사람답게 만날 수 있는 하루가 필요한 것이다. 공무원들도 떳떳하게 노동조합을 위해 고민하고 준비할 수 있는 시간이 필요한 것이다. 그것을 알기 때문에 높은 양반들은 더 할 수 없다고 하는 것인지도 모르지만…….

우리들의 '주5일 근무제' 요구를 "집에서 하루 더 퍼져 있겠다"는 말로 듣지 말라. 우리는 진실로 사람답게 살 수 있는 하루를 요구하고 있는 것이다.

주5일 노동에 대한 또 다른 생각

위의 내 글이 실린 어떤 사이트에 판사 일을 하는 여자 후배 인터뷰가 실렸다.
그 기사를 읽으며 나는 뒤통수에 크게 매를 한 대 맞은 느낌이었다.
읽어 보시라…… 역시 사람은 부끄러움을 통해서 배운다.

〈문〉 주5일 근무제를 실시하면 좋아지는 건 뭐가 있을까요. 혹시 개인적으로 하고 싶은 일이 있는지요?

〈답〉 사람들과 주5일 근무제에 대해 얘기해 본 적이 있어요. 그 중 한 명이 놀러 다녀야 할 텐데 지금 월급으로 어떻게 놀러 다니냐고 하면서 주5일 근무하면 월급이 올라가야 한다고 주장하더라구요.
맞는 얘기지요. 근데 한 가지 생각해 볼 게 있어요. 이틀을 쉬게 되면 '놀러가야 한다', '레저산업을 발전시켜야 한다', '자기 계발에 시간을 투자해야 한다' 뭐 이런 얘기들이 사실 일종의 강박증 아닌가요?
우리 사회에 만연돼 있는 열심히 일해야 한다는 강박이 놀아야 한다는 강박으로 바뀐 것 같아요. 레저산업을 발전시켜야 한다. 일종의 강박증이죠. 일해야 한다는 강박증과 놀아야 한다는 강박증이지요.
또 다른 의미에서 100m 달리기를 하고 있는 것 같아요. 주5일 근무해서 남는 시간에 뭐하냐구요? 집에서 뒹굴뒹굴해도 되잖아요. 자아 발전 좀 안 하면 어때요? 그냥 퇴보해도 되는 거 아닌가요?
저는 그냥 집에서 뒹굴뒹굴하고 있을 겁니다.
(나는 내 생각을 바꾸기로 했다. "집에서 하루 더 퍼져 있겠다는 요구라 해도 그게 뭐 어떠냐?")

얼마나 더 많이 죽어야 합니까?

지난 일요일에는 예배를 마친 뒤 모처럼 작은 아이를 데리고 이웃들과 함께 가까운 곳으로 놀러갈 계획을 세웠습니다. 돈 들여 차도 닦아 놓았고 그런 일이 거의 없었던 저도 적잖이 꿈에 부풀었습니다.

그 하루 전 토요일에는 대천에서 열린 전교조 선생님들의 수련회에 참석했습니다. 저녁 강의를 마치고 늦은 밤에 출발해 올라오는 고속도로에서 라디오 뉴스를 통해 현대중공업 하청 노동자 박일수 씨가 분신 자살했다는 소식을 들었습니다. 날을 넘겨서야 집에 도착한 뒤, 인터넷에 접속해 현대중공업 산업재해 노동자 유석상 씨 자살 소식을 읽었습니다.

다음날 아침, 밥을 먹느라 둘러앉았을 때 식구들에게 말했습니다.

"오늘 놀러 가기로 했던 계획은 취소하는 것이 좋겠다. 울산에서 노동자가 또 두 명이나 자살했거든…… 한 사람은 불 타 죽고, 한 사람은 목을 매 죽었거든…… 오늘 하루는 그 노동자들을 생각하면서…… 경건하게 보내는 것이 옳다고 생각한다."

아이들에게 말을 하면서 나는 목이 메었습니다.

지난해, 많은 노동자들이 스스로 자신의 목숨을 끊었습니다. 그때마다 우리는 가슴을 쳤습니다. 우리는 그동안 무엇을 하고 있었나…… 감당할 수 없는 부채감으로 괴로워했습니다. 지난 한 해를 그렇게 힘들게 보냈는데, 올해를 또 이렇게 시작할 수는 없습니다. 올 한 해 동안 또 많은 노동자들이 스스로 죽음을 선택하면서 열사가 되는 모습을 지켜보며 살아갈 수는 없습니다.

작은 교회에서 목회를 하는 한 교역자가 제 홈페이지에 두 노동자의 죽음을 애도하는 글을 올렸습니다. 박일수 씨와 유석상 씨의 죽음을 처음 접했을 때, '아아악!' 소리를 질렀을 정도로 경악했다는 그 목회자는 "우리들의 지금의 '모습'이, 우리들의 지금의 '수준'이, 그래서 우리들의 지금의 '힘'이 이것밖에 안 되기에……그래서 바로 우리들이 그 살인의 공동정범이기에…….” 다만 용서를 구할 뿐이라고 하면서, 짧은 글을 다음과 같은 말로 끝맺었습니다.

"박일수의 모습으로 분신하시고, 유석상의 모습으로 목을 매신 하느님, 우리를 용서해 주십시오…….”

두 노동자의 죽음을 대하고 그 목회자처럼 자신을 그 죽음의 공동정범이라고 생각하고 용서를 구한 기독교인이 과연 몇 명이나 있었을까?

한 여성 노동자가 그 목회자의 글 밑에 자신의 의견을 짧게 적었습니다. 자기는 절대로 용서를 구하지 않겠노라고 했습니다. 기나긴 비정규직 노동자 생활 끝에 이제야 겨우 정규직 노동자가 된 자신이, 왜 같은 노동자의 죽음에 용서를 구해야 하느냐고 절규했습니다. 자기는 용서를 구하지 않고, 더욱 열심히 노동자로서 자신의 권리를 찾아가며 살겠노라고 했습니다. "그가 그토록 살고 싶었던 내일"을 "나의 오늘로 살아 내겠다"고 했습니다.

저는 그 절규를 "그 노동자들이 그렇게 죽음을 선택할 수밖에 없도록 몰아간 사람들이 엄연히 따로 있는데, 같은 노동자인 우리가 왜 용서를 구해야 하느냐"는 항의의 뜻으로 이해했으나, "절대로 용서를 구하지 않겠다"는 그의 말은 두 노동자의 죽음에 분노한 그가 자신의 방식대로 용서를 비는 방법이었을 것입니다.

또 다른 비정규직 노동자는 "용서를 구하지 않겠다"는 말은 "그가 못다한 싸움"을 "내가 해내겠다"는 정말로 의연한 결의라고 해석하며 부러워했습니다. 그러면서 자신은 "기껏해야 특별 당비를 벌기 위해 새벽까지 다른 아르바이트를 하거나, 틈나는 시간마다 민주노동당 채권을 팔러 다니는 것 외에는 아무 것도 못하고" 있다고 부끄러워했습니다.

그러나 정작 부끄러워해야 할 사람들은 따로 있습니다. 지난해, 한 달 동안 네 명의 노동자가 목 매 죽고, 불 타 죽고, 떨어져 죽었는데도 대한민국 국회에서는 그 사건에 대해 말 한 마디 없습니다. 진상조사를 해 보자는 말조차 나오지 않습니다. 어떻게 이럴 수가 있습니까? 앞으로 얼마나 많은 노동자가 더 죽어야 합니까?

고 박일수 씨는 "부디 하청 비정규직 노동자도 사람답게 살 수 있는 진실된 노동의 대가가 보장되는 일터가 되기를 간절히 소망한다"는 말로 유서를 마무리했습니다.

직업병으로 치료를 받던 병원의 난간에 목을 매 자살한 고 유석상 씨는 "허리수술 후 통증이 심해 너무 힘들고 괴롭다", "수술하기가 너무 힘들다"고 일기에 적었습니다.

앞으로 얼마나 더 많은 노동자가 죽어야 비정규직 노동자 차별이 철폐되고, 산업재해 노동자의 권리가 보호될 수 있을까요? "박일수의 모습으로 분신하시고, 유석상의 모습으로 목을 매신 하느님"에게 우리를 용서해 달라고 또다시 빌어야 하는 일이 생기지 않도록 국회가, 노동부가, 기업이, 노동조합이, 그리고 우리 각자가 지금부터 해야 할 일은 무엇일까요?

성직자들의 삼보일배와 노동자들의 파업

새만금 사업 중단을 촉구하는 성직자들의 삼보일배가 국민들의 가슴에 커다란 울림을 준 이유는 무엇보다도 그것이 인간의 한계로는 감당하기 힘들 정도로 큰 고통이기 때문일 것입니다. 어떻게, 세 번 걷고 한 번 절하는 방식으로 전북 부안에서 서울까지 800리 길을 65일 동안이나 걸어올 수 있었을까요? 만일 인간이 그런 일을 하는 것이 가능하다면, 조물주가 사람의 몸을 지금과는 다른 구조로 만들었어야 합니다. 지금이라도 사무실이나 방에서 세 번 걷고 한 번 절하는 방식으로 몇 미터라도 걸어 보시기 바랍니다. 그 고통이 얼마나 참기 힘든 것이었을지 조금은 짐작할 수 있습니다.

삼보일배가 사람들에게 끼친 감동의 물결이 며칠 동안 전국을 뒤덮었습니다. 사람들이 서둘러 집을 나와 그 행렬에 동참했고, 길을 가던 많은 사람들이 그 광경을 보고 가슴 깊은 곳으로부터 흐느끼는 울음을 참지 못했습니다. 학교에 가던 학생도, 힘겨운 노동에 시달리는 직장인도, 길 가던 아줌마도, 마실을 가던 할머니도, 길을 지키던 전투경찰도 울었습니다.

언론에서도 삼보일배에 관한 소식이 날마다 보도됐지만, 이상한 것은 그 보도의 초점이 네 분 성직자들의 '거룩한 고통'에만 맞춰질 뿐, 정작 '새만금 사업'의 타당성 여부와 그 폐해에 대해서는 거의 다루지 않았다는 것입니다. 번화가를 걷는 시민들을 붙잡고 한 인터뷰에서도 '시민'들은 한결같이 '비폭력의 위대함'에 대해서 이야기할 뿐, 성직자들이 그토록 목숨을 걸고 눈물로 호소했던 '새만금 사업'의 내용에 대해서는 말하지 않았습니다.

'새만금 사업'이란 전북 부안과 군산 사이의 갯벌을 메워 버리자는 것입니다. 그것은 우리 시대 금전만능 사상에서 비롯된 자연 경시 풍조의 결정판입니다. 일제시대 이후 왜곡된 과정을 밟아 온 비정상적인 정경유착이 12년 동안 온갖 술수로 빚어 낸 작품입니다. 그래서 '새만금'은 이제 우리 시대에서 옳지 않은 세력과 선한 사람들의 대립을 상징하는 대명사가 되었습니다.

성직자들의 이번 삼보일배에 대해서 뭔가 말하고 싶은 사람들은 적어도 새만금 사업의 내용과 그 본질을 이해해야 합니다. 그리고, 네 분 성직자들이 뼈아픈 고통을 통해 우리에게 간절히 호소하는 바람의 내용이 무엇인지 알아야 합니다.

사람들은 삼보일배에 대해 이야기하면서 은근히 최근 노동자들의 행태를 비난하기도 했습니다. 한 방송의 진행자는 "단 한 번의 투쟁도 없는, 단 한 마디의 외침도 없는 거룩한 행동"을 칭송하더니 곧이어 "이 성직자들의 훌륭한 행동에 비하면, 최근에 벌어졌던 화물운송기사들의 파업, 전교조의 연가 투쟁, 공무원의 파업찬반투표 등은 우리로 하여금 많은 반성을 하게 한다"고 자기 마음대로 갖다 붙였습니다. 꽤 진보적이란 평을 듣는 주간지조차 삼보일배 기사에 화염병을 던지는 시위 장면 사진을 함께 실었습니다.

노동자들이 성직자들의 삼보일배를 보면서 자신들의 투쟁방식에 대해 스스로 반성하거나, 그동안 노동자들이 환경운동에 별로 관심을 갖지 못했다고 스스로 반성하는 것은 바람직한 일입니다. 그러나 당사자가 아닌 사람들이 성직자들의 삼보일배와 노동자들의 파업을 빗대어 말하려면 최소한 다음과 같은 내용을 이해하는 것이 전제되어야 할 것입니다.

첫째, 중간에서 전화기 하나로 이윤을 챙기며 화물운송기사들의 수고를 가로채는 화물알선 중개업체가 전국에 8,000개나 존재하고 있고, 행복한 삶을 보장받을 수 없는 노동자들이 문제를 해결하기 위해 경제적 손실을 일으키며 벌이는 '파업'은 세계 대부분의 나라에서 합법적으로 보장하고 있는 노동자들의 기본적 권리라는 사실입니다.

둘째, 교육부의 '네이스' 시스템은 우리 사회에서 그 어떤 가치보다 소중하게 지켜야 할 학생들의 인권을 침해하는 시스템이고, 전교조 교사들은 사랑하는 제자들의 인권을 위해 자신들의 손해를 감수한 채 싸우고 있다는 것입니다.

셋째, 국제노동기구에 가입한 170여 나라 가운데 공무원의 단결권조차 인정하지 않는 나라는 우리나라밖에 없으며, "공무원들이 파업을 해서 행정기관이 마비됐을 때 북한에서 쳐들어오면 어떻게 하겠는가? 따라서 우리나라 공무원은 노동조합을 설립할 수 없다"는 논리는 이제 더 이상 합리성을 가질 수 없는 낡은 주장이고, 파업을 할 것인지 말 것인지에 대한 의사를 자기들끼리 확인해 보는 공무원들의 투표조차 불법 집단 행동으로 규정하는 것은 인간의 기본권을 침해하는 후진국적 발상이라는 사실입니다.

이와 같은 사실들을 이해하지 못하는 사람이라면 함부로 비폭력의 숭고함에 빗대어 노동자들의 파업을 비난할 것이 아닙니다. 학생들의 시위나 노동자들의 시위는 다 그 나름의 이유가 있습니다. 시위현장에 화염병과 방패를 든 경찰이 대치하는 것도, 온전히 시위대에게 그 잘못을 돌릴 수는 없습니다. 삼보일배의 중심이 된 네 분은 모두 성직자들인데, 일반인들에게 성직자의 거룩한 방식을 요구하는 것은 합리적이지 않습니다.

문정현 신부가 아우 문규현 신부의 고행을 보고 나서 "다시는 지팡이로 어린 전투경찰의 방패와 헬멧을 후려치지 않겠다" 고백한 사실을 보수언론이 강조할 때에는 정신을 똑바로 차리고 새겨들을 필요가 있습니다.

근로자파견법과 비정규직에 관한 기업의 주장

노·사·정 간에 벌어지고 있는 비정규직 노동자 문제에 대한 논란을 보고 있으면 근로자파견법 제정이 처음 얘기되기 시작하던 1990년대 중반의 일이 떠오릅니다. 그 무렵 열렸던 근로자파견법 관련 공청회에서 일본의 근로자파견법 제정에 주도적으로 참여했던 일본 법학자는 "일본은 근로자파견법을 졸속으로 도입한 뒤 큰 후회를 하고 있다. 한국은 그 전철을 밟지 않기 바란다"고 말했습니다. 당시 일본이 졸속으로 도입했다던 근로자파견법 제정을 논의한 기간이 무려 15년이었습니다. 그런데 우리나라는 근로자파견법 도입이 이야기되기 시작한 지 단 3년 만에 "선진국에도 다 있는 좋은 제도"라면서 서둘러 법을 제정했습니다.

당시 저는 한 법률가 단체가 근로자파견법에 대한 의견서를 국회에 제출하는 일에 참여하여 외국의 근로자파견법에 대해 공부할 기회가 있었는데, 대부분의 선진국은 근로자파견법의 취지가 기업의 근로자파견 행위를 엄격하게 규제하거나 파견 노동자들의 권리를 보호하기 위한 것이었고 거의 유일하게 일본이 근로자파견을 조장할 수 있는 내용을 갖고 있었습니다. 그런데 당시 우리나라의 기업과 정부는 일본의 법 체제를 모방해 도입하면서 "근로자파견법이 선진국에도 다 있는 좋은 제도"라고 주장했던 것입니다.

그와 유사한 주장이 최근에도 되풀이되고 있습니다. 기업의 이익을 대변하는 사람들은 "고용 증대를 위해 파견 관련 규제를 풀고 있는 것이 세계적 추세"라며 파견업종 확대가 마치 당연한 순리인 양 주장합니다. 그러나 그 사람들은, 세계화 바람이 급격하게 불던 1990년대에 비정규직 노동자 규모를 확대했던 대부분의 나라들이 2000년대에 들어선 뒤에는 그것이 국익에 별로 도움이 되지 않는다고 반성하고 비정규직 노동자 수를 줄이기 위해 다양한 노력을 계속하고 있는 것이 세계적인 추세라는 점은 애써 외면하고 있습니다.

프랑스에서는 질병·출산·휴가 등 결원이 생겼을 때에만 비정규직 노동자를 사용하는 것이 일반적이고, 미국에서는 비정규직 노동자를 고용한 회사들이 대부분 대형화되어 비정규직 노동자들에 대한 교육과 사회복지 혜택이 거의 동등하고, 독일에서는 건설업종을 제외한 전 업종에 근로자파견이 가능하지만 동일노동 동일임금 원칙이 엄격하게 지켜져 비정규직 노동자라 할지라도 특별한 불이익이 없다는 점 역시 애써 외면하고 있습니다.

우리나라 노동자의 비정규직화 속도가 세계에서 가장 빠르고, OECD 가입 30개 국가 중에 비정규직 노동자 비율이 가장 높고, 전형적 시장경제주의자들인 국제금융자본조차 한국 정부에 비정규직 노동자의 숫자를 줄이라고 요구했다는 사실 역시 애써 외면하고 있습니다.

노동계에서는 비정규직 노동자의 규모가 약 800만 명 가량이라고 주장하는 반면, 경영계에서는 약 300만 명 정도밖에 되지 않는다고 주장합니다. 다른 노동자들에 비해 현격하게 불리한 대우를 받으면서 고용불안에 시달리고 있는 것이 명백한 사내 하청 노동자들이나 특수고용형태 노동자들을 비정규직 노동자가 아니라고 주장하면서 애써 그 수를 줄이는 것은 비정규직 노동자 문제의 해결에 전혀 도움이 되지 않습니다.

그 해결 방안에 대해서도 시각의 차이는 매우 큽니다. 기업은 비정규직 노동자 문제 해결의 책임을 대기업 강성 노조에 돌리고 있고, 정부의 시각도 이와 크게 다르지 않습니다. 이러한 주장은 우리나라 대기업 노조가 강성이어서 부당한 특혜를 누리고 있다는 것을 전제로 합니다. 그러나 이 사람들은, 최근 우리나라에 들어와 있는 외국인 경영자들이 "한국에 오기 전에는 언론의 보도를 통해 한국 대기업 노동조합들이 투쟁적이고 과격한 줄 알았는데 와서 직접 겪어 보니 사실은 그렇지 않고 상당히 합리적이었다"고 거듭 이야기하는 사실들은 애써 외면하고 있습니다.

이러한 모든 행위들의 공통점은 기업의 단기적 이익이나 기업 경영자의 사리사욕, 또는 그것에 봉사하는 것이 자신의 직무인 사람들에게만 유익할 뿐, 국민과 나라 전체의 이익에는 해로운 결과를 초래한다는 것입니다.

---

*비정규직의 증가가 노동시장의 경직성, 정규직의 고임금 때문이 아니며, 비정규직 고용이 기업의 경영성과를 개선했다는 증거도 없다는 연구결과들이 최근 꾸준히 발표되고 있다. 나아가, 비정규직 고용은 기업의 수량적 유연성을 증대시키고 노무비율을 감소시키지만, 이직률을 증가시키고 노동 생산성을 하락시켜, 영업이익률에 장기적으로는 부정적 영향을 미친다고 한다. 결국, 한국에서는 노동시장 경직성 때문에 비정규직이 증가한 것이 아니라, 거꾸로 기업 또는 시장의 횡포를 제어할 노동시장 경직성이 결여되었기 때문에 비정규직이 증가했던 것이다.

_김유선, "비정규직 고용에 대한 여섯 가지 신화"(『한국노동자의 임금실태와 임금정책』)

비정규직에 대한 경총과 IMF의 상반된 입장

한국경영자총협회가 산하 4천 개 사업장에 "2004년도 단체협약 체결 지침"을 배포했습니다. 그 지침에는 비정규직과 정규직 노동자의 차별을 줄이기 위한 노동조합의 요구를 거부하라는 내용이 들어 있습니다. 경총은 이 지침에서 비정규직 노동자 채용시 노사가 합의하거나, 비정규직 노동자를 정규직화하거나, 비정규직과 정규직 노동자에게 동등한 대우를 보장하라는 노동조합의 요구를 거부하도록 권고하고 있습니다.

뿐만 아니라, "노·사·정이 합의한 일자리 만들기 사회협약의 취지를 고려한다"면서, 비정규직 노동자 처우를 개선할 때에는 정규직 노동자의 노동조건을 조정하고 고용 유연성을 전제로 할 것을 검토하도록 주장하고 있습니다. 무슨 말인가 하면, 비정규직 노동자의 처우를 개선할 때에는 정규직 노동자의 노동조건을 지금보다 낮추고, 노동자에 대한 해고를 지금보다 더욱 쉽게 할 수 있도록 하는 조치가 선행돼야 한다는 뜻입니다.

노동계는 경총의 이러한 지침을 "노사관계를 파탄낼 수 있는 선전포고"로 간주하면서 "개발독재시대에 만들어진 논리를 계속 산업현장에 강요"하는 것으로서 "노사관계의 변화와 발전은 퇴보하고, 경제는 더 이상 발전의 동력을 찾기 어렵게 될 것"이라고 비판했습니다.

경총은 이 같은 주장을 오래 전부터 되풀이하고 있습니다. 참고로 2001년에 3천여 개 사업장에 배포한 "2001년 단체협약 체결 지침"에도 거의 같은 내용이 들어있습니다. "비정규직 근로자의 사용기간 및 채용에 관한 문제는 단체교섭 대상이 될 수 없다", "반드시 정규직으로 채용해야 한다는 강제규정은 받아들여서는 안 된다", "특수업무종사자나 파견근로자의 단체교섭 요구에는 응하지 않도록 한다"는 것 등입니다.

이러한 지침의 내용은 한마디로 경총의 기업가 정신이 몇 년 동안 전혀 변하지 않고 있다는 것을 보여 주는 것입니다. 노동운동이 변해야 한다고 노동자들에게는 여러 차례 훈계를 하면서 정작 경제인 자신들은 변화하는 시대의 흐름을 따라잡지 못하고 있는 것입니다.

반면, 국제통화기금(IMF)은 며칠 전 한국 정부에 대해 "비정규직 노동자를 줄이라"고 요구했습니다. 한국 정부와 연례 정책 협의를 가진 후 지난달 말 발표한 "한국경제 주요 현안 보고서"를 통해 우리나라 노동시장이 과도하게 비정규직화되고 있음을 경고한 것입니다.

참 이상한 일입니다. 보수적 경제 이데올로기의 원조인 국제금융자본이 어째서 한국 정부에 그런 요구를 한 것일까요? 몇 년 전에도 이와 비슷한 일이 있었습니다. 국제통화기금이 한국 정부에 재벌을 개혁하라고 요구한 것입니다. 세계에서 가장 보수적인 세력이 한국 땅에 들어오면 진보세력이 되는 코미디 같은 일이 벌어지는 것입니다.

이와 같은 일은 한마디로 한국의 기업이 얼마나 비정상적인지를 보여 주는 것입니다. 국제금융자본이 한국 비정규직 노동자의 처지를 걱정하거나 한국 국민의 복지를 고려해 그와 같은 요구를 할 리는 없습니다. 한국 경제가 정상적으로 운영되어야 자신들이 투자한 만큼 이익을 얻을 수 있기 때문입니다.

국제통화기금이 이번에 비정규직 노동자를 줄이라고 요구한 것은 우리나라 노동자의 비정규직화가 세계에서 가장 빠른 속도로 진행되면서 사회불안이 급증하고 그것이 경제 발전에 저해요소가 된다고 판단했기 때문입니다. 우리나라는 OECD 30개 회원국 중 비정규직 노동자의 비율이 가장 높은 나라입니다. 국제통화기금은 "2002년에 이뤄진 신규고용의 70%가 비정규직 노동자"라고 지적하면서 "이 같은 이중구조의 한국 노동시장은 2003년 한국 경제를 저해했고, 향후 발전도 제약할 것"이라고 경고했습니다.

비정규직 노동자를 지금보다 더욱 증가시킬 수밖에 없는 경총의 지침은 초등학교 도덕 교과서의 원칙에도 어긋날 뿐만 아니라, 한국 경제에도 해롭습니다. 오로지 기업의 인건비 부담을 줄이는 데 기여할 뿐입니다. 기업의 이익이 곧 나라 전체의 이익과 일치하지는 않습니다.

비정규직 노동자를 늘리는 정부의 배짱

방송에 출연할 일이 있어 한 방송사에 갔을 때, 촬영장에서 조명기구를 들고 다니는 사람에게 "혹시 정규직이세요?"라고 물어보았습니다. 그 사람은 저에게만 들릴 정도의 작은 목소리로 "계약직만 돼도 좋겠습니다"라고 답했습니다. 용역 회사에서 방송국에 파견된 노동자였던 것입니다. 계약직이라도 되는 것이 소원일 정도로 파견 노동자들은 불평등한 대우를 받고 있다는 것을 그 짧은 대답으로 쉽게 알 수 있었습니다.

정부가 노동자파견법 등 비정규직 관련 법안의 내용을 확정했습니다. 가장 문제가 되는 것은 그동안 26개 업종에서만 파견 노동자 사용이 가능하도록 규정했던 것을 거의 전 업종으로 확대한다는 것입니다. 지금도 현장에서는 불법파견, 편법파견 등의 형태로 파견 노동자들이 거의 전 업종에 사용되고 있는 것이나 마찬가지입니다. 흔히 말하는 제조업체 '사내 하청'은 거의 대부분 불법파견이나 마찬가지입니다. 그러니까 정부로서는 파견 가능 업종을 확대해도 이미 만연하고 있는 불법파견을 양성화하는 것에 불과하므로 실제로는 파견 노동자들이 그렇게 많이 늘어나지는 않을 것이라고 판단했는지도 모릅니다.

그러나 그것은 커다란 착각입니다. 앞으로 기업에서는 새로 뽑는 직원들을 거의 대부분 파견 노동자들로 채우려 할 것입니다. 기존의 정규직 노동자들도 여러 가지 방법으로 파견 노동자로 전환될 것입니다. 인건비를 절감하고 노동법상의 각종 의무에서 벗어날 수 있는 길을 기업들이 마다할 리 없습니다.

이제 흔히 '용역 회사'라 부르는 노동자 파견업체들이 우후죽순처럼 늘어날 것은 불을 보듯 뻔한 일입니다. 조금이라도 연줄이 닿는 기업이 있으면 그 기업에 인력을 파견할 수 있는 권리를 얻어, 파견 노동자를 보내주고 그 노동자들이 받는 임금에서 매달 일정한 액수를 챙길 수 있으니 너도나도 그 일에 뛰어들 것이 분명합니다. 책상 하나만 놓고 앉아서 남의 노력으로 쉽게 돈을 벌 수 있는 방법이 뻔히 보이는데 사람들이 그 일을 마다할 리가 없습니다. 이제 우리는 길거리에서 '○○인력', '□□개발', '△△용역' 따위의 간판을 수도 없이 보게 될 것입니다.

근로기준법의 기본 원칙은 직접 고용, 그리고 정규직입니다. 중간착취 배제, 차별적 처우 금지에 관한 조항들이 바로 그 원칙들을 담고 있습니다. 노동자파견법이 제정될 당시에도 근로기준법 원칙과 정면으로 배치된다는 문제점들이 제기됐습니다. 노동자파견법은 처음 출발할 때부터 비정상적인 상황에서 한시적으로 운영되는 제도라는 성격을 갖고 있었습니다. 파견 기간이 2년이다 또는 3년이다, 파견 기간이 끝나면 직접 고용해야 한다는 등의 내용들이 법에 규정된 이유는 그 때문입니다.

국제통화기금이 한국 정부에게 비정규직 노동자 수를 줄이라고 문서로 요구했던 사실을 환기할 필요가 있습니다. 우리나라의 노동자 비정규직화 속도가 세계에서 가장 빠르고 OECD 가입 30개 국가 중에서 비정규직 비율이 가장 높다면서 비정규직 노동자 수를 줄이라는 보고서를 국제통화기금이 한국 정부에 제출했습니다. 국제금융자본이 우리나라 비정규직 노동자의 처지를 딱하게 여겨 인도주의적 차원에서 그렇게 요구했을 리는 없습니다. 전형적인 시장경제주의자들이 보기에도 우리나라 노동자들의 비정규직화가 너무 심각해 국제금융자본의 경제 활동에 지장을 초래할 우려가 있다고 판단했기 때문입니다.

정부로서는 비정규직 노동자가 많아지는 것이 정치적으로 결코 불리한 일이 아닙니다. 비정규직 노동자들은 자신들이 비인간적인 대우를 받는 것에 대한 화살을 기업이나 정부에 돌리기보다 상대적 고임금을 받는 대기업 정규직 노동자들에게 돌리고 있기 때문입니다. 제가 과거사 규명과 친일 청산이 필요하다는 글을 썼더니 그 글에 대해 "노동문제연구소장이라는 놈이 비정규직 노동자들의 권리를 향상시킬 생각은 않고 한가하게 역사를 이야기하고 있다"고 비난하는 사람도 있었습니다. 불행히도 그러한 비난이 지금 사람들에게 상당한 설득력을 지니고 있습니다. 비정규직 노동자들이 아무리 많아져도 기업과 정부는 더 이상 비난받을 일이 없습니다. 비정규직 노동자가 많아질수록 대기업 정규직 중심의 노동운동만 더욱 고립될 뿐이니, 정부로서는 정치적으로 손해를 볼 일이 전혀 없다는 계산을 했을 것입니다.

    비정규직 노동자를 양산할 것이 분명한 법안 내용에 반대하는 노동자들과 사회 불평등 구조가 더욱 심화되는 부작용을 감수하면서 파견 노동자를 전 업종에 확대하려고 하는 정부 중에서 어느 쪽의 주장이 과연 우리 사회 전체의 장기적 발전에 유익할까요? 눈앞의 이익 때문에 나라의 백년대계를 거스르는 일은 하지 말아야 합니다.

국민의 소비가 기업의 수출보다 중요합니다

한국은행 금융경제연구원이 "성장잠재력 변동요인 분석" 보고서를 냈습니다. 우리 경제가 성장하는 데 영향을 미치는 요인은 무엇인지, 또 그 영향을 미치고 있는 요인에는 어떤 변화가 있는지를 분석한 것입니다. 좀 더 쉽게 설명하면, 지금 이 글을 읽고 있는 사람들과 그 가족들이 경제적으로 더 윤택하게 살아가는 데 영향을 미치는 것들은 무엇이고, 그것에는 어떤 변화가 있었는가 하는 내용입니다.

그 분석에 따르면, 소비의 성장기여율이 1988년부터 1997년까지 64%였다가 1998년부터 2002년까지는 66%로 높아졌습니다. 다시 말해서, 국내소비가 경제 성장에 미치는 영향력이 갈수록 커진다는 뜻입니다. 즉, 소비가 많아질수록 경제가 많이 성장한다는 뜻입니다.

부가가치 유발계수라는 지표도 있습니다. 부가가치란 일정기간 동안의 생산·유통 등의 활동, 즉 산업활동으로 만들어진 새로운 가치를 말합니다. 부가가치가 높을수록 적은 자본과 노동의 투입으로도 많은 이익을 얻을 수 있습니다. 부가가치 유발계수란 그 부가가치를 만들어 내는 힘의 크기를 수치로 표현한 것입니다.

2000년을 기준으로, '소비'의 부가가치 유발계수는 0.79입니다. '투자'의 유발계수는 0.65이고, '수출'의 유발계수는 0.63입니다. 이 수치들의 의미는, 우리가 그토록 중요하게 여기는 수출이나 투자보다 소비가 부가가치를 만들어 내는 능력이 훨씬 크다는 뜻입니다. 우리나라 사람들이 얼마나 많이 돈을 쓰느냐 하는 것이 우리나라 기업이 얼마나 많이 수출을 하느냐 하는 것보다 훨씬 더 중요한 문제라는 뜻입니다. 금융경제연구원장도 이 복잡한 숫자들의 의미를 "수출이 아무리 늘어나도 소비가 회복되지 않으면 균형 잡힌 경제 성장이 이뤄질 수 없다는 뜻"이라고 설명했습니다.

지금 수출이 증가하고 있지만 경기 회복으로 이어지지 않고 있는 이유는 소비가 같이 늘어나지 못하고 있기 때문입니다. 수출이 아무리 늘어도 국민들이 쓸 돈이 없으면 우리 경제는 발전할 수 없습니다.

부유층의 소비에는 한계가 있습니다. 아무리 돈 많은 사람이라도 하루에 밥을 세 끼 이상 먹거나 비싼 모피코트를 몇 겹씩 겹쳐 입고 다니거나 골프를 동시에 여러 곳에서 한꺼번에 즐길 수는 없습니다. 진정한 소비는 국민 전체에서 골고루 나와야 합니다. 그래서 국민들에게 카드 빚을 내 줘서 소비를 하게 했습니다. 그러나 그것은 어디까지나 단기적인 처방일 뿐 장기적으로는 오히려 우리 경제에 악영향을 미칩니다.

아주 쉬운 산수를 해 보겠습니다. 우리 사회는 국민 대부분이 직장인이거나 그 가족으로 구성돼 있습니다. 따라서 소수의 부자가 빨리 많은 돈을 버는 것보다, 직장인들의 소득을 높이는 것이 건전한 소비를 창출하는 가장 올바른 지름길이 됩니다. 그런 측면에서 직장인들의 봉급이 인상되는 것은 우리 경제에 절대적으로 유익합니다. 물론 기업 경영자들에게는 경영 효율을 높이기 위해 더 큰 노력을 해야 한다는 부담이 생기겠지요.

'직장인'이란 단어에 사회과학적 의미를 담아 더욱 정확하게 표현한 것이 바로 '노동자'입니다. 경영자 단체가 대기업 노동자의 임금을 동결하는 것이 애국적인 결단인 양 주장하지만, 그것은 기업의 인건비 부담을 줄이기 위한 얄팍한 속임수에 지나지 않습니다.

많은 대기업 직장인들과 그 가족 여러분은 가만히 생각해 보시기 바랍니다. 만일 경영자 단체의 그 주장이 옳다면, 여러분들은 임금이 인상되기를 바라는 그 순간부터 우리 사회에 해를 끼치는 존재가 됩니다.

물론, 대기업 노동자와 비정규직 노동자의 차별은 빨리 철폐되어야 합니다. 그러나 대기업 노동자의 임금을 동결하거나 낮추는 방식으로 그 차별을 줄이는 것은, 수출이 줄어드는 것보다 우리 경제에 더 해롭습니다. 대기업 노동자의 소득이 증가하는 속도보다 비정규직 노동자의 소득이 증가하는 속도가 훨씬 빨라질 수 있는 방식으로 그 차별을 철폐해야만 합니다.

노동자 임금이 인상되면 기업 경영에는 당연히 부담이 됩니다. 그러나 지금까지 과도한 임금인상이 원인이 되어 도산한 기업은 거의 없습니다. 부실 경영의 원인은 대부분 다른 곳에 있습니다. 노동자의 적정 임금수준을 유지하면서 기업의 경쟁력을 높이는 것이야말로 지금 우리나라 기업 경영자들이 시급히 해야 할 일입니다. 그 책임을 감당하지 못하는 경영자가 바로 무능한 경영인입니다.

대기업 노동자 임금도 인상되어야 합니다

올해 마지막 칼럼을 즐겁고 기쁜 내용으로 채울 수 있다면 얼마나 좋겠습니까? 그러나 그렇게 하기엔 올 한 해 동안 우리 사회 노동자들의 삶이 너무 힘들고 어려웠습니다.

먹고사는 것에만 관심을 갖는 것이 아니라 노동자들이 더욱 인간답게 살 수 있는 사회를 만들기 위해 노력하는 일이 바로 노동운동입니다. 올해 우리 사회 노동운동에 대한 공격은 무엇보다도 노무현 대통령의 '대기업 노동자 기득권'에 대한 비난으로부터 시작됐습니다. 그리하여 지금 우리나라 사람치고 대기업 노동자들이 지나친 고임금을 받고 있으며, 그 고임금이 한국 경제 발전에 걸림돌이 된다고 생각하지 않는 사람이 거의 없는 지경이 되고 말았습니다. 노동자들이 너무 자기 이익만 생각한 나머지 경영자들은 기업을 중국 등 다른 나라로 옮기고 싶어한다고 생각하지 않는 사람이 거의 없는 지경이 되고 말았습니다. 참 안타깝고 딱한 일입니다.

바로 그 지탄의 대상이 됐던 대기업 노동자가 결혼 10년 만에 아파트를 한 칸 마련했다고 저를 집들이에 초대했습니다. 저녁식사가 끝나고 차를 한 잔 마시는 시간에 그 대기업 노동자가 이런 말을 했습니다.

결혼한 지 10년쯤 된 그 노동자가 10년 전 신혼 때에는 출근할 때 안해가 따라나와 "여보, 일찍 들어와" 그렇게 인사했는데, 요즘은 일찍 집에 들어왔다가는 안해의 곱지 않은 눈총을 받는다는 것입니다. 며칠 전에도 그 노동자가 좀 일찍 퇴근해 들어왔더니 그의 안해가 "집안에 뭐 꿀 항아리라도 감춰놓은 것 있어? 왜 연장근로하지 않고 벌써 들어와?"라고 따지듯 묻더라는 것입니다. 그 노동자는 안해에게 "당신이 분명히 그렇게 말했지?"라고 물었고 그의 안해는 그저 웃고만 있을 뿐, 아니라고 부인하지 않았습니다.

그 노동자의 임금은 10년 동안 산술적으로만 따지면 몇 배가 인상됐을 것입니다. 그러나 10년 전보다 지금이 더 행복하다고 말할 수 있을까요? 10년 전에는 "일찍 들어오라"고 인사하던 안해에게 요즘은 어쩌다 일찍 집에 들어오면 눈총을 받는데, 그가 더 인간답게 행복해졌다고 말할 수 있을까요?

그의 안해가 남편과 함께 단란한 시간을 보내기 싫어서 그렇게 말한 것은 결코 아닐 것입니다. 남편이 정상적으로 퇴근하면서 받는 임금으로는 도저히 살아갈 수 없기 때문에 그렇게 말했을 것입니다. 임금이 인상돼도 우리 사회 노동자의 삶이 행복해지지 않는 이 기묘한 현상의 이유가 무엇일까요?

몇 년 전 대우경제연구소가 "한국경제연구"라는 프로젝트 결과를 발표했을 때, 한 중앙일간지는 사회면이나 경제면이 아닌 1면 톱기사의 제목을 "소득 늘었으나 빈부격차 더 심해져"라고 뽑은 적이 있습니다. 비밀은 바로 그것에 있습니다. 노동자들의 소득이 증가하는 것보다 우리 사회 빈부격차가 더 많이 벌어지고 있는 것입니다.

최근 그와 비슷한 내용을 LG경제연구원에서도 발표했습니다. 우리 사회 각종 양극화 현상이 경기 회복이나 경제 성장의 성과를 무위로 돌리고 있으며, 많은 사람들이 경기 회복을 체감하지 못하는 이유는 우리 사회 소득 격차가 좀처럼 개선되지 않기 때문이라는 것입니다.

결론적으로, 노동자들은 열심히 노동조합 활동을 해서 임금을 인상시켜도 갈수록 더욱 가난해질 수밖에 없습니다. 한 직장에서 20년 넘게 일한 노동자가 얻은 소득과 부동산 투기를 한 번 잘해서 벼락부자가 된 사람이 벌어들인 소득을 비교해 보면 그 실상을 쉽게 이해할 수 있습니다.

이러한 현상으로부터 해방될 수 있는 직장인들은 거의 없습니다. 대기업 관리직이나 임원이라고 해도 이 기형적 구조로부터 도망칠 수는 없습니다. 사회 불평등 구조가 심화되는 이 현상을 고치지 못하면 우리 경제는 더 이상 희망이 없습니다. 대기업 노동자들의 임금이 인상돼야 하는 이유는 그 때문입니다. 물론 비정규직 노동자들의 임금은 더욱 빠른 속도로 인상되어야 합니다. 대기업 노동자의 임금을 줄여서 비정규직 노동자들과의 격차를 좁혀야 한다는 생각은 우리 경제에 더욱 해로운 결과를 초래합니다.

더불어, 쉽게 돈 버는 사람들의 소득이 증가하는 속도를 붙들어 매야 합니다. 아파트 하나로 한 달 사이에 7억의 소득을 올리는 사람들이 더 이상 생기지 않도록 구조적으로 막아야 합니다.

노동자들의 임금이 증가하는 것이 우리 경제에 해로운 것처럼 생각하는 잘못된 인식 하나만이라도 고쳐졌으면 좋겠다는 것이 묵은해를 보내는 저의 간절한 소망입니다.

기아자동차 노조 사건의 물타기

나는 아직까지 한 번도 민주노총의 조합원이었던 적이 없다. 그 흔한 '○○위원' 등의 직함도 민주노총에서 가져 본 적이 없다. 몇 년 전에 '교육위원'이 될 뻔했으나 그 제도를 추진하던 간부가 갑자기 교사로 임용돼 교단으로 돌아가 버리는 바람에 "없었던 일"이 되고 말았다. "나는 민주노총을 짝사랑하는 사람입니다." 평소에도 나는 사람들에게 그렇게 말하곤 했다.

기아자동차 노동조합 광주지부의 취업 비리 사건 이후에도 민주노총에 대한 나의 짝사랑은 변하지 않았다. 방송에서 출연 요청이 오면 대부분 응했고 신문이나 잡지사의 원고 청탁도 마다하지 않았다. '이럴 때일수록 나 같은 사람이라도 계속 열심히 이야기해야 한다'고 생각했다. 그러다가 2월 1일 민주노총 대의원대회 사건이 터졌고 그 뒤로 나는 민주노총을 계속 짝사랑해야 할 것인지 심각한 고민에 빠졌다. 방송 출연 요청에 일체 응하지 않았고 원고청탁도 모두 거절했다.

우리나라 언론이 언제부터 노동문제에 그렇게 관심이 많았다고, 방송 출연 요청과 원고청탁이 하루에 열 건 가까이나 들어왔다. 그 당당한 요청들 속에서 "하종강, 너 노동운동 좋아하는 놈이지. 우리나라 노동운동이 완전히 저 지경이 됐는데, 너 할 말 있으면 좀 해 봐" 하는 의기양양함이 느껴지기도 했다. 온갖 노동문제 전문가들이 방송에 나와 "노동조합을 충분히 감시·감독할 수 있는 권한이 있으면서도 그렇게 하지 않은 정부에도 책임이 있다"고 유신시대에나 가능했을 법한 주장들을 펴기도 했다. 그 주장들에 대해서도 나중에 따져 볼 계획이다.

지난 대의원대회 이후 나는 내 홈페이지에도 새로운 글을 전혀 쓰지 못했다. 내가 최근 며칠 사이에 겪은 혼돈은, 조금 과장하면, 1990년대 초반에 소비에트가 해체되고 동구의 현실 사회주의 국가들이 몰락할 때 겪었던 세계관의 혼란에 거의 버금간다.

민주노총은 22일 대의원대회를 앞두고 있는데, 지난 대의원대회 때보다 더 심한 격돌이 일어나지는 않을 것이라고 보장할 수 없는 상황이다. 그 대의원대회에서 어떤 일들이 벌어지는지 지켜볼 때까지 아무 말도 하지 않고 아무 글도 쓰지 않을 수 있다면 참 좋겠다는 것이 솔직한 심정이다. 그러나 그때까지 아무 것도 하지 않고 기다리기만 하다가는 앞으로 상당히 오랫동안 할 말을 잃을지도 모른다는 위기의식으로 오랜만에 책상 앞에 앉았다.

기아자동차 광주공장 이야기부터 해 보자. 그 사건에 대한 소식을 처음 들으면서 나는 지난해 말, 한 노동조합에 갔다가 휴대폰 카메라로 찍어온 사진들이 떠올랐다. 선명치 않지만 내용은 충분히 알아볼 수 있다.

얼마 전 사 측은 노사협의를 통해서 비정규직 채용을 요구하였고 조합은 계속된 생산량 증가로 인해 정규직을 채용할 수밖에 없음을 밝힌 바 있다. 이에 사 측은 정규직 충원을 위해서 신입사원을 공개 채용(?)하고 현재 신입사원들의 면접 및 교육과정은 진행 중에 있다.
그러나 이미 현장에서는 신규 채용의 결과가 나오기도 전에 신입사원들의 향방에 대해 그 결과가 소문으로 떠돌고 있었다. 막말로 어느 놈이 추천한 사람은 되고, 누가 추천하면 안 된다는 것이었다. 그러나 경악스럽게도 이것이 사실로 확인되었다.

조합이 확인한 내용은 사 측의 신규 채용 관련 인사 정책이 허구와 온갖 거짓으로 수백 명의 눈과 귀를 가리고 있다는 것이다. 신규 채용자들 대부분은 철저하게 사 측의 이익에 충복하는 자들이 추천한 자들로 구성되었다. 물론 1, 2차 심사를 거쳐 지금까지 올라온 사람들은 사 측이 말하는 객관적 심사의 기준으로 남는 것이 아니라 추천인이 어떤 인물인가에 의해서 합격 점수를 받은 사람이라는 것이다.

대부분 ○○(이 회사의 원청회사) 노무팀, 팀장, 반장 등의 추천을 받아 합격점을 받은 사람들과 대조적으로 우리 조합원이 추천한 사람 중에는 수십 명의 경쟁을 뚫고 가장 우수한 점수를 받은 사람이 탈락하는가 하면, 훨씬 낮은 점수를 받았어도 추천인이 사 측의 팀장이나 사장일 때 두 눈 감고 합격시켜 주는 것이 저들의 공정성이고 합리적인 인사 정책인가?

문제는 항상 이렇게 시작된다. 중소기업뿐만 아니라 내로라하는 대기업에서도 신입사원을 채용할 때 '추천'이라는 제도를 두어 굳이 '연줄'을 중요시하는 이유가 있다. 그렇게 하는 것이 인사노무 관리에 용이한 점이 있기 때문이다. 실제로 사업장을 방문해 보면 회사 관리직 사원의 추천을 받아 취업한 사람들은 노동조합 활동에 소극적일 수밖에 없고 파업 현장에 거의 결합하지 못하는 경우를 종종 본다. 회사의 입장에서는 당연히 행사할 수 있는 경영권·인사권의 일부라고 주장하겠지만 노동조합 입장에서는 중대한 단결권 침해 행위다. 노동조합은 방어적 차원에서 신입사원을 공정하게 채용하라고 요구할 수밖에 없다.

노동조합의 그러한 요구를 회사는 일정 부분 수용하면서 교섭의 유리한 도구로 활용한다. 노동조합 간부가 신입사원 채용에 관여하게 되는 과정은 그렇게 시작된다. 처음부터 취업을 미끼로 장사를 하겠다는 목적으로 신입사원 채용에 노동조합의 추천 몫을 요구하는 것이 아니다.

요즘처럼 청년 실업이 심각한 시대에 "노동조합 간부 추천을 받으면 취업이 보장된다더라"고 소문나면 노동조합 간부가 요구하기 전에 돈 싸들고 찾아왔을 것이다. 물론 아무리 아버지까지 찾아와 두 시간 동안 무릎 꿇고 "제발 돈 받아 달라"고 빌었다 해도 받지 말았어야 했다. 어떤 이유로든 취업을 이유로 돈을 받은 노조 간부를 두둔할 마음은 없다. 다만 "신입사원을 공정하게 채용하지 않는 회사의 전근대적인 인사노무 관리에도 원인이 있다"는 지적이 단순히 사건의 본질을 흐리는 '물타기'는 아니라는 것이다. 불공정한 인사관행이나 전근대적인 노무관리가 개선되는 효과는 바늘 끝만큼도 없이 노조 간부와 인사 책임자 몇 사람을 형사처벌하는 것으로 이 사건이 마무리된다면 그것이야말로 '물타기'다. 노동조합이 이 사건을 계기로 자신을 스스로 정화하는 노력을 전혀 기울이지 않는다면 그것 역시 마찬가지다.

이번에 기아자동차 광주공장에서 일어난 채용 비리와 같은 일은 어용노조에서는 예전부터 숱하게 해 오던 짓이고 지금도 그렇게 하고 있다. 이른바 '민주 노조'에서는 후임 위원장 맡을 사람을 구하지 못해 쩔쩔매고 있는데, 소위 '어용 노조'에서는 요즘도 노동조합 위원장 선거 때마다 "논밭 팔아서" 선거운동을 한다. 그렇게 위원장이 되면 임기 동안 충분히 본전을 뽑고도 남는다. 그런 짓을 하는 노동조합은 예전부터 있었고 지금도 있다. 그래서 그 노동조합 집행부를 민주화하기 위해 양심적인 조합원들이 불철주야 고생하고 있는 것이다. 그런 일이 우리 시대 청렴과 도덕의 상징처럼 여겨지던 민주노총 산하 노동조합에서 발생했기 때문에 더욱 큰 문제가 된 것이다.

노동조합 간부들은 일상적으로 금전적인 유혹에 시달린다. 금속 노조의 한 간부는 오래 전부터 "자신이 금전적인 유혹을 받지 않고 있다면 과연 제대로 노동조합 간부 일을 하고 있는 것인지 한 번쯤 반성해 봐야 한다"고 말했다. 한 노보에서는 "자본의 덫"이라는 제목 아래 그 유혹들을 다음과 같이 설명하고 있다.

도덕성을 생명으로 해야 할 노조 간부가 채용에 개입해 잇속을 챙기게끔 눈 감아준 사 측에게 놀아난 것은 절대 용납할 수 없는 행동입니다. 민주 노조의 생명이 계급성과 자주성이라 배우고 노동운동을 시작해 민주노총을 세운 지 10년. 이 땅의 차별과 착취에 맞서고자 자본으로부터의 자주성을 지키려는 노력을 방해하는 자본의 유혹이 주변에 있는지 돌아볼 일입니다.

자본가들은 끊임없이 '돈'과 '빽'이라는 무기로 유혹을 합니다. 남들보다 술을 많이 마시는 위치의 노조 간부가 술 먹고 실수하기만 호시탐탐 노릴지도 모릅니다. 혹시라도 해서는 안 될 음주운전으로 사고를 냈을 때 어디선가 사 측이 '빽'이 되어 구출해 준다면 그 노조 간부는 그 사실이 드러날까봐 회사한테 큰소리치는 데 주춤거리게 될 겁니다.

조합원 조직사업에 열심인 조합간부가 조합원 초상집에 가는 것도 사 측이 몰래 쳐다볼 수도 있습니다. 그때마다 한두 번 이어간 화투로 빚이라도 있을라치면 노무담당자가 그 간부를 길들이려고 말없이 돈을 갚아 주고 노조 간부를 회유할지도 모릅니다.

노조 간부가 조직활동 차원에서 사내 동아리를 만들어 행사를 치르고자 하는 활동도 사 측은 빠지지 않고 노립니다. 그때마다 회사에서 조직활동비라며 자금을 대 주려 할지도 모릅니다. 왜냐하면 그래야 그 동아리 성원들이 회사에 맞선 투쟁을 벌이지 못할 게 뻔하기 때문입니다.

인간의 말초적 본능을 자극하는 유치한 유혹도 있을 텐데, 부서회식 때 조합간부에게 룸살롱 및 속칭 '2차'에 가라며 돈을 대 주려고 할 겁니다. 술에 취하더라도 정신 똑바로 차릴 일입니다. 이런 것들이 바로 자본이 '노조 길들이기' 차원에서 쳐 둔 자본의 덫이기 때문입니다. 노조 간부 윤리강령을 제정해야 한다는 목소리는 그래서 설득력을 갖습니다.

저들의 덫에 걸려 덜미 잡힌 기아차 일부 간부의 행동이 자본으로부터 자주성을 잘 지켜 나가는 대다수 많은 노조 간부까지 매도하고 있어 안타깝습니다. 그래도 혹시 회사가 '자본의 덫'을 놓고 노조를 길들이려 노리고 있지나 않은지, 우리 조합원이 눈 부릅뜨고 쳐다보고 살펴야 할 일입니다.

노동조합 간부는 '매'의 고통을 견디는 맷집뿐 아니라 '돈'의 유혹도 능히 견디는 맷집을 함께 갖추어야 할 일이다. 같은 욕을 하더라도 앞 뒤 사정을 알고 욕하는 것과 그렇지 않은 것에는 차이가 있을 수밖에 없다.

제2장

파업에 대한 편견과 이데올로기

'딱지 붙은 노동자' 고 배달호_그림 손문상

조종사 파업, 당신은 지지했습니까

전교조 10만 조합원 중에서 과연 몇 퍼센트 정도가 지난 아시아나 조종사 노조의 파업을 진정으로 지지했을까? 파업에 대해 사회 구성원들은 지지할 수도 있고 반대할 수도 있다. 그런데 지난 아시아나 조종사 노조 파업에서처럼 천편일률로 "연봉 1억 귀족 노동자들의 파업"이라고 비난을 퍼붓는 것이 과연 정상적인 상황일까?

민주노총의 조합원들이라고 조종사 파업을 진심으로 지지했을까? "내가 한 달 동안 뼈빠지게 일해서 버는 돈이 겨우 100만 원 남짓이다. 연봉 1억을 받는 조종사 놈들이 파업을 해?" 그렇게 분노하는 노동자들을 설득할 자신이 있는지 한 번 돌아보자. 다른 사람들은 못해도 최소한 교사들은 할 수 있어야 한다.

이 짧은 지면에서 조종사들의 파업이 왜 정당한지 충분히 설명할 수는 없다.

조금 다른 얘기를 해 보자. 조종사들의 요구 사항 중에 비정규직 노동자들에 대한 차별 철폐를 요구하는 내용은 거의 없었다. 사실, 이번 파업으로 가장 크게 손해를 입은 사람들은 아시아나의 국내선 비정규직 승무원들이다. 아시아나항공 국내선에는 나이 많은 고참 승무원들과 새파랗게 젊은 신참 직원들만 있을 뿐 중간층은 보이지 않는다. 나이 많은 승무원들은 퇴직 뒤에 재취업한 '계약직'들이고 젊은 사람들은 '인턴' 사원들이다. 말이 좋아 '인턴' 사원이지 1년 동안 꼼짝 없이 현격하게 적은 임금을 받아야 하고, 1년이 지났다고 해도 정규직으로 전환되는 것이 100% 보장되지도 않는 등 차별적 처우를 받아야 하는 노동자들이다. 이들은 이번 파업 기간 동안 일을 거의 하지 못했다.

회사가 조종사들의 파업이 다른 직종 사원들과의 갈등을 증폭시켰다고 은근히 부추기면서도 국내선 비정규직 승무원들의 손해를 언론에 적극적으로 홍보하지 못한 것은 비정규직 사원들에 대한 차별적 처우가 공론화될 것을 우려했기 때문이다.

승무원, 정비사, 일반직 등으로 구성된 아시아나항공 노동조합은 조종사 노조가 파업 중일 때 회사와 임금교섭을 진행하고 있었다. 노조는 비정규직 사원의 처우에 관한 문제를 임금교섭안에 포함시켰으나 회사가 "왜 비조합원들의 문제까지 관여하고 나서느냐? 아젠다가 잘못됐다"고 고집을 피우는 바람에 결국 비정규직에 대해서는 단 한 줄도 합의하지 못했다.

비조합원인 비정규직의 처우에 대한 내용을 함께 요구하는 정규직 조합원들이 잘못인가? 아니면 그 요구에 대해 "아젠다가 잘못됐다. 그 요구 사항을 철회하기 전에는 다른 것에 대해서도 일체 협의할 수 없다"는 회사가 잘못인가?

조종사들의 요구 사항에 비정규직 노동자들에 대한 차별을 철폐하는 내용이나, 노사가 함께 비정규직 기금을 마련하도록 요구하는 등의 내용이 포함되지 않은 것에 대해 한 활동가는 "분노하고 있다"고 말했다.

전교조 조합원들은 학교 내 비정규직 노동자들에 대해 어떤 생각을 하고 있을까? 그것이 궁금해진다.

맞아 죽을 각오로 하는 '친조종사 파업' 선언

> 좀 과장하면, 국민 99.9%가 비난하고 있는 조종사 노조의 파업을 공개적으로 지지한다는 것은 꽤 큰 용기가 필요한 일이라는 생각으로 "맞아 죽을 각오로 하는 친조종사 파업 선언"이라고 제목을 붙였지만, 끝내고 보니 그렇게 비장한 얘기도 별로 하지 못해서 '선언'이라고 이름 붙이기에는 부끄러운 인터뷰가 되고 말았습니다. 민주노총 노동방송국의 우문숙 국장과 한 인터뷰입니다.

아시아나항공 조종사 노동조합의 파업이 장기화될 전망입니다. 노사가 주요 쟁점에 대해 의견 접근을 보지 못하고 있는데요. 한편으로는 아시아나항공 조종사 노조의 파업을 두고, 귀족 노조의 파업이라면서 여론의 흐름이 냉정합니다. 이를 두고, 하종강 한울노동문제연구소 소장께서 '맞아 죽을 각오로 친조종사 선언'을 하겠다고 하십니다. 지금 전화 연결해, 이에 대한 얘기 들어보겠습니다.

우문숙 • 조종사 노조의 파업에 대해서는 이야기할 것이 한두 가지가 아닌데요. 우선 머리에 떠오르는 것부터 물어보겠습니다. "고액 연봉을 받는 노동자의 파업"이라는 비난에 대해서는 어떻게 생각하세요?

하종강 • 그건 이렇게 생각하면 됩니다. 예를 들어, 1억 2천만 원의 연봉을 받아야 하는 노동자가 1억 원밖에 받지 못하고 있다면, 그 임금인상 요구는 정당한 것이라고 볼 수 있습니다. 그러니까 "나는 얼마밖에 못 받고 있는데, 그렇게 많이 받는 조종사들이 파업을 하느냐"고 비난하는 사람들은, 아시아나항공 조종사들이 다른 나라 항공사나 경쟁사 조종사들과 비교해서 적정한 임금을 받고 있는 것인지 판단할 능력이 없다면, 함부로 그렇게 비난하지 말아야 합니다. 파업 첫날, 아시아나항공 조종사들을 만났더니, 자신들의 요구를 한마디로 줄이면 결국 "대한항공 수준으로 해 달라는 것이다"라고 하더군요.

우문숙・언론의 보도에도 많은 문제점들이 있지요?

하종강・조종사 파업에 대한 지금까지 언론 보도의 공정성에 점수를 매기면 한 마디로 '빵점'이다, 그렇게 말할 수 있습니다. 예를 들자면, 수도 없이 많습니다.

조종사들이 1억 원대의 연봉을 받기 위해서 어떤 형태로 근무하고 있는지, 언론의 보도를 통해서 이해한 사람은 거의 없습니다. 생체 리듬을 완전히 파괴하는 4박 5일, 5박 6일, 심지어 7박 8일의 근무 형태가 어떤 것인지 언론의 보도를 통해서는 이해하기 어렵습니다.

특히 이목희 의원이 "스튜어디스조차 조합원에서 제외시키고 있는 조종사 노조의 행태 등은 집단 이기주의의 발로로 볼 수밖에 없다"고 비난했고, 언론은 그 말을 여과 없이 보도합니다. "무식하면 용감하다"는 말은 바로 이런 때 해야 하는 말입니다. 아시겠지만, 객실 승무원들과 정비사들은 이미 '아시아나항공 노동조합'이라는 별도의 노조에 가입해 있고 "조종사 노조의 파업 투쟁을 적극 지지한다"는 입장을 밝혔습니다. 그 아시아나항공 노조 위원장이 바로 객실 승무원 출신입니다. 그 지지성명서 내용 중에서 일부를 인용해 보겠습니다.

"사 측의 간교한 방해공작과 부당노동행위 등에도 굴하지 않고 쟁의 행위 찬반투표 결과 98%의 참여율과 84%의 찬성률을 이끌어 낸 조종사 조합원 동지들의 뜨거운 노동해방 의지에 우리는 가열찬 투쟁의 박수를 보낸다.……현재 사 측이 아시아나항공 노동조합과 조종사 노동조합을 수단과 방법을 가리지 않고 간악한 방법으로 이간질시키고 있음을 우리는 절대 모르지 않는다. 사 측이 분열과 분란을 조장하면 할수록 우리의 강고한 연대 투쟁 의지는 더욱더 불타오를 것이며 우리는 한 치의 물러섬 없이 당당히 맞서 싸울 것이다."

우문숙 · 특히 '호텔에 골프채를 비치해 달라'는 요구 때문에 여론의 뭇매를 맞았잖아요?

하종강 · 그것에 대해서도 조종사들 얘기를 들어보니까, 이미 호텔에는 골프채들이 비치돼 있답니다. 그런데 규정에 의한 것이 아니기 때문에 어느 날에는 있다가 어느 날에는 없어지기도 하고, 어느 호텔에는 있는데 어느 호텔에는 또 없고, 그런 일들이 생기니까, 이미 실시하고 있는 것을 규정으로 정하자는 것뿐이었답니다. 그렇지만 국민 정서가 워낙 받아들이지 못하니까, 철회할 수밖에 없었던 것이지요.

그리고 "이동시간까지 비행시간에 포함시켜야 한다"는 조종사들의 요구에 대해서 회사는 "우리나라 항공법이나 미국 항공법 어디에도 그런 규정이 없다"고 설명했고 언론은 그것을 여과 없이 그대로 보도했습니다. 그런데, 대한항공이나 외국 항공사들은 이미 이동시간까지 비행시간에 포함시키고 있다는 겁니다.

이 말은 무슨 말이냐 하면, 쉽게 말해서, 우리들도 어느 규정에도 없지만 모두 인정하고 있는 것들이 많습니다. 예를 들어, 흔히 '점심시간'이라고 할 때에는 실제로 밥을 먹는 시간뿐 아니라 식당까지 갔다 오는 이동시간까지 모두 포함하는 뜻입니다. 그런데 '실제로 밥을 먹는 시간뿐 아니라 식당까지 오가는 데 걸리는 시간도 모두 점심시간이다' 라는 규정은 어디에도 없습니다. 그런 규정은 없지만 모두 인정하고 있잖아요. "어느 규정에도 없다"는 회사의 주장을 꼼꼼하게 뜯어보면, 그렇습니다.

우문숙 • 조종사들에게도 주5일 근무제를 실시해 달라는 요구에 대해서는 어떻게 생각하세요?

하종강 • 조종사 노조는 처음에 한 달 휴일 10일을 요구했다가 나중에 8일로 낮췄습니다. 이에 대해 회사는 "한 달에 15일 내지 16일을 쉬는 조종사도 있다"고 합니다. 한 달에 15일이나 쉰다고 하면 얼핏 듣기에 참 많이 쉬는 것처럼 들리지요? 그런데 한 달에 15일 쉬는 가장 대표적인 직종이 빌딩이나 아파트 경비 노동자들입니다. 이 노동자들은 24시간 맞교대로 일하기 때문에 한 달에 15일은 쉽니다. 그렇다고 주5일 근무제를 실시한다고 볼 수 있나요? 아니거든요.

회사는 "조종사들의 휴식시간은 월 평균 9.6일이면 충분하다"고 합니다. '월 평균'이라는 개념은 일종의 변형근로제입니다. 성수기에는 쉬지 못하고 계속 일하고 비수기에는 더 많이 쉬게 해서 평균 9.6일이라는 것인데, 그렇게 해서는 성수기에 안전 운항을 보장할 수가 없습니다.

교대 근무자들은 생체 리듬이 깨져서 평균수명이 단축될 뿐 아니라, 사회 경험이 결핍돼 일상 생활에서 언어능력도 뒤떨어진다는 연구 결과는 수 없이 많습니다. 대표적으로 '독일수면의학협회'의 연구 결과를 예로 들 수 있는데, 물론 이러한 상황은 제조업체 교대 근무자들도 마찬가지입니다. 이것은 운동이나 약으로 해결되는 문제가 아닙니다. 충분한 휴식으로 불규칙한 교대 근무가 끼치는 피해를 예방할 수밖에 없습니다.

우문숙 • 항공사의 경우 2001년 쟁의조정법 개정 당시 노사정위원회에서 필수공익사업 포함 여부가 논의되기도 했는데요. 이번에 다시 항공산업도 병원처럼 필수공익사업장으로 지정해서 직권중재에 회부할 수 있도록 해야 한다는 이야기가 나오고 있습니다.

하종강 • 저는 그런 발언을 한 사람들이 실제로는 직권중재 제도를 항공산업에 확대 적용해야 한다고 생각하지 않았을 거라고 봅니다. 그런 발언으로 조종사 노조를 압박하겠다는 의도가 있는 것이겠지요. 직권중재에 해당하는 업종은 최근 몇 년 동안 계속 축소돼 왔습니다. 예전에는 은행, 시내버스들도 모두 포함돼 있었지만 차례로 제외됐습니다. 그런데, 이제 와서 확대하겠다는 것은 시대착오적인 발상입니다.

직권중재 이야기가 나왔으니까, 한마디 하지 않을 수가 없는데, 제가 실제로 노동위원회 조정위원으로 참여해 보면, 필수공익사업장의 경우에는 노사간에 교섭이 열심히 진행되다가 노동위원회에 조정신청이 제기되면, 그때부터 회사 측은 교섭에 성의를 보이지 않습니다. 직권중재에 회부될 테고, 그렇게 되면 중재재정안이 곧 단체협약이 될 텐데, 회사가 굳이 교섭에 나서서 단체협약에 합의하는 손해를 볼 필요가 없다는 거지요. 대표적인 경우가 지금 진행되는 병원 노조 파업입니다. 직권중재를 믿고 회사가 노력을 하지 않는 상황에서 교섭이 성사될 리 없습니다.

우문숙 • 사실 참여 정부가 들어선 이후, 직권중재 제도는 거의 사문화되었던 것 아닙니까?

하종강 • 직권중재 제도는 그동안 두 번씩이나 위헌심판이 제기됐던 조항이고, 언젠가는 없어져야 할 제도라는 것이 노·사·정의 공통된 인식입니다. 그래서 작년에 발생했던 병원 노사간 쟁의에 대해서는 중앙노동위원회가 직권중재 회부 결정을 하지 않으려고 '조건부 직권중재 회부'라는 묘안을 짜냈던 것이지요.

우문숙 • 이제 다시 조종사 노조 파업 얘기로 돌아가 보겠습니다. 조종사 노조의 파업에서 가장 중요하게 봐야 할 것은 어떤 점이라고 생각하십니까?

하종강 • 결국은 이 파업이 우리 사회에 어떤 영향을 미칠 것인가 하는 문제입니다. 조종사들의 노동조건이 향상되고 임금이 인상되는 것이 우리 사회에 유익한 영향을 미친다면, 그 파업을 지지해야 할 것이고, 그 투쟁이 우리 사회의 발전과 경제에 해로운 영향을 미친다면 말려야겠지요.

결론부터 말씀드리면, 어떤 상황에서도 노동자의 임금이 인상되는 것이 우리 사회가 진보하는 방향이라는 것입니다. 고임금 노동자의 임금이 인상되면 저임금 노동자와의 격차는 당연히 더욱 벌어지게 됩니다. 문제는 그렇게 될 경우, 고임금 노동자의 임금을 동결하거나 심지어 저하하는 방식으로 저임금 노동자와의 차별을 철폐하는 것이 과연 우리 경제에 유익한 방식인가 하는 것입니다. 기업으로서는 인건비 부담을 줄일 수 있는 좋은 방식이겠지만, 우리 경제에는 상당히 해로운 방식입니다. 저임금 노동자의 임금을 끌어올리는 방식으로 그 차별을 철폐해야 합니다. 따라서, 고임금 노동자 임금이 인상되면 전체 노동자의 임금을 끌어올리는 효과가 발생합니다. 기업이 진정으로 두려워하는 것은 바로 이런 현상입니다.

우리나라 사람들은 "노동자가 임금인상을 요구하면, 기업은 인건비 부담이 늘어나고, 그렇게 되면 경쟁력이 저하되어, 결국 국가 경제 전체에 해롭다"는 도식에 갇혀 있는데, 그 잘못된 생각에서 빨리 벗어나야 합니다. 노동자 임금이 인상되는 것은 사실 기업의 인건비 부담이 늘어난다는 것 말고는 그 사회 경제 전반에 미치는 해로움이 거의 없습니다. 이러한 문제들은 경제학 ABC부터 다시 설명해야 하는 것이기 때문에, 여기서 더 자세히 설명하긴 어렵구요. 우리나라는 총생산 중에서 근로소득 비율이 점점 낮아지고 있는데, 이렇게 가다가는 회복할 수 없는 경제 위기를 겪을 수도 있습니다.

현 단계 우리나라 경제 상황에서는 기업이 최대한 적정한 임금을 지급하면서 경영을 해야 할 책임이 있습니다. 과거처럼 다른 부가가치 생산 능력이 없이 인건비를 절약하는 것으로 경쟁할 수밖에 없는 기업, 즉 노동자가 임금인상을 요구하면 "중국으로 가겠다"고 협박하는 기업은 우리 사회에 유익한 기업이 아닙니다. 노동자에게 적정한 임금을 지급하지 못하는 경영자는 무능한 경영자라는 인식이 필요합니다.

우문숙 • 조종사 파업으로 시민들이 불편을 겪는 것은 피할 수가 없는데, 이런 문제는 어떻게 봐야 합니까?

하종강 • 그것도 노동조합에 대한 몰이해 때문에 나타나는 현상인데요. 조종사의 파업이 시민들에게 불편을 초래한다고 비난하는 사람들에게 저는 묻고 싶은 것이 있습니다. 그럼, 당신들이 환경미화원들의 파업은 이해할 수 있느냐? 하는 것입니다. 환경미화원들이 파업을 해서 자기 집 앞에 쓰레기가 잔뜩 쌓여 있는데 "환경미화원 노동자들의 권리도 존중해야 한다"는 생각으로 이해해 줄 수 있겠느냐? 하는 것입니다.

문제는 파업으로 야기된 불편에 대한 불만을 노동자에게 하느냐, 아니면 기업에게 하느냐 하는 것인데요. 파업 보도 뉴스의 거의 80% 이상을 시민들의 불편이나 경제적 손실이 어느 정도인지 설명하는 데 할애하는 제도권 언론에도 책임이 있습니다. 선진국일수록 시민들이 노동자 파업에 따른 불만을 노동자가 아니라 기업과 정부에 제기하는 편입니다. 우리 사회도 이런 파업을 거치면서 아주 느리게나마 그렇게 노사관계 선진국으로 가는 과정에 있다고 볼 수 있겠지요.

우문숙 · 조종사들의 파업이 집단 이기주의라는 지적에 대해서는 뭐라고 설명할 수 있을까요?

하종강 · 노동조합 활동은 본래가 이기적입니다. 헌법의 노동3권 조항이나 노동관계법 어느 규정에도 노동자가 노동3권을 공익을 위한 목적으로 사용해야 한다는 내용은 없습니다. 노동자들은 우선 자신들의 유익을 위해 투쟁합니다. 그러나 그 투쟁이 결국 사회를 발전시키고 역사를 바꾸는 겁니다. 노예가 해방되기 위해 투쟁하는 것은 '노예해방'이라는 거룩한 역사적 과업을 달성하기 위해서라기보다는 좀 더 행복한 인간으로 살고 싶다는 욕망 때문에 하는 것입니다. 그러나 그 투쟁의 결과가 노예제도 철폐라는 역사의 진보로 나타나는 것입니다.

노동3권 중에서 가장 중요한 단체행동권이란 쉽게 말해서 노동자들이 자신들의 요구를 관철시키기 위해 합법적으로 기업에 막대한 손실을 발생시키면서 투쟁할 권리가 있다는 뜻인데, 어째서 그런 살벌한 권리를 전 세계 거의 모든 나라에서 노동자의 가장 기본적인 권리로 보장했는지 생각해 볼 필요가 있습니다.

조종사들이 승무원들과 정비사들의 임금을 낮추는 방식으로 자신들의 임금을 인상하라고 요구한다면 당연히 욕먹어야겠지요. 하지만 그렇게 주장하는 노동자들은 없습니다. 회사가 그렇게 인상된 부분을 비정규직이나 하청업체 노동자들을 쥐어짜는 방식으로 보전하는 현상이 나타날 수 있는데, 그렇게 하는 기업이 나쁜 것이지, 임금인상을 요구하는 노동자들이 나쁘다고 보는 것은 옳은 시각이 아닙니다.

물론, 조종사들의 요구 사항 중에 자신들의 임금인상분의 일정 금액을 비정규직 노동자 기금으로 내겠다던가 회사가 일정 비율만큼을 비정규직 노동자를 위해 사용하라는 요구가 없는 것은 좀 아쉽지만, 앞으로 그렇게 되겠지요.

우문숙 • 최근에 인터넷에 어느 객실 승무원이 올린 조종사 파업을 비난하는 글이 엄청난 조회수를 기록하면서 화제가 되고 있는데, 하 소장님도 보셨지요? 그 글에 대해서는 어떻게 생각하십니까?

하종강 • 저도 그 글 읽었는데요. 그 글의 내용이 어디까지 사실이고, 그런 행태를 보이는 조종사들이 전체 조종사들 중에서 얼마나 되는지 모르지만, 전혀 사실무근은 아닐 겁니다. 그렇다고 해서 그러한 사실들이 조종사 노조 파업의 정당성을 결정적으로 훼손하는 것은 아닙니다.

객실 승무원들은 조종사들과 기본적으로 갈등 관계에 있다고 볼 수 있습니다. 그렇게 좋지 않은 행태를 보이는 조종사들이 있을 수 있지요. 우리 사회의 자본과 노동이라는 대립 구도를 보지 못하면 조종사들의 그런 행태를 이유로 파업을 비난할 수밖에 없습니다. 노동자들 중에서도 우리 사회를 지배하는 자본의 막강한 힘을 보지 못한 채 직장상사나 인사노무 관리자들의 잘못된 행태에만 관심을 갖는 사람들이 있잖아요. 그런 사람들은 직장상사나 인사노무 관리자들이 인격적으로 잘 대해 주면 쉽게 노동자 의식을 상실하고 회사편이 됩니다. 자본주의 사회를 구조적으로 보지 못하기 때문에 나타나는 현상입니다(나중에 만난 객실승무원들은 이구동성으로 "그 글은 객실승무원이 쓴 글이 아니다"라고 장담했습니다. 10년 이상 근무한 객실승무원인 자기들도 모르는 얘기들이 있고, 회사 관리자들이 항상 하던 이야기들이 많은 것으로 보아 "회사 관리자가 의도적으로 쓴 것이 분명하다"고 했습니다).

우문숙 • 그러면, 이제 마지막으로 조종사 파업을 어떻게 풀어 가야 할까요?
하종강 • 한 가지만 말씀드리면, 철저하게 시장경제 논리에 입각해서 푸는 것도 한 가지 방법이라고 봅니다. 회사로서는 파업이 계속될 경우와 협상을 빨리 타결하는 경우에 대한 '코스트'를 정확하게 비교해서 대응하면 됩니다. 우리나라는 그동안 이러한 노사관계 현안들을 정치적으로 해결해 왔기 때문에, 즉 미국식의 케인즈주의에 입각한 노자간 타협적 질서조차 제대로 자리 잡아 본 적이 없기 때문에, 시장경제주의 논리에 입각해 풀어 가는 것조차 진보의 방향이 됩니다. "이번에 밀리면 끝장이다. 절대로 노동조합의 기를 살려 주면 안 된다" 그렇게 대응하지 말아야 한다는 것이지요.
노동자들 역시 '나보다 훨씬 많이 받는 고임금 노동자의 파업'이라는 시각으로만 보지 말고, 이러한 파업이 우리 사회 전체와 역사 발전에 미치는 영향도 함께 볼 수 있는 '역사의식'을 가져야 한다고 부탁드리고 싶습니다.

공무원 노조의 파업이 너무나 정당한 이유

공무원 노조의 파업에 대해 이야기하기 전에, 이 글을 읽는 사람들에게 먼저 묻고 싶은 것이 있습니다. 공무원이 아닌 일반 노동조합의 파업에 대해서는 호의적인 이해가 가능합니까? 만일 그렇지 않다면, 이 글을 더 이상 읽을 필요가 없습니다.

우리 사회는 수십 년 세월 동안 노동조합에 대한 그릇된 혐오감을 국민에게 일방적으로 주입해 온 사회입니다. 자신의 의식을 그렇게 조율당해 온 사람들은 나름대로 노동조합에 대해 알 만큼은 안다고 생각하고 있지만, 전혀 그렇지 않습니다.

"노동조합의 파업이 사회에 미치는 유익한 영향에 대하여 설명하시오"라거나 "전 세계 거의 모든 나라에서 노동3권을 노동자의 가장 기본적인 권리로 법제화한 이유는 무엇인가?"라거나 "1929년에 세계를 휩쓴 대공황이 인류에게 남겨준 교훈에 따라 각 나라의 노동법 체계에 어떤 변화가 있었는가?" 따위의 논술 과제에 대해 모범 답안을 정리하기가 막막한 사람이라면, 이 글을 읽는 것이 공염불에 불과할지도 모릅니다. 이 글은 최소한 노동조합에 대한 합리적 이해가 가능하다는 것을 전제로 하기 때문입니다.

우리가 소위 선진국이라 부르는 나라에서는 초등학교 정규 수업 과정만으로도 위와 같은 질문에 대한 모범 답안을 정리하는 것이 가능합니다.

우리 사회에서는 대학을 졸업한 뒤에도 불가능하지만.

공무원이 아닌 일반 노동자들의 파업에 대해서도 합리적인 이해가 불가능한 사회에서 공무원의 파업을 호의적으로 이해한다는 것은 거의 '원초적 불가능'에 가깝습니다. 우리나라 공무원 노조가 기본적으로 처해 있는 조건이 우선 이러합니다.

공무원에 대한 시민들의 '사용자' 의식

시청 앞 아스팔트에 천막을 치고 농성하는 환경미화원들에게 시민단체대표들이 찾아와 항의하는 모습을 본 적이 있습니다. 시민단체의 대표라는 사람들이 당당하게 환경미화원들을 꾸짖으면서 하는 주장은 크게 두 가지였습니다.

"자기 할 일은 우선 해 놓고 권리를 주장해야 하는 것 아니냐? 그것이 인간으로서 지켜야 할 최소한의 도리가 아니냐? 자신들의 가장 기본적 의무인 청소를 하지 않으면서 하는 권리 주장이 어떻게 정당성을 가질 수 있느냐?"는 것과 또 다른 하나는 "당신들 모두 우리가 낸 세금으로 월급 받는 사람들 아니냐?"라는 것입니다.

첫 번째 주장은 앞에서 설명한 노동자 권리에 대한 몰이해 때문에 비롯된 것이니 더 이상 설명하지 않겠습니다. 그런데 두 번째 주장은 우리나라 공무원 노동조합이 처한 특수한 상황을 보여 주는 것입니다.

공무원들의 권리 주장에 대해 시민들은 사용자 의식을 갖고 생각하게 됩니다. 자신들이 주인이라고 생각하는 것입니다. 그 생각이 반드시 나쁜 것은 아니지만, 그러한 사용자 의식은 공무원들의 권리에 대해 객관적이고 합리적인 이해를 어렵게 만듭니다.

다른 노동문제 같은 경우는 국민 여론이 노사 중간에서 완충 역할을 하기도 합니다. 프랑스 국민의 그러한 정서를 홍세화 같은 이는 '똘레랑스'라고 표현하기도 했습니다. 그렇지만 공무원들의 권리 주장에 대해서 우리나라 국민은 사용자 의식을 갖는 데다가 당장 자신들이 불편을 겪어야 한다는 생각 때문에 정부와 공무원 노조의 갈등 사이에서 완충 역할을 하는 것도 어렵습니다. "노동자의 권리부터 지켜져야 시민들의 권리도 지켜진다"는 생각으로 공무원 노동자들의 투쟁을 바라보기는 더욱 어려울 수밖에 없습니다.

노동3권에 대한 이해

노동3권은 단결권, 단체교섭권, 단체행동권을 이르는 말입니다. 이번에 마련된 정부의 특별법안은 공무원에게 단결권은 보장하고, 단체교섭권의 경우 일부를 보장하되 법령·조례·예산에 의해 규정된 내용이나 정책 결정에 관한 사항, 임용권 등 관리 운영에 관한 사항 등은 교섭대상에서 제외하며, 단체행동권은 일체 보장하지 않는다는 내용입니다.

이에 대한 공무원 노조의 주장은 단체교섭권의 경우 "공무원의 특성상 교섭대상에서 제외된 것들을 빼버리고 나면 실질적으로 어떤 교섭도 할 수 없다"는 것이고, 단체행동권을 제한하면 단결권과 교섭권도 실효를 보기 어려워 결국 공무원 노조가 종이호랑이에 불과하게 된다는 것입니다.

노동3권은 '통일적 권리'라는 개념으로 분류됩니다. 법학계 내에서는 노동3권을 각각 구분해서 따로따로 허용하고 제한하는 것은 옳지 않다는 학설이 더 우세합니다. 마치 화로의 세 다리처럼 하나라도 온전치 못하면 나머지 두 개의 다리도 제 구실을 할 수 없는 것과 같은 이치입니다. 그래서 '노동3권'이라는 표현을 사용하지 말자고 주장하는 사람들도 있습니다.

외국에서는 단체행동권을 단체교섭권에 포함시켜 '노동2권'이라 표현하기도 합니다. 교섭권과 행동권은 따로 구분할 수 없다는 뜻입니다. 단체행동이 뒷받침되지 않는 교섭이 어떻게 힘을 발휘할 수 있겠습니까?

공무원 노조의 민주노총 가입을 판단하는 기준

지난 노동자대회에 공무원 노조가 결합했던 것을 비판적으로 바라보는 시각은 예를 들면 이런 생각들이다. "누구를 위한 민주노총 가입이며 누구를 위한 집회와 투쟁인가? 집회하고 투쟁해서 단 한 가지라도 우리 조합원에게 실질적인 성과물을 가져다 줄 의지가 지금의 공무원 노동조합에게 있는가? 공무원들의 조직인 ○○협의회조차 정부와 교섭하여 자신들의 권익을 실질적으로 찾아가고 있는 것을 직접 보고 듣지 않는가? 너거나 마이 해라. 민주노총 가서 뭘 하든지 하나도 신경 안 쓰인다."

역사를 바로 세우는 일이야말로 눈앞의 고충을 처리하는 것 못지않게 중요한 일인데, 공무원 노조법을 올바르게 만드는 일 역시 돈 몇 푼 더 받는 것 못지않게 중요한 일인데, 그런 일들이 공무원을 비롯한 모든 사회 구성원들이 행복하게 살아가는 사회를 건설하는 데 훨씬 중요한 일일 수도 있는데, 그렇게 이해하지 못하도록 제도권 교육과 언론을 통해 '국민'을 길들여 온 세월이 무려 100년이니 극복하기 쉽지 않은 것이다.

사회운동의 이론적 토대를 제공한다는 대학교수조차 TV에 나와서 "연봉 8천만 원을 받는 방송사 직원들이 왜 노조 활동을 하는지 이해를 못하겠어요"라고 아무런 부끄러움도 없이 외치는 세상이니 공무원들이 노동조합을 사회 정의 실현의 훌륭한 도구라고 인식하는 것이 쉬울 리가 없다.

그러나 노동조합의 진정한 역할이 그것이라는 것은 분명한 진리이고 그것을 지금까지 훌륭하게 보여 준 조직이 바로 '전국공무원 노동조합'이다. 공무원 노조가 설립된 이후 우리 공직 사회가 얼마나 달라졌는지 보라.

공무원 노조의 민주노총 가입에 반대하는 이런 주장도 있다. "공무원 노조의 민주노총 가입은 미친 짓이다. 공무원 노조가 무엇이 부족해서 여기저기에 빌붙는가? 자주적으로 떳떳하게 독자적으로 나아가라. 연대하고 집회를 해야만 꼭 직성이 풀리는가? 그놈의 연대가 우리나라 망하게 하는 지름길임을 인식했으면……."

그럴 듯한 말로 들리지만 그동안 많은 노동조합들이 집회 장소 하나도 구하지 못하고, 경험이 없는 조직들은 집회 프로그램 하나도 제대로 짜기 어렵고, 각종 행사에 사용하는 방송장비니 천막이니 수많은 물건들을 혼자 힘으로는 해결하기 어려워 쩔쩔맬 때마다 민주노총이라는 전체 조직을 통해 그런 일들을 가능하게 해 왔는데, 이런 '연대'를 "여기저기 빌붙었다"고 보는 것은 결코 옳은 시각이 아니다. 더욱이 그런 일을 "그놈의 연대가 우리나라 망하게 하는 지름길"이라고 보는 것은 역사에 대한 잘못된 인식의 표본이다. 오히려 "'연대'만이 현대 문명사회의 위기를 극복하는 지름길이 될 것"이라는 인식이 세계적인 추세다.

공무원 노조와 민주노총이 하나가 되는 것이 왜곡된 100년의 우리나라 역사를 바로 잡고, 부익부 빈익빈의 양극화로 치닫는 세계화의 모순을 극복하는 데 도움이 될 것인가? 아니면 갈라서는 것이 문명사회의 위기를 극복하는 데 도움이 될 것인가?

너무 거창한 이야기라 실감이 나지 않는가? 그렇다면 이렇게 생각해도 마찬가지다. 아무 잘못도 없이 밥을 굶어야 하는 수만 명의 결식아동들이 따뜻한 밥을 먹을 수 있는 세상을 건설하는 데 공무원 노조가 민주노총에 가입하는 것이 유익한가? 아니면 갈라서는 것이 유익한가? 판단 기준은 너무나 자명하다. 도저히 그렇게 생각할 수 없다면 역사와 사회에 대한 제한된 지식과 부족한 상상력을 탓할 수밖에 없다.

전교조의 연가 투쟁은 불법인가

'네이스'와 관련한 전교조의 연가 투쟁이 뜨거운 불씨가 되고 있습니다. 전교조의 연가 투쟁에 대해 노 대통령이 "전교조가 대화가 아닌 정부의 굴복을 요구하면 들어 줄 수 없다"고 말한 것 때문에 많은 사람들이 혼란을 겪고 있는 것도 사실입니다.

'네이스' 문제는 기본적으로 '인권'이 얼마나 소중히 지켜야 할 가치인지 인식하지 못하는 우리 사회 전반적인 인권 불감증 때문에 생기는 문제입니다. '비용'을 이유로 수많은 학생들의 인권을 침해할 가능성이 있는 제도를 시행하겠다는 발상이 우리 사회 인권지수를 나타내고 있습니다.

'네이스' 문제에 관한 전교조의 연가 투쟁을 불법으로 단정짓는 사람들이 많습니다. 반면에 전교조에서는 연가 투쟁이 법으로 보장된 합법적인 수단이라고 주장합니다. 과연 누구의 생각이 옳은 것일까요? 연가 투쟁은 교사들이 휴가 시기를 일치시켜 한꺼번에 실시하는 방식으로 진행됩니다. 이미 법적으로 보장된 휴가를 사용하는 것이니 합법적인 수단이라고 주장하는 것도 일리는 있습니다.

연가 투쟁은 전교조 교사들뿐 아니라 다른 노동조합에서도 흔하게 실천해 온 방식입니다. 노동자들이 근로기준법에 보장된 각종 휴가의 실시 시기를 일치시켜 회사의 업무에 지장을 주는 것입니다. 노동자들이 차츰 집단 휴가내기 방식을 많이 사용하기 시작하자 노동부, 검찰, 법원에서 불법 쟁의행위로 해석하기 시작했습니다. 어쨌든 업무의 정상적인 운영을 방해한 것은 사실이니 위법성을 면하기 어렵다는 것입니다. 지금까지 다른 노동조합들의 연가 투쟁이 불법행위가 된 가장 중요한 이유는 그 투쟁이 업무의 정상적인 운영에 지장을 초래했다는 이유 때문이었습니다.

전교조의 연가 투쟁은 과거의 예로 보아 수업 결손을 거의 발생시키지 않았습니다. 다른 선생님들과 수업시간을 바꾸는 등의 방법으로 수업을 대체하고 연가 투쟁에 참여하기 때문입니다. 오히려 학교 관리직에 있는 선생님들이 연가 투쟁에 참여하는 교사들의 수업을 다른 교사들이 대체하지 못하도록 방해함으로써 수업 결손을 유도한 예까지 있었습니다. 전교조 교사들의 연가 투쟁이 실제적으로 수업 결손을 거의 발생시키지 않는다면 그 연가 투쟁을 불법행위로 규정할 수 있는 가장 중요한 이유가 사라지는 셈입니다.

이쯤에서 전교조를 비난하는 사람들은 학생들의 학습권을 강조합니다. 그러나 기본적인 인권의 보장 없이 학습권만을 주장하는 것은 의미 없는 일이며, 총체적인 관점에서 우리 교육의 현실을 바르게 하지 못하면서 당장 며칠의 수업을 이어 가는 것은 진정한 학습권이 아닙니다. 저는 자식의 교육을 소중하게 생각하는 학부모로서 아이들의 인권을 보호하기 위해 필요한 일이라면 우리 아이의 학습권을 기꺼이 며칠 동안 반납할 수 있습니다.

얼마 전에 한 초등학교 교장이 자살했을 때, 전교조에게 성숙하게 대응하는 모습을 보이라고 요구하는 사람들이 있었습니다. 이번에 '네이스' 문제에 대한 전교조의 대응은 지혜롭고 성숙하다는 느낌을 줍니다. "우리 사회가 지난 시절에 해결하지 못한 일들이 한꺼번에 터져 나오고 있어 대통령님이 좀 힘든 상황인 줄 잘 알지만, 시간이 좀 걸리더라도, 인내심을 가지고 원칙대로 차분하게 풀어나가자"고 호소하는 것처럼 들립니다. 학교에 다니는 아이들이 있는 학부모로서, 우리 사회의 개혁을 지지하는 소시민으로서, 이 정부도 성공하고 우리 국민도 성공할 수 있는 방안을, 전교조 연가 투쟁일인 28일이 되기 전에 정부가 마련하기를 기대합니다.

> 고속도로에서 운전하며 생각해 둔 내용을 창녕군청 민원실 컴퓨터로 작성했는데 몽땅 날려서, 급하게 다시 써 노동조합 사무실에서 전화로 불러 주느라, 홈페이지(www.hadream.com)에 올라온 글 중에서 인용한 부분이 두어 군데 있습니다. 특히 '아해사랑'님과 '들레'님의 글을 '도용' 했습니다.

운전기사들에게 인권은 있는가?

안건모 형님에게는 눈치가 보이는 일이지만 나도 버스 운전기사 얘기를 한번 해 볼란다. 사실 나도 운전기사들의 실태에 대해서 알 만큼은 안다고 말할 수 있다. 1985년부터 2년 7개월 동안 운전기사들과 씨름하다시피 어울리면서 활동했던 시기가 있었고 '운전기사취업카드철폐운동'을 벌이면서 결국 그 노비문서가 사라지도록 하는 데 작은 힘을 보태기도 했다. 그 뒤에 곧 문서가 전혀 필요 없이 운전기사의 과거 경력이 쉽게 확인되는 '정보화시대'가 오는 바람에 별로 생색나지 않는 일이 되고 말았지만.

운전기사들이 회사를 옮길 때마다 마치 예비군훈련카드처럼 따라다니는 '취업카드'라는 문서가 있던 시대가 있었다. 내가 본 취업카드들 중에는 운전기사의 '퇴직사유' 란에 "회사고발 해고"라고 붉은 매직펜으로 쓴 후에 고치지 못하도록 비닐 테이프까지 붙여 놓은 것도 있었다. 이를테면 "요놈은 근로기준법 위반으로 회사를 고소한 악질 운전기사라 우리가 해고했으니, 당신 회사에 취업을 시키든지 말든지 알아서 하시오"라는 뜻이니, 그 운전기사는 평생 다른 회사에 취업이 될 턱이 없다.

운전기사들과 2년 7개월 동안 씨름을 하면서 나는 '학을 떼는' 경험을 하기도 했다. 내가 일하던 상담실에는 한 운수회사 노동조합 간부들이 모여 있고, 그 건물 지하 다방에는 그 집행부를 몰아내기 위한 임시총회를 준비하는 조합원들이 모여 있는데, 나만 혼자 그 사실을 알면서 어떻게든 해결해 보겠다고 오르락내리락 진땀을 흘린 적도 있었고, 몇 년의 천신만고 끝에 어용 집행부를 몰아냈더니 "구관이 명관"이라고 그 후에 들어선 민주 집행부가 더 심하게 어용 노릇을 하는 일도 겪어 봤다. '운수노동운동'이 얼마나 어려운 일인지 톡톡히 겪었다. 그래서 나는 안건모 형을 존경한다.

해고된 시내버스 운전기사와 그 회사의 임원을 동시에 만날 일이 있었다. 그 운전기사의 해고사유는 자신의 '배차' 문제에 대해 따지면서 회사 총무이사에게 욕설을 몇 마디 했다는 것인데, 나는 "운수회사의 실태에 대해 알 만큼은 안다"고 미리 설명을 하고(그런 설명을 미리 했다는 것은 회사 임원에게 "거짓말이 통하지 않는다"고 넌지시 겁을 줬다는 뜻이다) 회사 임원에게 물었다.

"시내버스 회사는 근무 환경이 다른 사업장에 비해서 좀 험악한 편 아닙니까?"

"예전에는 다소 그랬는지 모르지만 요즘은 많이 달라졌습니다."

"관리자들이 '우선 욕으로 기사들의 기선을 제압해 둬야 관리하기 편하다'는 생각을 하면서, 욕설을 일상적으로 사용하는 편 아닙니까?"

"절대로 그렇지 않습니다. 요즘 세상이 어떤 세상인데 기사한테 함부로 욕을 합니까? 욕먹으면서 일할 사람이 세상에 어딨습니까? 다 큰 사람들인데요."

운수회사의 실태에 대해 전혀 모르는 다른 기업체의 임원들도 그 자리에 몇 사람 있었는데, 그 사람들은 나를 아주 세상 물정 모르는 막돼먹은 사람 취급을 했다.

해고된 다른 운전기사도 만났다. 그 사람 역시 부당한 배차 문제에 대해 이사에게 따질 일이 있었고 마침 그 내용을 녹음했다는데, 그 대화를 조금만 들여다보자. 말이 좀 어색한 부분도 고치지 않고 사실 그대로 옮겼다.

기 사 · 배차를 보러 갔더니 ××번에 저를 넣어 놨는데, 무슨 이유로 저를 거기에 넣었는지요?

이 사 · 이놈아, 사람들 배차를 이쪽에도 넣고 저쪽에도 넣고 하는 거지. 너만 들어가? ××번에 그동안 안 한 놈들 싹 들어가 하고 있는데.

기 사 · 제가 다니면서 뭐 잘못한 것도 없고, 타당한 이유가…….

이 사 · 하기 싫으면 사표를 쓰면 되지.

기 사 · 그러면 아예 해고를 해 주세요.

이 사 · 이 씨팔놈의 새끼야! 내가 널 승무를 안 시키냐, 무엇을 안 시키냐? 이유가 있어야 ××번에 보내냐? 건방진 소리! 그럼 내가 배차할 때 "○○씨, 거기로 가시겠습니까?" 하고 물어 봐야 쓰겠어?

기 사 · 그렇지만 나중에 물어보지도 못합니까? 그동안 몇 년 동안은…….

이 사 · 몇 년이고 좃년이고, 기사는 회사에서 하라는 대로 하면 돼.

기 사 · 그래서 제가 지금 여쭤 보는 거잖아요?

이 사 · 뭐, 개좃이라고 여쭤 봤어? 이 새끼야, 뭔 이유로 그러냐고?

기 사 · 이새끼, 저새끼 하지 마세요.

이 사 · 야, 이 호로새끼야. 너는 말 자체가 나빠! 입구녕을 확 쑤셔 버릴테니깐…….

이번에는 한 운전기사와 그 회사 노동조합 위원장과의 대화를 들어보자. 운전기사가 노동조합 사무실에 찾아가서 회사 취업규칙을 보여 달라는 것이 실랑이의 시작이다.

기 사 · 조합장님, 취업규칙 한번 봐야겠습니다.

조합장 · 못 봐. 어저께 자네가 다 적어 갔잖아.

기 사 · 못 적었잖아요. 적으려는데 조합장님이 뺐어 갔잖아요.

조합장 · 못 보여 줘.

기　사·왜요? 취업규칙은 항상 비치되어 있어야 되는 거 아니에요?

조합장·니미 씨팔. 이 자식 너 때문에 환장하겠어.

기　사·법적으로 항상 비치되어 있어야 되잖아요?

조합장·법적으로 하란 말이야. 이 자식아. 취업규칙은 못 적어 가는 거야.

기　사·못 적어 가는 거예요?

조합장·근로기준법을 한번 봐봐.

기　사·보여 줄 건 보여 주고 말씀하셔야지요. 참 이상하시네.

조합장·니미 씨팔 자식이, 회사에 와서 떠들고…… 개새끼 같으니라고.

기　사·욕은 하지 마세요.

조합장·뭐라고? 이 자식아. 너 때문에 내가 죽겠어.

　　실태가 이러한데도 기업의 임원들은 "요즘은 세상이 많이 달라져서 절대로 기사들에게 욕을 못한다"고 아주 근엄하고 교양있는 표정으로 말하고, 사람들은 대부분 또 그 말을 믿는다. 자기들은 욕을 밥 먹듯이 하면서, 운전기사는 욕 몇 마디 했다고 그것을 이유로 해고하고, 그 사건을 법률적으로 판단할 권한이 있는 지성인들은 그것이 정당한 해고사유가 된다고 인정한다. 그 교양있는 지성인들의 얼굴에는 이렇게 써 있다.

　　'내가 사장이라도 저런 놈은 싫지. 함부로 욕하는 부하직원을 어떻게 데리고 있나. 사장이 누구인지 몰라도 저 놈 때문에 속 꽤나 썩었겠군.'

　　나도 이 기회에 욕 한마디 해 보고 끝내자.

　　"에라, 이 썩을 놈들아."

월간 『작은책』에 안건모 형님이 글을 쓰지 않는 달에 내가 용기백배해서 썼던 글이다. 오늘 안건모 씨를 만나서 길게 얘기했는데, 형님뻘인 줄 알았던 그 양반이 나보다 나이가 세 살이나 젊었다. 어쩐지 나한테 말을 안 놓더라니…….

벼랑에 내몰린 대학교 미화원 노동자들

대학교에서 환경미화원과 경비 노동자로 일하는 사람들이 추운 겨울에 정문 앞 도로에 천막을 치고 농성하는 곳에 찾아간 적이 있습니다. 그 천막에서 저를 기다리고 있던 사람과 함께 강연 장소로 이동하면서 "봉급을 얼마나 받느냐"고 물었더니 "많이 받는 사람은 연봉이 900만 원도 넘는다"고 합니다. 연봉이 900만 원이라면 한 달에 80만 원쯤 받는다는 뜻입니다.

강의실까지 걸어가는 동안 그 사람은 저에게 "나이 든 사람들도 많고 많이 배우지도 못한 사람들이니, 어렵지 않게, 쉽게쉽게 설명해 달라"고 몇 번이나 강조했습니다. 환갑 지난 할머니도 있다고 했습니다. '할머니가 몇 사람 섞여 있나 보다' 짐작하고 강의실에 들어서다가 저는 멈칫 서 버렸습니다. 강의실에 앉아 저를 기다리고 있는 사람들은 대부분 할머니들이었습니다. 고생한 탓에 실제 나이보다 훨씬 더 들어 보이기도 했겠지만 환갑쯤 된 분들이 거의 절반이나 되었습니다.

지금까지 내가 만난 노동조합 중에서 평균 연령이 가장 높은 조합원들이었습니다. 다른 곳에서는 5분쯤 설명하는 내용도 그날은 칠판에 이것저것 많이 쓰고 그림도 그려 가면서 10분 이상 설명했습니다. 할머니들은 고개를 끄덕거리면서, 종이에 깨알같이 받아 적기도 하면서 열심히 들어 주었습니다. 추운 겨울에 길거리에서 두 달 동안이나 천막 농성을 할 수밖에 없었던 할머니들과 눈이 마주치면서 자꾸 목이 잠겼습니다.

그와 비슷한 일이 지금도 서울의 한 대학교에서 벌어지고 있습니다. 하루에 10시간 노동을 하면서 한 달에 최저임금(2003.09~2004.08 적용) 567,260원을 받는 고려대학교 미화원 노동자들은 용역업체 재입찰을 앞두고 고용불안의 나락으로 내몰리고 있습니다. 그 입찰 과정에서 미화원들은 각종 근로조건과 근무 형태 등에 대해 자신들의 의견을 제시하는 것조차 어렵습니다. '학내 미화원·경비원 분들과의 아름다운 연대를 만들어 가는 모임'을 만든 학생들은 대학 당국에 이들의 고용승계, 최저가 낙찰제 폐지, 노동강도 완화 등을 요구하고 있습니다. 대학의 담당자는 "학교 측은 법률상 사용자가 아니기 때문에 노동조건과 임금에 대해 관여할 수 없다"는 입장으로 일관하고 있습니다. 이것이 바로 노동자파견제의 비극입니다. 학교 측은 미화원과 경비원들의 근로조건을 개선하면 학생들의 등록금을 올릴 수밖에 없다고 거의 협박에 가까운 말까지 했습니다. 미화원들이 용역으로 전환되면서 인원은 절반 가까이 줄었고 일은 거의 두 배로 늘었습니다. 최저임금에도 미치지 못하는 임금을 받고 있다가 학생들이 문제를 제기하고 나서야 비로소 법정 최저임금이 적용되기도 했습니다.

몇 년 동안이나 미화원 일을 해온 사람들을 '노동 유연화'라는 이름 아래 하루아침에 길거리로 내쫓는 결정을 한 사람들은 대부분 우리 사회에서 '명사'라고 불리며 사람들의 존경을 받는 지도층입니다. 반면, 집에서 손자들 재롱이나 보면서 노후를 즐겨야 마땅한 할머니들이 허름한 천막에서 오가는 사람들의 손가락질을 받으며 농성하는 '투사'가 되어 늘그막에 새삼 '노동운동'을 공부해야 하는 사회는 절대로 올바른 세상이 아닙니다. 약자의 권리를 보호하는 것은 공동체 전체의 정의를 구현하는 일입니다. 우리 사회 구성원 모두의 책임입니다.

LG정유 노조의 파업과 외국 자본의 성격

대기업 노동조합의 노동쟁의에 대해 사람들이 곱지 않은 눈길을 보내는 이유 중 하나는, 고임금을 받는 노동자들이 이기적 유익을 위해 파업을 벌이면 노사관계 불안정으로 외국 자본의 투자가 줄어들고, 기업은 그 부담을 비정규직 노동자와 하청업체에 떠넘겨, 결국 우리 사회에 해로운 결과를 초래한다는 생각 때문일 것입니다.

그와 같은 막연한 짐작이 LG칼텍스정유의 경우에는 맞아떨어지지 않습니다. 외국 자본인 셰브론텍사코와 그 자회사가 주식의 50%를 갖고 있는 LG칼텍스정유는 지난 5년 동안 순이익이 1조 2,400억 원에 달했습니다.

이 중 절반을 주주들이 배당금으로 가져갔습니다. 외국인 주주에 대한 이익배당은 전액 해외송금이 가능하므로 지난 5년 동안 LG칼텍스정유를 통해 자본금 총액보다 훨씬 많은 3,000억 원 가까운 금액이 외국으로 빠져나간 셈입니다.

LG칼텍스정유는 올해 초 상장을 시도했으나 대주주인 셰브론텍사코 측의 반대로 실패했습니다. 외국 자본의 입장으로는 막대한 이익의 절반을 현금으로 회수할 수 있는 상황에서 굳이 상장할 이유가 없었을 것입니다.

막대한 이익을 기록하면서도 투자는 제대로 이뤄지지 않았습니다. 설비투자를 나타내는 유형자산 증가율이 2003년에는 오히려 −1.9%로 감소했습니다. 외국 자본의 투자가 우리 경제에 실익이 별로 없었다는 뜻입니다.

지난 5년 동안 LG칼텍스정유의 매출은 약 7조 5,000억 원에서 11조 7,000억 원으로 55%나 증가했지만 노동자 수는 단 2명이 늘었을 뿐입니다. LG칼텍스정유는 외국 자본의 투자가 우리 경제에 별로 유익하지 않다는 것을 잘 보여 줍니다. 유가 인상으로 서민들이 어려움을 겪는 와중에도 회사는 막대한 이익을 기록했지만 설비투자나 고용의 증가는 이뤄지지 않았습니다. 비정규직과 하청업체만 더욱 늘어났을 뿐입니다. 이러한 상황에서 노동조합이 자신들의 임금인상보다 신규 인력 고용과 비정규직 차별 철폐를 더욱 중요하게 회사에 요구하는 것은 지극히 정당합니다. 우리 사회에 매우 유익한 영향을 미칩니다.

LG정유 노조의 파업 이후 노사교섭은 한 차례도 이루어지지 않았습니다. 회사가 파업을 빨리 마무리할 생각이 없었다는 뜻입니다. 노동조합의 주장처럼, 회사가 이번 단체교섭 과정을 노동조합을 말살하는 기회로 삼아 장차 구조 조정을 강행하겠다는 계획을 갖고 있는 것이라면, 노동조합으로서는 자신들의 일자리를 지키기 위해 당연히 싸울 수밖에 없었을 것입니다. 그러한 측면에서도 LG정유 노동조합의 파업은 지극히 정당합니다.

한국은행 총재는 국회의 한 연구 모임에서 "우리나라는 고소득 연봉을 받는 노동자들의 임금인상 요구를 국민과 언론이 말리지 않는 유일한 나라"라고 말했다지만, 실제로 우리나라는 노동자들의 임금인상 요구를 범죄행위처럼 취급하는 유일한 나라입니다.

노동자들의 임금인상 요구로 인한 부담을 비정규직 노동자와 하청업체에 떠넘기는 대기업의 행태를 비난하지 않는 국민과 언론이 "그러니까 대기업 노동자들은 임금인상 요구를 하지 말아야 한다"고 주장하는 아주 이상한 나라입니다. 이러한 풍토가 개선되지 않는 한, 수출이 비약적으로 늘어나면서도 서민들의 생활은 전혀 나아지지 않는 우리 경제의 기현상은 해결되지 않을 것입니다.

권희중 노동조합기업경영연구소 연구원이 쓴 글의 도움을 받았습니다.

아름다운 섬 제주도 양돈축협 노동자들의 싸움

사람들은 제주도를 아름다운 관광의 섬으로 기억합니다. 그러나 한국 현대사의 아픈 기억을 간직한 사람들은 제주도의 아름다운 풍광 뒤에 숨어 있는 깊은 상처를 떠올릴 수밖에 없습니다. 한 마을 수십 가구의 제삿날을 모두 같은 날로 만든 제주 4·3사건의 뼈아픈 상처가 제주도의 아름다운 풍경 곳곳에 숨어 있습니다.

제주도 출신의 한 노동자가 "제주도에 여자가 왜 많은지 아십니까? 제주도에 여자 많아서 좋겠다는 놈들은 모두 죽여 버리고 싶습니다"라고 말했을 정도로, 당한 사람들의 상처는 깊게 남아 있습니다.

그 혹독한 경험 때문에 제주도에서 활동하는 노동자들을 바라보는 시각은 각별합니다. 제조업체가 별로 없는 반면, 관광서비스업체가 월등히 많은 불리한 여건 속에서도 제주도의 노동자들은 민주적인 노동조합 활동의 숨통을 틔우기 시작했습니다.

아름다운 섬 제주도에서 지금 두 달째 파업 중인 사람들이 있습니다. 제주양돈축협 노동조합이 파업[2003.10.21~]을 벌인 지 오늘로 59일째가 됩니다. 왜 이 사람들이 차가운 겨울에 공원 한 모퉁이에 천막을 쳐 놓고 파업을 하고 있는지 그 내막을 아는 사람들은 많지 않습니다.

이 사람들이 대단한 것을 요구하고 있는 것은 아닙니다. 파업하면 흔히 떠올릴 수 있는 임금인상이나 노동조건 개선을 요구하는 것도 아닙니다. 단지 노동조합을 인정해 달라는 것뿐입니다.

　노동조합이 설립된 이후 회사는 축협 조직 특성상 일부 직원들이 회사 간부나 축협 설립자(대의원)들의 친인척으로 이뤄진 점을 이용해 노동조합에서 탈퇴할 것을 강요했고, 회사 간부들은 '노동조합원 면담 리스트'를 만들어 조합원들을 일일이 만나 탈퇴를 요구하고 그 결과를 보고하기까지 했습니다. 뿐만 아니라 사무실에는 조합원들을 향해 감시 카메라를 설치하기도 했습니다.

　노동부에서조차 회사의 불법행위들을 '기소' 의견으로 검찰에 송치할 수밖에 없었습니다. 노동부가 문제 삼은 회사의 불법행위들은 노동조합 탈퇴 종용, 적법한 쟁의기간 중의 대체 인력 고용, 비조합원에게는 상여금을 지급하고 조합원에게는 지급하지 않는 등 조합원에 대한 불이익 처분, 정당한 노동조합 활동에 대한 방해 및 운영에 대한 지배개입 등입니다.

　노동조합의 임기환 지부장은 "노동자들이 파업기간 중에 왜 자살을 해야만 했는지 그 심정을 이제야 알 것 같다"고 말합니다. 임 지부장은 "과연 우리나라에 법이 있는지 묻고 싶다"며 "우리가 너무 착하게 준법 투쟁만 하다보니 관계 당국에서 미온적으로 대처하는 게 아닌가 하는 생각을 해 봅니다. 객장을 점거해 영업을 정지시키거나 큰 사고를 내야만 언론에서도 관심을 갖고 행정 또는 사법 당국에서도 나설 게 아닌가 그런 생각이 듭니다"라고 말했습니다.

　회사가 지금처럼 "노동조합이 생기면 축협이 망한다"는 생각에서 벗어나지 않는 한, 제주양돈축협 노동자들은 새해를 천막에서 맞아야 할지도 모릅니다. 혹시 이 얘기를 들으면서 "상부상조하며 서로 돕고 살자는 취지로 설립된 협동조합에는 노동조합이 필요 없다"고 생각하는 사람들이 있다면 그것은 노동자의 권리에 대해 제대로 교육받지 못한 사회에서나 가능한 무지의 소산이라고 생각하는 것이 옳습니다.

　아름다운 섬 제주도의 한 귀퉁이에서 외롭고 힘겹게 싸우고 있는 사람들이 다시 일터로 돌아가 일할 수 있도록 하고, 가족이 기다리는 가정으로 돌아갈 수 있도록 하는 것은 언론과 권력에 몸담은 사람들뿐만이 아니라 우리 사회 모든 구성원의 책임입니다. 우리가 무엇을 어떻게 해야 할까요?

---

*2003년 10월 21일부터 진행된 제주양돈축협 노조의 파업은 그후 5개월이 지난 2004년 3월 24일에 이르러서야 타결된다. 그동안 노조 불인정을 주장하며 노조 간부 징계, 직장폐쇄 등으로 맞서왔던 사 측이 노조의 요구를 대부분 받아들여, 노동조합 인정, 노조활동 보장, 비정규직 고용 안정과 차별 철폐 등에 합의했다. 제주양돈축협은 2002년 12월 노조 결성 이후 노조지부장에 대한 견책 2차례 등 4차례의 징계처분과 여성부장에 대한 감봉 1개월, 조직쟁의부장에 대한 2차례의 징계 처분 등 노조 간부들에 대해 잇따라 징계를 내렸다가 지방노동위원회로부터 부당노동행위를 중지하라는 명령을 받았다.

조흥은행 노조 파업이 불법인 이유를 아십니까

조흥은행 노동조합의 파업을 정부가 불법 파업으로 규정하자, 언론 역시 아무런 여과 없이 불법 파업이라고 표현하고 있습니다. 그 보도를 보고 듣는 국민들은 아무런 의심 없이 조흥은행 노조의 파업은 불법 파업이라고 생각하고 있을 것입니다.

조흥은행 노조의 파업이 왜 불법 파업일까요? 대부분의 사람들은 그 파업이 우리 경제에 미치는 영향이 워낙 크기 때문이라고 생각합니다. 그러나, 노동자들이 경제적 손실을 발생시키면서 자신의 요구를 관철시킬 수 있는 권리는 대부분의 나라에서 합법적인 권리로 보장하고 있는 노동기본권의 일부입니다. 노동자들의 파업은 그 규모나 손실의 크기에 따라 불법 파업이 되는 것이 아닙니다. 우리나라에서 노동자들의 파업이 불법 파업이 되는 이유는 대략 다음과 같은 것들입니다.

첫째, 철도, 발전, 병원과 같은 '필수공익사업장'의 노동조합은 현행법상 '직권중재'라는 다른 나라에서는 입법 예가 별로 없는 이상한 제도 때문에 합법적인 파업이 거의 불가능합니다. 이러한 필수공익사업장의 노동조합이 파업을 벌이면 그 자체로 곧 불법 파업이 될 수밖에 없습니다.

둘째, 폭력 행위나 기물 파손 등 파업 양태에 불법 행위가 발생하는 경우입니다. 그런데 우리나라의 노동부와 검찰은 수많은 노동자들이 모여서 파업을 하다가 회사 관리자들과의 마찰 과정에서 경미한 폭행이 발생하거나 유리창 몇 장이 깨져도, 그 행위만으로 파업 전체를 불법이라고 규정하는 경향이 있습니다.

셋째, 파업에 이르기까지 규정한 법 절차를 이행하지 않은 경우입니다. 같은 파업 행위라도 그 절차를 지키면 합법 파업이 되고, 절차를 지키지 않으면 불법 파업이 됩니다. 파업의 양상이나 사회에 미치는 영향과 무관하게 법에 규정된 쟁의 절차를 준수했는가 여부가 파업의 합법성을 가르는 기준이 됩니다. 그런데 지금까지 노동자들의 파업을 정부에서 여러 가지 이유로 불법 파업이라고 규정하는 일이 되풀이되다 보니, 노동조합이 쟁의 절차를 중요하게 생각하지 않는 경향이 생깁니다. 애써 절차를 지켜 파업을 해도 어차피 불법 파업이 될 수밖에 없으니, 아예 그 절차를 존중하지 않는 것입니다. 실제로 파업 현장을 방문했을 때, 노동조합 간부들에게 쟁의 절차를 준수했냐고 물어보면 "어차피 불법 파업인데요, 뭐"라고 답하는 경우가 많습니다.

넷째, 노동조합의 요구가 단체교섭의 대상 사항에 포함되지 않는 경우입니다. 이것이 지금 조흥은행 노조의 파업을 정부가 불법으로 규정하는 가장 중요한 이유입니다. 우리나라 노동법에는 '단체교섭 대상 사항'이라는 개념이 있습니다. 노동조합은 아무 요구나 다 하면서 노동쟁의를 벌일 수 있는 것이 아니라, 단체교섭 대상 사항에 포함되는 요구 사항만을 이유로 노동쟁의를 벌일 수 있다는 것입니다. 우리 노동법에는 단체교섭 대상의 범위를 "임금, 복지, 근로시간, 해고 등 근로조건에 관한 사항"이라고 규정하고 있습니다. 노동자들의 근로조건에 영향을 미치는 사안에 대해서는 합법적인 쟁의를 벌일 수 있다는 뜻입니다. 그렇다면, 기업이 합병함으로써 발생하는 고용불안만큼 중대한 영향을 미치는 근로조건도 없으니 노동조합은 당연히 기업의 합병 결정에 대해서 관여할 권리가 있다고 보아야 하지만, 우리나라 검찰과 노동부에서는 노동자들이 요구할 수 있는 교섭 대상 사항의 범위를 상당히 좁게 해석하는 경향이 있습니다.

　기업의 합병은 회사의 고유한 인사권 또는 경영권에 속하는 사항으로 노동조합과 협의의 대상이 아니라고 생각할 수도 있습니다. 그러나 노동자가 파업을 벌일 수 있는 노동기본권은 헌법과 법률에서 보장하고 있는 법률적 개념인 반면, 사용자의 인사권·경영권은 사회 통념이지 법률상의 개념이 아닙니다. 지금까지 우리나라 법원에서조차 "기업의 고유한 인사권·경영권에 속하는 사항에 대해서는 노동조합이 협상을 요구할 수 없다"고 해석한 적은 없습니다. 오히려 "기업의 인사권·경영권에 관한 사항들 중에서 근로조건에 영향을 미치는 사항은 노동조합과 교섭의 대상이 된다"는 판결이 여러 번 있었습니다.

　과거 국민의 정부에서는 금융 노동자들의 파업에 대해 정부 각료는 물론 김대중 대통령까지 나서서 "정부의 정책이나 기업의 합병은 노동조합 교섭의 대상이 아니다"라고 말했습니다. 그러나 결국, 정부의 각료들이 나서서 합의를 함으로써 "정부의 경제 정책도 노동조합과 교섭의 대상이 된다"는 선례를 남겼습니다.

　노동조합이 '요구할 수 있는 내용'과 '요구할 수 없는 내용'을 법률적으로 말끔하게 가르는 것이 불가능한 상황에서, 조흥은행 노조의 파업을 불법 파업이라고 아무 고민 없이 받아들이는 것은 옳지 않습니다. 노동자들의 파업을 '불법 파업'이라고 정부·기업·언론이 표현하는 것을 들을 때마다, 우리는 그것이 과연 정당한 판단인지 곰곰 생각해 봐야 할 것입니다.

교사들도 노동조건 향상 요구를
할 때가 됐습니다

울산에서 중고등학생을 대상으로 하는 강연을 끝냈을 때 한 여고생이 다음과 같은 질문을 했습니다.

"우리 언니가 운동권 학생이거든요. 언니를 따라 서울에서 열리는 집회에 참석했다가 저는 깜짝 놀랐습니다. '우리 사회에 의로운 사람들이 이렇게 많았구나. 정의를 위해 노력하는 사람들이 이렇게 많았구나. 그것을 내가 지금까지 까맣게 모르고 살았구나' 하는 생각으로 감격스러웠습니다. 그런데 다음날 언론의 보도를 보니까 내가 참석했던 그 감동적인 집회를 몰지각한 사람들의 철없는 난동인 것처럼 비난하고 있었어요. 저는 마음에 큰 상처를 받았습니다. 우리 사회에는 왜 선한 사람들을 짓밟는 악한 사람들이 있을까 하는 생각이 들었습니다. 그런데 우리 사회 모든 곳에서 선한 사람들의 힘은 너무 약하고 악한 사람들의 힘은 훨씬 강하다는 것을 확인할 수 있었습니다. 학생들이 공부하는 학교에서도, 어른들이 일하는 회사에서도, 정치권에서도 선한 사람들을 억누르는 악한 사람들의 힘이 훨씬 강하다는 것을 알 수 있었습니다. 우리 사회가 정녕 그런 것이라면 우리와 같은 학생들은 도대체 어떤 희망을 갖고 살아갈 수 있을까요?"

그 여고생은 몇 번이나 목이 잠기면서 거의 울먹거리는 목소리로 질문을 마쳤습니다. 저는 잠시 생각하다가 이렇게 답했습니다.

"고통스러울 때는 우리 역사를 긴 호흡으로 지켜보세요. 그러면 마음이 조금 편해집니다. 오늘 이 행사를 준비한 전교조 선생님들을 보세요. 10여 년 전에 교사들이 노동조합을 처음 만들었을 때는 불법이었습니다. 김영삼 대통령도 임기 끝날 때까지 '신성한 교사가 어떻게 노동자냐? 당신들이 무슨 노동조합이냐? 전교조는 절대로 용납할 수 없다'며 고집을 피웠습니다. 그래서 해직된 교사가 1,600명이나 됐습니다. 길거리로 쫓겨난 선생님들 1,600명이 한 자리에 모여 있다고 생각해 보세요. 얼마나 많은 사람들인지……우리가 당한 고통은 그렇게 컸고 합법화되는 데는 10년이나 걸렸습니다. 그러나 지금 전교조 조합원이 10만 명입니다. 10만 명의 교사가 아무런 법률적 제약 없이 노동조합 활동을 하고 있습니다. 지금 이 시점에서 보세요. 누구의 주장이 옳았는지, 김영삼 대통령의 그 고집이 얼마나 웃기는 코미디인지, 공무원 노동조합이 똑같은 과정을 밟고 있습니다. 주5일 근무제가 똑같은 과정으로 실현되고 있습니다. 학생들의 주5일 수업제 역시 똑같은 과정으로 실현될 거예요. 비록 많은 사람들이 고통을 당하고 많은 세월이 걸리지만 우리 역사는 참 신기하게도 그 고통당하는 사람들의 주장대로 변화하고 있는 겁니다. 그래서 그 사람들을 '진보세력'이라고 부르는 겁니다. 고통스럽고 힘들 때에는 역사를 긴 호흡으로 보세요. 질문에 대한 50%의 설명도 안 됐겠지만 그렇게 답하겠습니다."

제가 설명을 끝내자 한 학생이 "120% 설명됐습니다"라고 말해 주었습니다.

그렇습니다. 전교조의 역사는 우리에게 그런 희망의 약속으로서의 의미를 갖습니다. 전교조는 설립 이래 지금까지 교사의 노동조건 향상을 주장한 적이 없습니다. 오직 참교육을 위한 요구만 했습니다. 그러나 이제 교사들도 자신의 노동조건 향상을 위한 요구를 할 때가 됐습니다.

정부가 교육현장과 협의도 없이 발표한 '사교육비경감대책'은 그동안 은밀하게 실시해 오던 '0교시 보충수업'과 강제 특기적성교육, 야간자율학습 등을 전면화했습니다. 이로 인해 교사의 열악한 근무조건은 극도로 악화됐으며 결국 참담한 결과를 가져오고 말았습니다. 과도한 수업과 업무를 견디지 못하고 교사가 죽음에 이르는 비극적인 사고가 발생하고 말았습니다. 고양시 세원고의 고 김형석 선생님은 토요일을 제외한 5일 동안 하루 14시간을 초과해 근무하였습니다. 교사는 무쇠가 아닙니다. 필요한대로 써먹다 병들고 죽으면 내쳐 버리는 소모품은 더욱 아닙니다.

공립학교 교사의 유가족들이 받을 수 있는 여러 가지 혜택을 사립학교 교사의 경우에는 받을 수 없었습니다. 교사와 유가족들은 고인의 시신을 차가운 영안실에 둔 채 교육부·경기도교육청·세원고 재단과 합리적인 보상에 대해 며칠 동안 협상을 벌였으나 교단에서 학생을 가르치다 순직한 교사의 유가족에게 그들이 할 수 있는 말은 "별도의 규정이 없다"는 것이 전부였습니다.

결국 고 김형석 교사의 부모님이 "사랑하는 아들을 더 이상 차가운 영안실에 둘 수 없다"고 애절하게 호소하는 바람에 보상금을 한 푼도 받지 않은 상태에서 서둘러 장례를 치를 수밖에 없었습니다. 이 시대를 살아가는 교사의 비애를 한 몸에 안고 명을 달리한 선생님의 영혼을 달래기 위해서라도 우리는 살아남은 자의 몫을 다해야 할 것입니다.

*고 김형석(41세) 선생님은 일산 세원고등학교에서 1학년 담임을 맡고 있었던 수학교사로, 특별반 수학보충수업을 진행하다 쓰러져, 병원으로 옮긴 뒤, 2004년 3월 26일 오후 1시 15분경에 사망했다. 김씨가 근무하던 일산 세원고등학교의 교사들은 아침 7시 40분 0교시 보충수업을 시작으로 정규수업을 모두 진행하고 방과 후에는 다시 보충수업을 했으며, 이어 밤 9시까지(3학년은 밤 10시) 야간 자율학습을 지도했다고 한다.

철도 노조 파업에 대한 대통령과 언론의 태도

노동상담 일을 해온 지 23년의 세월이 지났습니다. 20년 넘는 기간 동안 노동문제와 직간접으로 관계 맺고 일을 시작한 이래, 요즘처럼 노동문제에 대해서 말하기 어려운 시기는 없었습니다.

기업을 경영하는 사람들로부터 "기업이 있어야 근로자도 있다"는 말은 그동안 자주 들어 왔습니다. 그러나 한 나라의 대통령이 "나라가 있어야 노동조합도 있다"거나, "정부를 길들이려고 하는 노동자의 요구에는 굴복할 수 없다"거나, "일부 노동운동은 도덕성과 책임성을 잃어 가고 있다"고 하루가 멀다고 노동조합을 비난하는 말을 듣는 것은 이번이 처음입니다.

1987년 현대중공업 파업 때, 노동자들과 함께 도로에 누워 진압 중인 경찰에게 "나를 밟고 지나가라"고 외치며 눈물 흘렸던 투사 노무현의 모습을 대통령이 된 사람에게 기대하지는 않습니다. 최소한 다른 대통령만큼만 노동자들을 욕하십시오. 다른 대통령만큼만 노동운동을 탄압하십시오.

그동안 우리 사회에서 대규모 불법 파업이 여러 차례 있었지만, 파업에 참여했다는 이유로 노동조합 간부도 아닌 일반 조합원들을 8천 명이나 중징계한 적은 없었습니다. 건설교통부 장관은 "철도 파업으로 인한 영업손실분에 대한 민사상 손해배상 청구를 하겠다"고 당당하게 밝히고 있고, 언론은 그 액수가 적어도 100억 원이 넘을 것이라고 보도합니다.

구속, 수배, 경찰병력 투입, 강제 해산, 해고, 손해배상 청구 등 그동안 노동조합 활동을 탄압하면서 사용했던 모든 수단들이 한꺼번에 동원되는 현실을 보면서, 노동조합이 과연 이런 대접을 받아야 할 만큼 예년보다 특별히 법을 많이 어겼는지, 특별히 과격하게 투쟁했는지 의문을 품지 않을 수 없습니다.

비교적 공정하다는 평을 듣는 언론조차 철도 노조 파업 이후 노동문제를 특집기사로 다루면서 "노동조합이 민심 얻기에 실패했다", "집단 이기주의에 대한 비난을 곱씹어 봐야 한다", "앞으로는 노동조합이 대중 정서에도 관심을 가져야 한다"고 지적합니다.

그러나, 우리의 언론이 과연 그렇게 말할 자격이 있는지 묻고 싶습니다. 며칠 전, 한 방송사의 밤 9시 뉴스에서는 철도 노조의 파업에 대해 10분 동안 보도했는데, 그 파업이 국민들에게 얼마나 큰 불편을 끼쳤는지와 그 경제적 피해의 규모가 얼마나 컸는지에 대해 각종 인터뷰와 자료를 인용하면서 8분 동안 설명했고, 노 대통령의 발언 및 정부의 '법과 원칙'을 강조하는 대응 방침에 대해서 2분 동안 설명하고 끝났습니다.

결국 철도 노조가 파업을 할 수밖에 없었던 이유가 무엇인지, 정부가 추진하고 있는 철도 민영화 사업이 우리 사회에 어떤 영향을 미치는지, 노조와 정부가 서로 상대방이 약속을 어겼다고 주장하고 있는데 과연 누구의 주장이 사실에 가까운지 등에 대해서는 단 한 마디도 보도하지 않았습니다. 언론이 어떻게 이럴 수 있을까요?

이러한 언론의 보도 양태는 비단 이번 파업에 대해서만이 아닙니다. 수십 년 세월 동안 우리의 언론은 그래 왔습니다. 우리나라 조종사들의 파업에 대해서도 마찬가지입니다. 언론은 "엄청난 항공대란", "유사 이래 최악의 항공사태"라고 보도했고, 한 일간지는 "연봉 1억이 넘는다"는 제목으로 조종사들이 고임금을 받는다고 강조했습니다. 국민이 겪어야 했던 불편과 경제적 손실이 매우 컸던 것은 사실이었습니다. 국민은 대부분 그 사실을 기억합니다. 그러나 그 사실을 기억하는 국민 중에서 조종사들이 파업할 수밖에 없었던 이유를 기억하는 사람들은 과연 몇 명이나 될까요?

이것이 우리 사회가 운영되는 시스템입니다. 그 시스템 속에서 수십 년 세월을 살아온 사람들이 노동문제를 올바른 관점으로 본다는 것은 불가능할 수밖에 없습니다.

철도 노조의 파업을 비난했던 사람들은 자신의 그러한 판단이, 우리의 잘못된 보수언론이 수십 년 세월 동안 조율해 온 그릇된 사고의 탓은 아닌지 한 번쯤 의심해 보는 것이 합리적인 판단력을 갖는 데 도움이 될 것입니다.

병원 파업을 보는 눈

평소에 알고 지내는 종합병원 원장이 "병원은 이제 더 이상 황금알을 낳는 거위가 아니야"라고 한탄조로 말하는 것을 들은 적이 있습니다. 그 말은 과거 우리 사회의 병원이 황금알을 낳는 거위였다는 뜻입니다. 인간의 생명을 구하고 질병을 치료하는 병원이 황금알을 낳는 거위였다는 것은 의료의 공공성이라는 측면에서 커다란 비극입니다.

지금 진행되고 있는 병원 노동조합의 파업에 대해 "인간의 생명을 구하고 질병을 치료하는 백의의 천사들이 파업을 하면 되느냐"고 눈살을 찌푸리는 사람들이 있습니다. 언론의 보도 내용은 의료 공백 발생 여부에 초점을 맞추고 있습니다. 응급실, 수술실, 중환자실의 실태와 수술 건수, 진료 환자 수의 변화를 뉴스 시간마다 상세하게 전하고 있습니다. 이와 같은 보도 태도는 병원 노동자들의 파업에 대한 국민의 분노를 촉발시킬 뿐, 사태의 원만한 해결에는 도움이 되지 않습니다.

병원에 근무하는 직원들이 불친절하다고 불만을 이야기하는 사람들이 많습니다. 우리나라 병원 노동조합이 지나치게 과격하고 투쟁적이라고 생각하는 사람들도 있습니다. 그 원인을 병원에 근무하는 노동자들에게서만 찾으려 한다면, 우리 사회에서 특별히 성격이 쌀쌀맞거나 인격적 결함이 많거나 폭력적 성향을 가진 사람들만이 주로 병원에 취업한다는 결론에 이르게 됩니다. 인격적 결함이나 과격한 성격을 지닌 병원 직원도 있을 수는 있습니다. 그러나 사람들이 병원에 근무하는 사람들에 대해 갖고 있는 보편적 인식이 그런 것이라면 그 현상의 원인을 병원에 근무하는 사람들의 개인적 문제에서 찾을 것이 아니라 의료 서비스 체계나 의료 환경과 같은 구조적 측면에서 찾아야 합니다.

간호사들 중에는 어릴 때부터 백의의 천사가 꿈이었던 사람들이 많습니다. 그런데 많은 이들이 병원에 취업하면서 절망을 느낍니다. 우리나라 병원의 의료 시스템은 간호사들로 하여금 환자와 보호자에게 인간적으로 다가서는 것을 거의 불가능하게 만들기 때문입니다. 우리나라 전체 의료기관 중에 공공의료기관은 대략 10% 정도밖에 되지 않습니다. 이 말은 우리나라 병원 가운데 대략 90% 정도는 인간의 생명을 구하고 질병을 치료하는 일을 하면서 자본주의 사회의 다른 사기업과 마찬가지로 최대한의 이익을 남기는 방식으로 운영하고 있다는 뜻입니다. 병원에 근무하는 노동자들에게 최소한의 짧은 시간에 최대한 많은 노동을 시킴으로써 최고의 수익을 창출하는 방식으로 운영하고 있다는 뜻입니다.

환자나 보호자들이 병원에 근무하는 사람들에게 무엇 하나 물어보기가 겁나는 이유는 그 때문입니다. 어쩌다 설명을 듣는다 해도 얼마나 빠르게 설명하는지 제대로 알아들을 수 없을 때가 간혹 있는 것도 그 때문입니다. 병원에 근무하는 간호사들의 걸음걸이를 한번 관심 있게 지켜보시기 바랍니다. 그 사람들은 근무시간 내내 종종걸음을 치며 일할 수밖에 없습니다.

우리나라 병원에서는 인력감축, 비정규직 확대, 임금동결, 현장통제 강화 등의 방식을 적절하게 사용해서 수익을 많이 남기는 원장이 유능한 경영자로 평가받습니다. 그렇게 하지 못하는 원장은 아무리 훌륭한 의료 지식과 경험을 갖췄다 해도 무능한 경영자로 낙인 찍혀 퇴출당합니다. 한 종합병원에서는 의사에게 지급하는 봉급을 의사가 환자를 진료하며 벌어들인 수입에 비례하여 지급하는 성과급 방식으로 변경한 뒤 각종 검사 건

수가 몇 십 퍼센트나 늘어나기도 했습니다. 병원이 수익을 남기는 돈벌이 중심의 운영을 하게 되면 그 피해는 결국 국민이 입게 됩니다.

영국과 같은 나라의 경우에는 공공의료기관이 전체의 95%나 됩니다. 병원에 근무하는 사람들은 수익에 신경쓸 필요 없이 환자를 진료하는 일에 최선을 다할 수 있습니다. 병원 노동자들이 파업을 하면서 공공의료 확보를 가장 중요한 요구의 하나로 계속 내세울 수밖에 없는 이유는 공공의료가 확보되어야만 보건의료인들이 병원에 취업하면서 꿈꿨던 보람있는 인생이 가능해지기 때문입니다. 병원 파업의 원인을 병원의 노사관계에서만 찾으려고 한다면 사건의 본질을 옳게 볼 수 없습니다.

한 의사가 병원 노조 파업에 관해 비판적으로 이야기하면서 "현대 사회에서 유일하게 독재가 필요한 곳이 병원이다. 환자의 생명을 구하기 위해 병원에서는 의사의 독재가 필요하다. 위급한 환자를 앞에 놓고 간호사들과 함께 '자 이제부터 토론합시다' 그런 식으로 해서는 도저히 환자의 생명을 구할 수 없다"라고 말하는 것을 들은 적이 있습니다. 물론 일리 있는 말일 수 있습니다. 그러나 병원 노동자들의 파업은 의사로 하여금 환자 진료에 더욱 전념할 수 있는 시스템을 갖추자는 것이지 의사의 고유한 영역을 침해하자는 것이 아닙니다.

노동운동을 하는 사람이 만일 '노동운동을 해서 떼돈을 벌어야겠다' 고 마음먹는다면 사람들은 아마 그 노동운동가를 절대로 용서할 수 없을 것입니다. 사람의 생명을 구하고 질병을 치료하는 것은 노동운동보다 더욱 숭고하고 가치 있는 일입니다. 그 거룩한 일을 하는 병원이 더욱 많은 돈을 벌기 위해 온갖 수단을 동원하면서 병원 노동조합의 단체교섭 요구에는 적극적으로 응하지 않은 채, 병원 노동자들의 파업에 대한 국민들의 불만이 분노로 바뀌기를 기대하고 있다면 그것은 사회에 유익한 올바른 일이 아닙니다.

청구성심병원에서 일어난 일

청구성심병원에 근무하는 직원들 중에서 열 사람이 수년간에 걸친 병원의 노동조합 탄압에 시달리다가 정신질환 판정을 받았습니다. 이들은 모두 병원에서 간호사, 임상병리사, 물리치료사로 근무하는 보건의료인들이고 그 중에 아홉 명이 여성입니다.

이들을 진찰한 신경정신과 전문의는 "조합원들이 우울이나 불안 반응을 보이는 등 적응장애를 보이고 있다"고 판정하고 "상당 기간 유해한 환경에서 벗어나 전문적 치료를 받아야 한다. 정신질환 증세를 보인 조합원들에게 가장 우려되는 점은 자살"이라고 사태의 심각성을 경고했습니다.

적응장애란 심한 스트레스로 정상적인 생활을 영위하기 어려울 때 붙이는 병명입니다. 청소년이 학교에서 집단 따돌림을 당해 자살하거나, 매맞는 아내가 남편만 보면 무서워하는 경우가 바로 적응장애입니다.

청구성심병원은 오래 전부터 상상을 초월하는 노동조합 탄압 행위를 계속해 왔습니다. 노동조합 임시총회 행사장에 똥물을 뿌리거나, 식칼을 휘두른 사건으로 널리 알려진 적도 있습니다. 조합원들은 심한 욕설과 폭력에 일상적으로 시달렸고, 승진에서 차별 받았으며, 업무량이 과하게 주어졌고, 회식에도 끼워 주지 않았고, 인사를 해도 받지 않았고, 부서 내에서는 집단 따돌림을 당했습니다.

그러한 일을 겪는 동안 조합원 숫자는 180명에서 19명으로 줄었습니다. 정신질환 판정을 받은 노동자가 전체 조합원의 절반인 셈입니다.

치료를 위해 현재 백병원에 입원 중인 김명희 부지부장은 기자회견장에서 "청구성심병원에서 노동조합원들은 인간이 아니라 짐승입니다. 믿지 못하겠지만 사실입니다. 병원 얘기만 나오면 가슴이 뛰고, 몸이 떨리고, 하루에도 몇 번씩 쓰러집니다"라고 터져 나오는 울음으로 말을 잇지 못하면서도 "정년퇴직할 때까지 환자를 위해 일하기를 원한다"고 말했습니다.

저는 이 사람들을 오래 전부터 만나왔으므로 대부분 알고 있습니다. 이 사람들이 얼마나 착한 사람들인지, 자기만의 행복이 아니라 다른 사람들의 행복을 위해서 얼마나 노력하는 사람들인지, 보람 있고 가치 있는 삶을 살기 위해 얼마나 애쓰고 있는 사람들인지 잘 알고 있습니다.

조합원들이 병원의 탄압을 피할 수 있는 방법은 아주 간단합니다. 지금이라도 청구성심병원에서 퇴사하고 다른 병원에 취업하거나, 노동조합에서 탈퇴하면 그뿐입니다. 그런데 왜 노동조합을 포기하지 않고 그 많은 어려움을 견디어 내고 있는 것일까요? 이 조합원들이 만일 자신과 자기 가족의 행복만을 추구하는 이기적인 사람들이었다면, 일찍이 병원을 그만두거나 노동조합에서 탈퇴했을지도 모릅니다.

우리 주변에 죄 없이 고통을 당하는 사람들이 있는 이유는, 그들의 몫을 누군가 부당하게 빼앗아 가기 때문입니다. 따라서 그들이 행복을 되찾는 일은 그 행복을 빼앗아 간 부당한 사람들과 맞서는 일이 될 수밖에 없습니다. 우리 사회에서 다른 사람들의 행복을 위해 노력하는 사람들이 때로 탄압의 대상이 되는 이유는 그 때문입니다.

노동조합은 부당한 자본의 횡포에 맞서 노동자들의 권리를 지키는 훌륭한 도구입니다. 세계 대부분의 나라에서 노동조합 활동을 신성한 기본권으로 존중하고 있는 이유는 그 때문입니다. 남의 몫까지 빼앗아 부자가 된 사람들은 노동조합을 극도로 혐오할 수밖에 없습니다.

청구성심병원 관계자는 "비조합원들이 더 많은데 노조가 주장한대로 차별 대우, 인권 침해 등 탄압을 했다면 동정이나 불합리한 측면 때문에 조합원이 오히려 늘었을 것"이라며 사실 자체를 부정하고 있습니다.

현 정부가 노무현 대통령이 말한 것처럼 "노사 어느 쪽에도 치우치지 않는 공정한 행정"을 펴는 것이 사실이라면, 불법 파업을 이유로 노동자들을 처벌하는 것만 열심히 할 것이 아니라, 노동자 권리에 대한 인식의 천박함으로 아무런 죄의식도 없이 노동조합을 탄압하는 사업주에 대한 철저한 조사와 처벌도 함께 이루어져야 할 것입니다. 그래야만 과거와 달리 진실로 "법과 원칙"을 강조하는 정부라고 사람들이 믿을 수 있을 것입니다.

*청구성심병원은 지난 1997년부터 1999년까지의 임금체불, 1998년 노조 간부에 대한 분뇨 투척 및 식칼테러, 업무감시와 왕따 등으로 장기간 노사 갈등을 겪어 왔다. 특히 지난 2002년부터 임단협 과정에서는 일방적인 배치전환 문제가 발생하면서 장기간 체결하지 못했다. 이 과정에서 지난 해 9월에는 8명의 조합원이 정신질환으로 인한 산재를 인정받기도 했다. 이후 2004년 12월 1일 병원노사는 임금 총액 6% 인상 등에 합의했다. _『레이버투데이』, 2004.12.01.

계약직만 돼도 좋겠습니다

방송에 출연할 일이 있어 한 방송사에 갔을 때, 조명기구를 들고 이리저리 이동하면서 수고하는 직원에게 살짝 물어보았습니다. "혹시 정규직이십니까?" 그 조명기사는 주변을 둘러보더니 저에게만 들리는 작은 목소리로 속삭이듯 말했습니다. "계약직만 돼도 좋겠습니다." 그 사람은 용역회사 파견 노동자였던 것입니다.

정부가 공공부문 비정규직 노동자들을 정규직화하거나 그와 유사한 대우를 하기로 결정했다고 발표했습니다. 그 발표 내용 속에는 조금 전에 이야기한 "계약직만 돼도 좋겠다"고 생각하는 간접 고용 비정규직 노동자들에 대한 조치는 거의 없습니다.

이번 정부 방침의 주요 내용은 학교의 영양사, 도서관 사서, 상시위탁 집배원 등을 공무원으로 채용하고, 단기 계약직인 환경미화원과 도로보수원은 "기간의 정함이 없는 계약"이나 계약 자동 갱신을 통해 신분을 보장하고, 학교 급식종사자 등 일용직 노동자들은 연봉계약직으로 바꾼다는 것입니다.

근로복지공단에서 산재보험과 고용보험 업무를 담당하는 계약직 노동자들도 단계를 밟아 정규직으로 전환하겠다는 대목에 이르면, 우리는 지난해 "비정규직 노동자에 대한 차별을 철폐하라"고 외치며 분신한 근로복지공단 비정규직 노동조합의 이용석 씨를 떠올리지 않을 수 없습니다.

이용석 씨는 그렇게 갔으나 그의 동료들은 작게나마 문제 해결의 실마리를 찾게 된 것입니다. 이번 조치로 혜택을 입게 된 근로복지공단 비정규직 노동자들 중에서 이용석 씨를 생각하지 않은 사람은 없을 것입니다.

이용석 씨뿐만이 아닙니다. 학교 급식종사자들과 도서관 사서들도 그동안 자신들의 부당한 처우를 개선하기 위해 수많은 노력을 기울였습니다. 깊은 산골짜기 작은 방에 모여 밤새 토론을 하기도 하고, 더운 여름날과 추운 겨울날 도로에서 집회와 시위를 벌이기도 했습니다.

학생들이 급식을 받지 않는 운동회날이나 학교에 나오지 않는 소풍날이 되면 이 사람들은 임금을 받지 못했습니다. 방학하면 해고되고 개학하면 새로 채용됐습니다. 학교마다 도서관을 지원한다면서 예산이 편성됐지만 건물을 마련하고 도서를 구입하는 데 들이는 비용뿐, 도서관을 운용하는 인력에 대한 재정은 마련되지 않았습니다. 청소년들을 나라의 기둥으로 키우는 학교에서 그런 일들이 벌어지고 있었습니다. 학생들이 먹는 음식을 만들고 학생들에게 정신적 양식을 공급하는 사람들을 그렇게 대우했습니다.

비정규직 노동자들에 대한 이러한 차별은 비정규직 노동자와 그 가족의 삶을 비참하게 만들 뿐 아니라, 장기적으로 학교의 운영이나 소위 '국익'에도 절대적으로 해롭기 때문에 옳지 않습니다.

몇 년 전, 한 언론사에서 진행한 노동강좌에 자신의 신분을 밝히지 않는 노동자 세 사람이 참석한 적이 있었습니다. 나중에야 자신들이 사실은 비정규직 집배원이라고 밝히면서 자신들의 신분을 그 강좌에 참석한 다른 노동자들에게는 말하지 말아 달라고 부탁했습니다. 계약직 노동자의 신분이란 그런 것입니다. 자신의 삶의 질을 개선하기 위해 노력하면 그것이 바로 해고의 사유가 되는 사람들입니다. 그렇게 부당한 대우를 바로잡기 위해 노력하다가 해고당하거나 병들어 결국 우리 곁을 떠난 사람들도 많습니다. 지금 남아서 그 작은 혜택이라도 가지게 된 사람들은 함께 싸우다 우리 곁을 떠난 동지들에게 부채감을 느낍니다.

그런데 "상시 업무의 비정규직화"라고 그동안 정부가 스스로 공언했던 방침에도 어긋나고, "동일노동 동일임금"이라는 지극히 당연한 원칙의 실현과는 너무나 요원한 정부의 미흡한 조치마저 "노동계의 비정규직 해소 주장에 이용될까 우려스럽다"고 말하는 사람들이 있습니다. 그런 사람들을 볼 때마다 우리 사회에서 힘있고 돈 많은 사람들의 편을 들자면 참 못할 말이 없다는 생각이 듭니다. 그 사람들은 그렇게 말할 자격이 없습니다. 왜냐하면, 그들은 비정규직 노동자가 아니기 때문입니다.

조합원 동지들께 (이용석 씨의 유서)

집행부를 믿고 적극적으로 결의를 다져주신 동지들께 감사드립니다.
그 동안 각 지부 순회, 대의원대회, 총회 등을 통해 동지들과 함께 했던 많은 얘기들, 동지들 얼굴들이 하나 하나 떠오릅니다. 파업을 준비하며 사 측의 많은 부당노동행위들을 보면서 우리의 싸움이 얼마나 힘들까 가슴이 매어옵니다.

동지 여러분!
파업에 참석치 못한 동지들을 저의 희생으로 너그러이 용서해 주십시오. 그들도 우리와 같은 마음으로 함께 하고 있습니다. 사 측의 회유와 압박, 탄압을 뚫고 여기 온 동지들의 결의가 우리 집행부를 이만큼 설 수 있게 만들었습니다.

동지 여러분!
우리가 모인 이 자체가 노동자로서 승리입니다. 직원을 탈피한 진정한 노동자로서 삶이 이루어진 것입니다. 이 자리 함께 하지 못한 동지들의 몫까지 우리가 싸워야 합니다. 노예문서 같은 비정규직 관리세칙을 파기하고, 고용안정을 외치는 우리의 요구는 당연한 것이며 마땅히 쟁취해야 합니다. "나 하나 쯤이야"하는 생각을 버리고 "나만, 우리만 함께 한다면 반드시 우리는 승리할 것입니다. 오늘 이 모인 자리를 자축하며 즐겁게 투쟁합시다.

동지 여러분!
우린 정말 순수하고 자주적으로 일어섰습니다. 임금투쟁은 매년마다 할 수 있지만 기본 없는 노동조합은 결국 쉽게 어용화될 수밖에 없습니다. 오늘 우리가 함께 선 이 자리 이 시간들의 의미를 잃지 않기를 부탁드립니다. 짐을 챙겨 떠날 때 그 날 어머님이 시골에서 오신다는 말을 듣고도 차마 얼굴을 뵙지 못한 게 미안합니다. 파업을 앞둔 공공연맹 사무실이 무척이나 조용하네요.

동지 여러분!
하나가 모여 둘이 되고 둘이 모여 넷이 되듯, 모든 것을 한꺼번에 이루려 해서는 안 될 것입니다. 1000이 되지 않더라도 정당한 길을 간다면 그 뜻을 이룰 것입니다. 오늘 다함께 하지 못함이 내일을 바라볼 수 있는 기약이라 생각하십시오. 오늘 동지들이 모여 있음이 자신과의 싸움에 승리하였음을 알아야 할 것입니다. 우린 정당하고 새로운 길을 찾았음이 꼭 승리하였습니다.

2003. 10. 26. 03시

특수고용직도 노동자입니다

특수고용직 노동자라고 불리는 사람들이 있습니다. '특수'라는 단어가 들어가서 좋은 것처럼 느껴질지 모르지만 "특수하게 불리한 처지에 놓여 있는 노동자"들입니다. 실제로는 노동자가 분명하지만 그 고용형태가 특수해서 노동자로 인정 받지 못하는 사람들입니다. 보험 모집인, 학습지 교사, 골프장 경기보조원, 레미콘 및 화물운송 노동자, 텔레마케터, 방송사 작가들이 바로 특수고용 노동자들입니다.

어찌 보면, 특수고용직 노동자들은 다른 비정규직 노동자들보다 더욱 불리한 여건에 있는 사람들이라고 볼 수도 있습니다. 계약직이나 파견직 노동자들은 비록 고용이 불안한 비정규직이지만 노동자라는 사실은 누구나 인정합니다. 그러나 특수고용직 노동자들을 바라보는 시각은 통일되어 있지 않습니다. "기업과 사용종속관계에 있는 명백한 노동자"라고 생각하는 사람들로부터 "개인기업체 사장이나 다름없는데 무슨 노동자냐"고 보는 사람까지 천차만별입니다. 기업을 경영하는 사람들은 물론 철저하게 특수고용직의 노동자성을 부인하는 입장을 갖고 있습니다.

이 노동자들은 대부분 예전에는 내용이나 형식이 모두 완벽한 노동자였다가 그 고용형태가 점차 특수고용직으로 변한 사람들입니다. 기업이 이들에 대한 노동법상의 책임을 덜고 각종 보험에 대한 부담도 없앨 뿐만 아니라 인건비 등을 절약하기 위한 방편으로 점차 개인 사업자 형태로 그

계약을 바꾸기 시작한 것입니다.

레미콘 기사, 학습지 교사, 보험 모집인 등 특수고용직 노동자들은 대부분 회사가 정한 시간에 맞춰 출근해야 하고, 회사의 명령과 지시에 따라 교육이나 회의에 참가해야 하고, 시간을 지키지 못하거나 지시를 이행하지 않았을 때에는 불이익 조치를 받습니다. 노무 제공의 시간과 장소에 대한 선택권도 없습니다. 거래처를 자유롭게 개척하는 것도 차단돼 있습니다. 내용상으로는 노동자라는 뜻입니다.

반면 근로기준법상 노동자가 아니라는 이유로 건강보험, 산재보험, 고용보험, 국민연금, 퇴직금 등 각종 사회복지제도의 혜택을 받지 못하고, 노동조합을 만들어서 자신들의 권리를 주장하는 것도 제한받고 있습니다.

선진국에서는 이런 형태의 계약을 맺은 사람들도 일반 노동자로 보아 그 권리를 보호하고 있습니다. 독일에서는 주유소를 운영하는 사업주에게까지 노동권을 보장합니다. 석유를 공급하는 정유업체 등에 의해 그들의 영업 방식이나 노무 형태가 큰 영향을 받는다고 보기 때문입니다. 회사와 분쟁이 발생할 때에는 노동법원에서 다루도록 규정하고 있으며, 휴가와 휴일에 대해서도 일반 노동자와 동등하게 대우하고 있습니다. 일본에서도 산재보험을 적용하는 등 특수고용직의 노동자성 인정을 공식화했습니다.

사람들의 권리가 이렇게 조금씩 확대되는 것이 우리 사회가 발전하는 방향입니다. 작년에 보험 모집인들의 노동자성에 대한 판단을 해야 하는 어느 위원회에서 제가 그 노동자성을 인정해야 한다고 주장했더니, 반대하는 사람들은 "보험 모집인을 근로자로 인정하면 우리나라 보험회사들이 퇴직금을 지급하느라고 모두 도산할 수밖에 없다. 10년 뒤에는 반드시 인정이 될 것이니 이제 그만 참으시라"고 저를 만류하기도 했습니다. 그러나 기업의 경영 사정 때문에 노동자 권리를 침해하는 법률적 판단이 이루어지는 것은 옳지 않습니다. 어차피 10년 후에 인정될 것이라면 한시라도 빨리 실현되는 것이 좋습니다. 지금 그 노동자성을 부인하는 사람들도 실제로는 특수고용직도 노동자일 수밖에 없다는 사실을 인정하고 있는 것입니다. 앞으로 노사정위원회와 노사관계발전추진위원회 등에서는 비정규직 노동자들의 문제와 함께 특수고용직 노동자들의 권리에 관해서도 반드시 성과가 있어야 할 것입니다.

한편 특수고용 노동자 스스로 자신이 노동자라는 인식을 갖는 것도 중요합니다. 특수고용 노동자들 중에는 기적적인 성과를 올려 신분 상승에 성공하는 사례가 있고, 매스컴에서 이것을 적극적으로 홍보한 때문인지 자신을 '사장'이라고 불러 주는 것을 좋아하면서, 노동자성을 인정받기 위해 활동하는 동료들을 이상한 눈으로 보는 사람들도 있습니다. 외부의 지원과 연대만으로는 문제가 해결되지 않습니다. 보험 모집인, 학습지 교사, 골프장 경기보조원, 레미콘 및 화물운송 노동자, 텔레마케터, 방송사 작가들은 노동자성을 인정받기 위해 활동하는 동료들에게 좀 더 관심을 가져 주시기를 부탁드립니다.

현대자동차 노동자들이 고임금이라구요?

이제 우리나라 국민 중에서 현대자동차 노동자들이 고임금을 받는다고 생각하지 않는 사람들은 거의 없는 상황이 되고 말았습니다. 그런데, 생산직 노동자들의 지나친 고임금을 지적하는 주장들은,

첫째, 언론의 보도 내용이 실제보다 훨씬 부풀려져 있어 사실과 다르고, 둘째, 언론의 주장에 동조하는 사람들의 비난 역시 우리 사회 임금에 대한 잘못된 인식에 기초하고 있으며, 셋째, 노동자들이 실제로 받는 임금은 살인적인 장시간 노동의 결과이고, 넷째, 우리 사회에서 실제로 고액 연봉을 받는 계층에 대한 지적을 간과하고 있다는 점에서 다시 생각해 봐야 할 문제점들을 갖고 있습니다.

우선, 현대자동차 노동자들의 임금에 대한 언론의 보도를 살펴보겠습니다. 그 기사를 쓴 기자들이 사실을 의도적으로 왜곡한 것이 아니라면 노동자 임금 구조에 대해 무식하다고 말할 수밖에 없습니다.

언론의 보도는 현대자동차 생산직 노동자의 평균연봉이 6천만 원을 넘는다는 것이 한결같은 내용입니다. 예를 들어 연합뉴스는 현대자동차의 15년차 생산직 평균연봉이 5천 400만 원이라면서 올해[2003] 임금협상에서 12%가 올라 이제 곧 6천만 원을 넘어선다고 보도했습니다. 이 보도 내용의 연봉 계산법에는 작년의 임금협상 내용을 미처 고려하지 못하고 있습니다. 현대자동차는 작년에도 성과급 200%에 격려금 100%+80만 원

을 지급했습니다. 금년에도 역시 성과급 200%에 격려금 100%+100만 원을 지급하기로 합의했습니다. 작년에도 성과급 200%, 금년에도 성과급 200%입니다. 작년에도 격려금 100%, 금년에도 격려금 100%에 다만 작년에는 +80만 원이었던 것이 금년에는 +100만 원이 된 것입니다. 작년에 비해 오른 것은 결국 20만 원뿐입니다. 연합뉴스는 이것을 550만 원이 인상됐다고 계산했습니다. 언론의 숱한 잘못 중에 한 가지 예만 설명한 것입니다.

두 번째, 현대자동차 노동자들의 고임금을 비난하는 주장들은 대부분 "고졸 생산직 십 몇 년차"라는 표현들을 사용하고 있습니다. 노동자들의 임금을 설명하면서 '고졸'이라는 학력을 강조하는 것은 우리 사회에서 고졸 노동자들의 임금이 대졸 노동자들의 임금보다 높은 것은 비정상적 상황이라는 편견에서 비롯된 것입니다. 학력간 임금 차별을 당연시하는 그릇된 인식의 결과입니다.

제 주변에서 현대자동차 노동자들의 고임금을 비난하는 동료들은 대개 "대학 졸업하고 회사 생활 십 몇 년째인 나도 얼마밖에 못 받는다"는 식으로 말하곤 했습니다. 고등학교밖에 졸업하지 못한 육체노동자가 대학을 졸업한 두뇌노동자 자신보다 더 많은 임금을 받는다는 것을 용납하지 못하겠다는 정서가 드러납니다. 고등학교를 졸업하고 생산직 노동자로 십여 년 일한 사람이 대학 졸업하고 박사학위를 받은 관리직보다 더 많은 임금을 받는다고 해서 그것이 잘못된 일은 아닙니다. 오히려, 힘들게 일하는 사람이 더 많은 임금을 받는 것이 정상적인 사회에 가까워지는 길입니다.

세 번째, 현대자동차 노동자들이 받는 임금은 과도한 장시간 노동의 결과입니다. 몇 년 전 평화시장에서 재단사로 일하는 노동자를 만난 적이 있었는데, 그 재단사는 당시 제가 받던 임금의 세 배 가량이나 되는 수입을 올리고 있었습니다. 제가 그 재단사에게 "그런 걸 보면 나 같은 월급쟁이가 제일 불쌍하다"고 했더니 그 재단사는 "보통 월급쟁이만큼만 일하면 나는 당신의 3분의 1도 벌지 못할 거요"라고 말했습니다.

현대자동차에서 1년에 5천만 원이 넘는 임금을 받는 생산직 노동자가 없는 것은 아닙니다. 그러나 작년에만 현대자동차에서는 14명의 노동자가 과로로 사망했고, 이들의 연간 노동시간은 모두 3천 시간이 넘었습니다. 주42시간을 기준으로 하면 표준근로시간보다 무려 1천 시간 정도를 더 일한 셈입니다. 이것은 1년에 이틀 정도를 제외한 모든 휴일에 근무하고, 평일에도 매일 2시간씩 잔업을 할 때 가능한 노동시간입니다.

네 번째, 작년도 한국 CEO의 평균연봉은 약 2억 6천만 원이었습니다. 제조업 노동자 평균연봉의 18배에 달합니다. 일본의 14배보다 차이가 매우 큽니다. 작년도 삼성전자 등기이사 7명의 평균연봉은 52억 원이 넘었습니다. 삼성SDI는 15억 8천만 원, CJ는 13억 9천만 원, SK텔레콤은 13억 원. 비교적 적은 편이라는 LG전자의 이사 평균연봉도 7억 2천만 원입니다. 이 수치는 주주총회에서 결정된 임원 보수총액을 등기이사 수로 나눈 것이라 실제 받는 금액과는 차이가 날 수 있습니다만, 실제로 이사들은 회사 주식을 보유함으로써 자신의 연봉보다 더 많은 수입을 올리기도 합니다.

삼성전자의 경우 임원과 직원간 연봉 격차는 100배가 넘습니다. 과연 이 사람들은 보통 인간보다 100배 더 훌륭하고 능력 있는 사람들일까요? 대기업 노동자들이 잔업철야 휴일특근으로 1년 동안 뼈빠지게 일하면서 5천만 원을 받는다고 분개하는 사람들은, 자신보다 100배가 넘는 고액 연봉을 받는 대기업 이사들의 임금에 대한 자신의 생각부터 정리해야 할 것입니다. 우리 사회가 바람직한 사회로 발전하기 위해서는 과연 누구의 고임금을 지적해야 할까요?

교섭 타결한 보건의료산업 노조와 금속 노조의 공통점

보건의료산업 노동조합과 금속산업 노동조합의 노사간 단체교섭이 타결되었다는 반가운 소식을 최근 며칠 동안 들을 수 있었습니다[2003.07].

어제부터 파업에 들어갈 예정이었던 서울대병원 등 국립대학 부속병원 네 곳과 고대의료원 등 사립대학교 부속병원 세 곳의 노동조합들은 파업 하루 전인 지난 15일까지 막판교섭과 밤샘교섭을 통해 모두 단체교섭을 노사간 합의로 타결했습니다.

언론들은 이에 대해 "의료 대란을 피할 수 있는 것이 무엇보다 다행"이라는 것을 강조했지만, 이러한 결과는 이후 진행되는 병원들의 단체교섭의 타결에도 긍정적 영향을 미칠 것이 분명합니다.

이번에 타결된 내용들은 의료의 공공성 강화, 인력 확보, 비정규직 정규직화와 차별철폐, 산별교섭 참가 등 예년에 병원 노동조합들이 요구한 내용과 대동소이한 것들이었습니다.

예년과 달리 병원의 단체교섭이 파업까지 이어지지 않고 속속 타결될 수 있었던 중요한 이유가 무엇일까요? 지난 화물운송노동자의 파업이나 조흥은행 노조의 파업이 타결된 것에 대해서 "친노동자적인 정부가 노동자들에게 지나치게 많이 양보했기 때문"이라고 비난했던 사람들도 이번 병원 노조와 금속 노조의 단체교섭 타결에 대해서는 그렇게 비난하지 못할 것입니다. 이번 단체교섭의 협상 및 체결에서 노동조합과의 협상 당사자는 정부가 아니라 철저하게 기업이었습니다.

이렇게 교섭이 타결될 수 있었던 것은 철도 노조 파업 이후에 드세진 노동조합 탄압에도 불구하고 병원 노동자들이 열심히 활동한 것에 물론 힘입은 바가 컸지만, 노동법과 관련된 일을 하는 사람으로서는 직권중재 제도에 대한 문제를 지적하지 않을 수 없습니다. 직권중재 제도는 그동안 병원 노동자들의 합법적인 파업을 불가능하게 만드는 조항으로 많은 사람들이 위헌성을 지적하기도 했고, 언젠가는 폐지될 수밖에 없는 제도입니다. 그런데 이번에는 정부가 직권중재에 대해 예년과 달리 신중하게 결정하겠다는 방침을 발표했고, 그 정부의 방침만으로도 교섭에 임하는 병원의 태도가 영향을 받았다는 측면을 무시할 수 없습니다. 그것은 그동안 잘못된 직권중재 제도가 병원, 철도, 발전 등 이른바 필수공익사업장 노동자들의 권리를 얼마나 심각하게 침해해 왔고, 그것으로 인해 우리 사회가 낭비한 사회적 비용이 얼마나 컸는지를 단적으로 설명하는 것입니다.

한편, 자동차 부품업체 등 100개의 사업장이 참여한 금속 노조 중앙교섭에서도 노사 대표가 기존 임금 수준의 저하 없는 주5일 근무제 등에 잠정합의했습니다. 이 합의안은 금속 노조 조합원들의 투표를 거쳐 100개 사업장 2만 2천 명의 조합원들에게 적용됩니다.

이번 합의는 주5일 근무제 관련 법안이 국회에 계류 중인 상황에서 노동조합과 기업이 먼저 합의했다는 중요한 의미를 갖습니다. 법률로 강제되기 전에 노사가 스스로 합의함으로써 실시 시기를 크게 앞당긴 것입니다.

반면 한국경영자총협회는 이러한 합의가 "매우 성급하고 위험한 판단"이라며 "다른 기업과 산업에까지 나쁜 영향을 미치지 않을까 우려된다"고 밝혔고, 기업이 이렇게 노동조합의 요구를 일정 부분 수용하는 태도를 보이자 "주5일 근무제를 노사간 단체교섭에 맡기지 말고 하루빨리 입법화해야 한다"고 지적하면서 권력에 기대려는 속성을 보이는 학자들도 있습니다.

이번에 단체교섭 타결의 성과를 올린 보건의료산업 노조와 금속 노조에는 공통점이 있습니다. 바로 우리나라에 몇 안 되는 산별 노조라는 것입니다. 산별 노조란 기업마다 개별적으로 노동조합을 만드는 것이 아니라 같은 업종의 노동자들이 소속된 기업은 다를지라도 하나의 노조에 가입하는 형태를 말합니다. 보건의료산업 노조와 금속 노조는 최근 몇 년 동안 기업별 노조를 지금과 같은 산별 노조로 바꾸기 위해 많은 노력을 기울여왔습니다.

그런데 외국의 노동자들은 우리나라 노동자들이 기업별 노조를 산별 노조로 전환하기 위해서 노력한다는 말을 들으면 잘 이해하지 못합니다. 왜냐하면, 노동조합은 본래가 산별 노조 형태이고 전 세계 대부분의 나라에서는 산별 노조 체제를 갖추고 있기 때문입니다. 기업별 노조가 기본적 형태인 나라는 거의 없습니다. 우리나라에서는 과거 군사 독재 정권이라는 기형적 과정을 거치면서 기업별 노조가 정착된 것입니다.

산별 노조의 단점을 자꾸 강조하면서 얼마 전 현대자동차 노동조합의 금속산별 노조 가입 결의가 조합원 투표에서 부결된 사실이나, 산별 노조 체제에서 기업별 노조로 역행하는 독일 금속 노조의 최근 경향에 애써 의미를 부여하려는 사람들도 있지만, 그것은 순리가 아닙니다. 산별 노조의 성과에 박수를 보냅니다.

SBS미디어넷 노동자들이
노숙농성 투쟁을 하는 이유

SBS미디어넷 사건의 경위를 조합원 두 사람의 입을 빌려 간단히 정리한다.

네티즌 사이에서 "모르면 간첩" 취급을 받는 홈페이지 '솔로문(http://solomoon.com)'의 운영자 손로문 동지와 우리 홈페이지 '복가'의 절친한 친구 이형돈 동지의 말을 주로 인용한다. 참고로, 손로문 씨가 헤어진 첫사랑을 그리워하며 만든 '솔로문' 홈페이지는 하루 방문자 15만 내지 20만 명, 40개의 게시판에 하루에 올라오는 새 글이 600 내지 700개, 동시접속 인원이 1,500명이나 되는 어마어마한 홈페이지다. 손로문 씨가 발송하는 이메일 잡지를 받아 보는 사람만도 20만 명이나 된다.

애초 국민체육진흥공단에서 운영하던 스포츠 채널 회사에 노동조합이 설립된 것은 1995년이었다. 1999년에 IMF 경제 위기를 맞아 공단이 스포츠채널 회사를 청산한다고 했을 때, 직원들은 스스로 1년 가까운 기간 동안 월급을 30만 원대로 낮춰 받으면서 회사를 살렸다. MBC로 넘어갈 것이 거의 확실해 보였던 그 회사를 SBS가 적극적으로 작전을 펴 인수했다.

"입찰을 통해 SBS가 회사를 인수한 뒤 근로조건은 전혀 나아지지 않았어요. 허울뿐인 'SBS 가족'이 됐지만 달라진 것은 없었습니다. 회사는 '흑자 경영이 될 때까지 잠깐만 참으라'고 했어요. '흑자를 기록하면 그때는 어떻게 어떻게 해 주겠다'는 말도 했습니다. 인수한 첫해에 57억 적자,

그 다음해에 17억 적자를 봤지만 올해에는 상반기에만 16억 흑자를 냈습니다."

"그런데 회사가 갑자기 분사를 하겠다면서 1주일 안에 하청회사로 갈건지, 아니면 회사를 그만둘 건지 결정하라는 겁니다. 자세한 분사계획도 제시하지 않은 채, 우리들이 결정하면 그 다음에 설명하겠다고 하는데, 이건 도대체 말이 안 되잖아요."

"'SBS미디어넷'에는 골프, 드라마, 스포츠 채널 이렇게 세 회사가 있는데 홍성완 씨가 새 사장으로 온 뒤부터 집요하게 노동조합 와해공작이 진행됐어요. '노동조합에서 탈퇴하면 이렇게 해 주겠다. 노동조합을 아예 해산해 버리면 저렇게 해 주겠다. 그러나 노동조합에 남아 있으면 그때는 이렇게 하겠다'는 식으로. 결국 골프와 드라마 채널에는 노조가 없어지고 우리 스포츠 채널에만 노동조합이 남았는데, 다른 채널 직원들은 그냥 다 놔둔 채, 노동조합이 있는 우리 스포츠 채널 직원들만 하청회사로 가서 용역노동자가 되라는 거예요. 이건 너무나 명백하게 속이 들여다보이잖아요. 경영합리화는 말뿐이고 실제 목적은 노동조합을 없애겠다는 거지요."

SBS미디어넷 사장과 경영진의 공격적인 노조 탄압 배후에는 SBS 윤세영 회장의 지시나 묵계가 있었다는 것이 SBS미디어넷 노조의 상급기관인 전국언론 노동조합의 판단이다.

49명의 조합원들이 자회사로 갈 것을 거부하고 파업을 시작했는데 지금은 37명만 남았다. "이제는 정말로 남을 사람만 남은 것"이다. 회사는 지난 12월 3일에 조합원 33명을 정리해고했고, 그날부터 조합원들은 여의도 SBS본사 앞 도로에서 노숙농성에 들어갔다. 지난 10월에 일찍이 징계해고 당한 사람들까지 포함해 현재 남은 조합원들은 모두 해고 노동자다.

노동법을 붙들고 먹고 산 세월이 20년쯤 되는 내 경험에 비추어 SBS미디어넷의 해고는 부당해고라고 볼 수밖에 없다. 그것을 증명하듯 최근 노동조합은 몇 개의 법률적 판단에서 작은 승리들을 거뒀다. 회사가 노동조합의 대자보 내용을 명예훼손으로 문제삼았지만 '혐의 없음'으로 처리됐고, 회사가 제기한 집회금지 가처분 신청 또한 80데시벨이 넘지 않는 범위 안에서 허용해야 한다는 판결을 받았고, 노동조합이 제기한 출입방해금지가처분신청 역시 법원에 의해 받아들여졌다. "회사는 노조 사무실을 폐쇄할 수 없고 조합원들이나 노조 연합단체 소속 노동자들이 사무실에 출입하는 것을 방해할 수 없다"는 것이 그 결정의 내용이다.

"회사도 자신들의 행위가 불법·탈법이라는 것을 알고 있을 거예요. 그렇지만 나중에 저희들을 다시 복직시켜야 한다는 법률적 판단을 받는다 해도 그때까지 조합원 숫자를 최소한으로 줄일 데까지는 줄여 보겠다는 속셈인 겁니다. 그러니까 우리는 절대로 자회사로 갈 수가 없는 거예요. 지금 남아 있는 조합원들은 별로 갈등도 없어요. 어느 것이 옳은지 너무 명백한 선택이니까요."

조합원들이 교대로 슬리핑백 속에 들어가 잠을 자면서 노숙농성을 벌인다. 동료 이형돈 씨의 말에 따르면 "다른 사람보다 두 배나 더 많이 노숙에 참여하는" 열성 조합원 손로문 씨. 그러나 그가 처음부터 투사였던 것은 아니다.

"저는 노동운동에 관심 가진 적이 없었어요. 다른 동료들은 처음부터 '이것은 말도 안 된다'는 확고한 의지로 파업에 참여했지만 나는 그저 '동료들과 함께 해야 한다'는 생각이 더 강했어요. 나는 그때까지 조·중·동이 왜 쓰레기인지도 몰랐고, 제 홈페이지에 있는 '사랑', '이별', '여행' 그런 내용들에 대해서만 주로 관심이 있는 사람이었는데, 파업하면서 자료도 찾아보고 여기저기 물어보고 하니까, 내가 30여 년 동안 깜박 속고 살아왔구나 싶은 거예요. 처음에는 파업하면서 다른 사람들에게 불편을 끼치는 것에 눈치가 보이기도 했어요. 그런데 알고 보니 우리의 행동이 다른 사람들의 행복한 삶에도 도움이 되는 정당한 싸움인 거예요. 파업하지 않았으면 평생 깨닫지 못하고 살 뻔했어요. 지금 싸우면서 배우는 것들이 너무 재미있어서 다른 갈등을 느낄 짬도 없습니다."

역시 '파업은 노동자의 학교'라는 말은 만고불변의 진리다.

"우리는 월급 더 올려달라고 하는 거 아니에요. 주5일 근무하게 해 달라는 것도 아닙니다. 구조 조정을 해야 하는 상황이라면 충분히 이해합니다. 그렇지만 우리 회사는 이제 막 정상화돼 가는 중입니다. 처음으로 흑자를 내기 시작했구요. 그런 시점에서 직원 일부를 줄이는 것도 아니고 반은 용역을 만들고 반은 자르고 결국 프로그램 제작 직원이 전혀 없는 이상한 회사를 만들겠다는 것은 도저히 이해하지 못하겠습니다. 제가 생각하기에 회사는 가장 중요한 걸 잊은 것 같습니다. 무엇보다 사람이 우선이라는 것······."

이야기를 듣다가 갑자기 머리에서 발끝까지 갑자기 전율이 흘렀다. '솔로문' 홈페이지의 다정다감하기 이를 데 없는 내용들이 살벌한 노숙 투쟁과 만나는 지점이 바로 그곳이었던 것이다. 인간이 우선이라는 것, 그것이 우리의 미남 청년 '솔로문'을 투사로 만든 이유였던 것이다.

현재 SBS미디어넷 노동자들의 가장 큰 소원은 아주 간단하다. '현장복귀' 그 소원이 이루어지는 세상, 그런 나라에 살고 싶다.

끝으로, 조합원 오성훈 동지의 글을 덧붙인다.

"벌써 노숙 투쟁을 시작한 지 20일이라는 시간이 흘렀다. 파업 투쟁 80일이라는 시간 속에서 더 힘든 날인 20일이었다. 추위와 싸우고 또 경찰에 의해 연행되어 가면서까지 우리는 이 투쟁을 계속 이어가고 있다. 하지만, 그렇게 추위에 의해, 경찰들에 의해 깨지고 있는 중 우리들은 더 깨어나고 있었다. 굳이 우리의 노숙 투쟁을 반대하는 이유가 뭘까? 더군다나 SBS 사장의 지시 아래 우리의 노숙 투쟁을 진압하려던 까닭은 무엇일까?

우리들의 노숙 투쟁을 반대하는 그들의 목적은 바로 우리 자신들이 깨어나고 있다는 걸 두려워하기 때문일 것이다. 우리는 이러한 노숙 투쟁에서 우리 동지들간의 하나된 단결력을 더 배워 나가고 있는 것이다. 서로의 체온을 느끼면서, 추위를 이겨 나가는, 우리의 단결된 힘을 결코 어느 누구도 깨뜨리지 못할 것이다. 이제 그들도 자포자기한 상태이다. 우리의 조직력과 단결을 자신들의 힘으로 깨기 어렵다고 본 모양이다.

처음 노숙 투쟁에 들어가던 날 우리 동지들이 경찰에 의해 연행되고, 조사를 받을 때 그 어느 누구도 노숙 투쟁을 그만하자고 말하는 사람이 없었다. 오히려 더 많은 사람들이 이럴수록 더 해야 한다고 입을 모았다. 나는 이번 노숙 투쟁에서 나의 동지들이 강하다는 걸 느꼈다. 그래서, 더더욱 반드시 승리할 수 있을 것이라고 본다. 우리가 회사에 들어가서 이 일들을 추억으로 얘기할 수 있는 그날을 위해 끝까지 투쟁하자!"

﹡2003년 7월 15일, 280여 일을 끌어온 SBS미디어넷 사태가 결국 희망퇴직과 분사의 형태로 마무리됐다. 미디어넷의 산별노조인 언론노조 신학림 위원장과 미디어넷 홍성완 사장은 15일 그동안 원직복직을 요구해 온 35명의 해고 노동자들 가운데 18명은 새 분사회사로 가고 나머지 17명은 희망퇴직을 하기로 하는 안에 합의했다. 새 분사회사는 자본금 1억 원에 스포츠채널이 14%의 지분을 갖고 나머지는 사원주주 형식을 취하기로 했으며, 희망퇴직자는 21개월 치의 급여를 위로금으로 받기로 했다. 양쪽은 또 그동안 서로에게 제기했던 각종 민형사상 고발 조처를 모두 취하하고 회사 쪽은 조합원들에 대한 가압류 조처도 풀기로 했다. _「한겨레」, 2003.07.17.

지하철 노동자들이여,
우리 KBS 노조도 애쓰고 있다

KBS 노동조합에 단체교섭 교육을 하러 갔는데 노조 사무실이 텅 비어 있었다. "노조 간부들이 지금 철야농성하느라고 본관에 올라갔으니 조금만 기다려 달라"고 한다. 웬 농성? 서울지하철 노조의 파업에 대한 방송국 해설위원들의 해설이 지나치게 공정성을 잃은 것을 문제 삼아 KBS 노동조합 간부들이 며칠째 철야농성 중이라는 것이다.

'지하철 노동조합의 간부들이 항의하러 온 것이 아니라, KBS 노동조합의 간부들이 항의 농성을 하고 있단 말이지. 내부에서 이렇게 공정보도를 위해서 애쓰고 있었단 말이지. 자신들의 실추된 명예에 대해 분노하고 있었단 말이지…….'

기다리면서, 나는 흔한 말로 '감동 먹었다.'

지하철의 파업에 대해 언론은 "시민의 발을 볼모로 하는 불법 파업은 안 된다"는 일방적 비난으로 융단폭격을 했고, 제도 언론 외에는 별다른 정보의 통로가 없는 많은 시민들 역시 방송에서 들은 말을 앵무새처럼 되풀이할 수밖에 없었다. 진실을 조금이라도 더 알고 있는 사람들은 인터넷 등의 매체를 통해서 시민들의 여론을 환기시키고자 노력했다. 그러자 내가 아는 어떤 '시민'은 이렇게 항의했다.

"우리를 왜 언론에 의해 놀아나는 바보로 취급하느냐? 우리도 신문이나 방송을 보면서 어느 것이 거짓이고 어느 것이 진실인지 정도는 구분할 수 있다."

그러나 절대로 아니다. '구분할 수 있다'고 생각하는 오만이 그 사람을 더욱 바보로 만드는 것이다. 나 역시 방송의 '해설'이라는 것을 꾸준히 듣고 보았지만 '으레 그러려니……' 하는 생각으로 지켜보았기 때문인지, 그 해설이 방송사 직원들까지 문제 삼을 정도로 그렇게 형편없이 노동자들만 매도한 것이라고 분개하지는 못했다. 평소 노동자들의 실상을 어느 정도 이해하고 있다고 건방을 떠는 내가 그 정도였으니 일반 시민들은 오죽했으랴.

KBS의 노사는 장시간 격론 끝에 문제가 된 해설위원들에게 그 편파성의 정도에 따라 '3개월 방송 출연 금지' 또는 '서면경고'의 징계를 한다는 선까지 잠정 합의했지만 방송사 측에서 '그 징계 결정을 대외적으로 공표하지 않는다'는 단서를 요구해 결국 결렬되고 말았다. 그렇지만 얼마나 편파적이었으면 회사가 결국 그러한 징계에까지 합의했으랴.

KBS 노동조합으로서는 '대외적으로 공표하지 않는다'는 단서를 도저히 받아들일 수 없었다. 그런 사실들이 알려져야만 10년 넘는 세월 동안 쌓아 올린 언론민주화의 성과를 지키기 위한 노력이 내부에서 그렇게 계속되고 있다는 것을 사람들이 알게 되는 것이다. 그래야만 자신들의 훼손된 명예가 회복될 수 있는 것이다. 현장을 뛰어다니면서 열심히 취재해 온 기자들이 다음에 다시 찾아갔을 때 노동자들에게 돌멩이를 맞지 않으려면 그들의 노력은 외부에 알려져야만 했다.

명동에 있는 은행연합회관에서 서울은행 노동조합 교육을 하면서 나는 "KBS의 노동자들이 내부에서 그렇게 노력하고 있더라"는 말을 전했다. 오전 교육을 마치고 간부들과 함께 점심을 먹을 때 노동조합 교육부장이 말했다.

"오후에 교육하실 때는요. 그렇게 막연하게 말씀하시지 말고, 구체적으로 무엇이 편파 왜곡 보도였는지 좀 더 구체적으로 말씀해 주시는 게 좋겠어요."

　점심식사를 마치고 노조 간부들이 차를 한 잔 같이 하자고 했지만 나는 "차 마실 약속이 따로 있다"고 핑계를 대고 빠져나와 길 건너편 명동성당 입구로 갔다. 텐트를 치고 농성 중이던 서울지하철 노조의 간부들과 석치순 위원장을 만났다. 석 위원장에게 서울은행 노동조합 교육부장의 말을 전하니 사람 좋은 석 위원장이 웃으면서 농담을 한다.

　"직접 와서 물어 보라고 하세요. 바로 길 건너편에 있다면서, 별로 멀지도 않은데……."

　사람들에게 수십 번도 더 한 얘기겠지만 석 위원장은 친절하게 다시 설명하기 시작했다.

　"우리가 파업할 수밖에 없었던 원인을 언론이 사실대로 보도할 거라고는 처음부터 기대하지 않았어요. '시민의 발을 볼모로 하는 불법 파업이다' 이것도 충분히 예상했던 거구요. 그렇지만, 분명히 여기 1,200명이 모여 앉아 있는데 왜 300명밖에 없다고 뉴스에 나오냐구요. 파업 복귀율이 5% 미만인데도 왜 20%라고 하냐구요. 우리 파업은 사실 복귀율 싸움이잖아요. 복귀하려는 조합원들을 명동성당에서 노동조합이 감금하고 있다? 감금한다고 당하고 있을 조합원이 누가 있겠어요. 우리 노동자를 너무 우습게 보는 거지요. [1999]4월 26일에는 파업을 풀 명분이 없으니까 위원장이 오히려 공권력 투입을 요청했다? 이건 도대체 어디서 나온 말인지 나도 모르겠어요. 도덕적으로 우월하다는 것이 곧 우리의 힘 아닙니까? 우리의 도덕성에 치명적인 손상을 주는 그런 말들을 어떻게 그렇게 쉽게 할 수 있는 것인지……."

　마침 그날 경찰서에 자진 출두하기 위해 명동성당을 빠져나가는 노조 간부들을 배웅하고 나는 다시 서울은행 노동조합으로 갔다. 간부들은 그날 저녁 대부분 구속되었다.

　우리의 언론이 언제 "필수공익사업인 지하철 노동자들은 합법적 파업이 원천적으로 불가능하다. 그렇게 규정한 우리나라 노동법은 불합리하다"고 보도한 적이 있었던가. "파업은 사회에 혼란을 야기하는 불순한 행동이 아니라 헌법에 의해 보장된, 어찌 보면 노동자들의 가장 온건한 투쟁 수단"이라고 설명한 적이 있었던가. "이번 서울지하철의 파업은 공사측의 일방적 단체협약 위반 행위가 그 시발점이었다"고 보도한 적이 있었던가.

최소한 우리의 언론은 과거의 행태와 조금도 다름없이 노동자들의 진실을 외면하고 있다는 것을 알아 두자. 세상은 조금 달라졌을지 모르나 언론은 전혀 달라지지 않았다는 것을 알아 두자. 최소한 지금 '국민의 정부'는 과거 어느 정권보다도 더욱 가혹하고 세련된 방법으로 노동조합을 탄압하고 있다는 것을 알아 두자. 구속된 양심수의 숫자가 과거 어느 정권보다 많다는 것을 알아 두자. 그러한 결과들은 정권 담당자의 역사의식과 가치철학에서 비롯된 일관성 있는 정책 때문에 빚어진 것이 아니라 "지난 선거에서 우리를 지지하지 않은 놈들, 도와줘 봐야 백해무익한 사람들"이라는 민주노총에 대한 원시적이고도 단편적인 시각에서 비롯되고 있다는 것을 알아 두자. 그런 유치한 생각이 정책 결정 과정에서 힘을 발휘한다는 것은 정말 슬픈 일이지만, 현실이다. 1999년 초, 한화갑 당시 국민회의 원내총무를 국회 토론회에서 만났을 때, 내 명함을 받아든 한화갑 씨가 나한테 조심스럽게 한 첫 질문은 "민주노총과는 어떤 관계입니까?"였다.

최근에 나는 서울지하철 노조의 명동성당 농성 당시 노조 규찰대의 활동에 대해 명동성당의 어느 신부가 쓴 문건을 얻었다. 그 문건에는 천여 명의 노동자가 단 한 개의 옥외 화장실을 사용하면서도 질서를 지킬 수 있었던 일, 노동자들이 스스로 주변 초등학교·여중고교·수녀원의 출입을 통제할 수 있었던 일, 술의 반입과 고성방가 등을 통제할 수 있었던 일, 결혼식 하객들의 차량을 안내하고 혼주들에게 사과의 뜻으로 축의금을 전달했던 "이 놀라운 일들이 모두 노동조합 규찰대의 역할로 가능했다"고 감명 깊게 밝히고 있다. 그것이 바로 수천 명의 조합원을 명동성당에 감금했다고 언론이 비난한 '서울지하철 노조 규찰대 사건'의 진상이다.

이 '거짓의 가면'을 뚫고 우리나라 시민들도 어서 빨리 "지금 불편하다고 우리가 노동자들의 파업을 비난하면 언젠가는 권력과 자본의 칼날이 우리의 목을 노릴 것이다"라고 말할 줄 아는 '똘레랑스'를 지하철 노동자들에게 '희망의 약속'으로 주자.

---

*1999년 4월, 서울지하철 노조가 파업을 했다. 언론들은 지하철 노조의 파업 원인과 배경은 외면한 채 '시민의 발을 볼모로 한 불법파업'임을 강조했다. '노조원, 지하철 고의 고장 의혹', '규찰대, 조합원 감금 의혹' 등 검찰과 공사의 유언비어를 보도해 노조에 불리한 여론을 조성했다. 당시 지하철 노조는 허위왜곡보도 21건에 대해 언론중재와 소송을 제기한 바 있다.

병원 노조 활동, 올바로 평가돼야
_민주노총 노동방송 〈우문숙의 시사광장〉 "집중 점검" 인터뷰

"집중 점검" 시간입니다. 오늘은 여러분께 새로운 분을 소개합니다. 한울 노동문제연구소 소장이기도 하고요. 전국에 있는 노동현장 곳곳을 다니면서 노동자들의 권리를 위해서 불면불휴 교육을 하시고 공부를 하러 다니시는 하종강 선생님입니다.

우문숙 · 안녕하세요.

하종강 · 안녕하세요.

우문숙 · 제가 설명을 잘 드렸습니까?

하종강 · 네.

우문숙 · 그렇군요.

하종강 · 공부를 많이 한다고 했는데, 별로 못하고 있습니다. 바빠서.

우문숙 · 노동자들에게 배우는 것도 많을 테니깐.

하종강 · 아, 그거 얘기하는 거군요.

우문숙 · 오늘은 현장에 가지 않으셨나요?

하종강 · 오늘은 대학에서 수업이 있는 날이라서요.

우문숙 · 아, 그렇군요. 이제 교수님도 되셨군요. 알겠습니다. 그러면 앞으로 하종강의 집중점검 시간에는 어떤 내용을 듣게 될지에 대해서 잠시 말씀 듣겠습니다.

하종강 • 제가 전혀 못하는 얘기가 있는데요. 어렵고 딱딱하고 거창한 얘기는 제가 잘 못 합니다. 그래서 이 시간에는 좀 쉽고 부드럽고 소박한 얘기를 해 볼까 생각 중입니다.

우문숙 • 그렇군요. 저도 그런 얘기가 정말 듣고 싶습니다. 청취자들도 마찬가지일 거라는 생각이 들고요.

하종강 • 다른 얘기들은 또 다른 분들이 많이 하고 계시니까요.

우문숙 • 네, 그렇죠. 그래서 오늘도 아주 따끈따끈한 소식이 있다고 들었습니다. 어떤 소식입니까?

하종강 • 이미 알고 있을지 모르겠는데 제가 어제 집에 가는 길에 전화 한 통화를 받았습니다. 그런데 다짜고짜 전화한 여성이 "소장님, 우리 이겼어요!"라고 외치는 겁니다. 그래서 제가 "거기가 어딘데요?" 그러니까, "성모○○병원이요" 그러더군요. 병원 측이 방금 전에 원직복직 결정을 통보했다고, 그래서 그동안 도움을 주셨던 분들에게 쭉 알리는 거라고 하는데 전화를 받고 나서, 아주머니 노동자들이 그동안 싸우면서 "우리 이겼어요!" 그 말을 얼마나 하고 싶었을까 그 생각하느라고 숙연한 마음이 들었습니다.

우문숙 • 그렇군요. 우리 성모○○병원 어머니들, 그때 우리 방송국에 오셨을 때도 보니깐, 유니폼 그대로 입으시고 투쟁하신다 그래요. 머리도 삭발을 해서 짧은 머리를 하고 오셨는데, 그동안 여러 가지 일들을 당했다, 별별 일들이 다 있었다고 들었습니다.

하종강 • 원장수녀님 얘기를 해 볼게요. 그 병원 원장수녀님이 나이가 많은 분입니다. 환갑이 훨씬 지난 사람인데. 가톨릭 안에 보면 병원, 학교 등 운영하는 사업장이 상당히 많이 있습니다. 여러 사업체를 두루 다 거치고 경영능력을 인정받은 굉장히 유능한 수녀입니다. 그리고 그동안 거쳤던 사업장에서 원장수녀가 원하는 대로 안 된 적이 없다는 얘기를 듣는 사람입니다. 그동안 청와대, 국회, 검찰의 높은 사람들과 잘 알고 지내고 있고 엘리트 집단에 막강한 인력풀을 가지고 있는 사람입니다. 정당대표하고 직접 통화하는 수준이라고 해요. 문○○ 대표가 가톨릭 신도회장인가 이런 것을 맡았던 적이 있었다라는 얘기도 있던데 자세히는 모르겠어요.

그래서 이 사건을 처리하는 지역의 경찰서, 노동지방사무소, 검찰, 공무원들이 위에서 걸려 오는 전화 받느라고 바빴다고 하니, 그 아줌마 노동자 30여 명이 대한민국 거대한 국가권력과 맞서는 그런 형국이었죠. 그 지방노동사무소장이 어렵게 원장수녀를 만나서 얘기를 했는데, 자기가 봤을 때 도저히 말이 안 되는 일이니깐, 그 원장수녀한테 "노동조합과 한 번쯤 협상해 보시죠" 이렇게 권했을 때 그 원장수녀가 한 얘기는 아마 다 알고 계시죠? 많이 알려져서.

그 원장수녀가 얼굴빛 하나 바꾸지 않고 "예수님도 마귀와 협상하지 않았습니다" 이렇게 답했다는 게 바로 그 사업장이거든요.

우문숙 • 아, 그렇군요. 명언입니다. 이 말이 다른 곳에 쓰였다면 맞을 수도 있었겠다는 생각이 듭니다. 그러면서 다행스럽게도 지방노동위원회가 지난 8월 23일에 성모○○병원 영양과 아주머니 노동자들에 대한 외주용역 전환에 따른 해고는 부당한 해고이므로 원직에 복직시켜야 한다는 결정을 했는데도, 그동안 별로 효과가 없었나요?

하종강 • 지노위의 결정 정도를 무서워하는 사람이 아니죠. 이 원장이…….

성모○○병원 단체협약에는 "각종 징계 및 해고가 노동위원회에서 부당해고로 판명되었을 때에는 병원이 불복해서 재심 및 행정소송을 제기하더라도 결정서 접수하면서 동시에 징계 무효 처분을 하고 정상 출근했더라면 받았을 임금의 150%를 지급한다"는 내용의 규정이 있는데도 병원은 그 결정이 내려지고 보름이 되도록 '묵묵부답'으로 일관했습니다.

그래서 그 부당해고 결정 이후에도 영양과 조합원 20여 명은 매일 아침 오전 9시에 출근해서 병원과 병원을 운영하는 한국○○○○ 수녀회 앞에서 계속 복직 투쟁을 했습니다.

우문숙 • 그럼 이분들이 임금 150%를 지급받습니까?
하종강 • 아직까지는 받지 못하셨지만 포기하지 않으면 받게 될 겁니다.

우문숙 • 조합원들은 그동안 '환자배식 투쟁'이란 걸 했다면서요? 그게 어떤 투쟁인가요?
하종강 • 병원이 가처분 신청을 해서 해고된 영양과 조합원들은 자기들이 일하던 조리실 문고리조차 잡을 수가 없었습니다. 용역 직원들이 환자들에게 식사를 나눠 줄 때, 전에 일할 때 입었던 앞치마를 두르고 옆에 바짝 붙어 따라다니는 거지요. 처음엔 용역 회사 직원들과 관계가 좋지 않았지만 지금은 용역 회사 직원들도 "우리도 당신들 같은 입장이라면 그렇게 했을 것"이라며 이해하고, 해고된 영양과 조합원들도 "우리가 다시 돌아가면 저들도 피해자가 될 것"이라며 조금은 안쓰러워하고 그랬습니다.

우문숙 • 이심전심 동병상련이라고 할 수 있겠습니다. 그래서 결국 단식농성까지 하게 됐던 것이로군요.
하종강 • 조합원들 중에 3명이 지난 5일부터 '무기한 단식농성'에 들어갔는데 이 분들 나이가 37, 48, 51세입니다. 길게 싸우겠다는 각오를 하고 추석에도 농성 당번을 배치했다고 하더군요. 추석 농성 당번이 황정옥 조합원이었는데 이 분이 말씀하시기를 "추석은 내년에도 내후년에도 있지만 복직은 올해를 넘기면 안 될 것 같다"고 했습니다. 그랬는데, 어제 오후 늦게 병원 측이 드디어 원직복직시키겠다고 밝힌 겁니다. 어제 소식을 전해 준 사람은 보건의료산업 노조의 홍명옥 부위원장인데, 홍명옥 씨가 바로 성모○○병원 출신이고 이 싸움을 처음부터 끝까지 옆에서 함께 한 사람입니다. 홍명옥 씨 아니었으면 이 싸움이 이렇게 길게 이어지지 못했을 겁니다. 홍명옥 씨가 어제 "우리 아줌마들이 그동안 너무 잘 싸워 줬어요"라고 말하던 목소리가 아직도 귀에 생생합니다.

우문숙 • 네 그렇군요. 그 아줌마 노동자들이 이번 추석에 가족들과 함께 시간을 보낼 수 있게 되어 참 다행입니다. 그런데, 가톨릭 계통의 병원이 다른 병원보다 노사관계가 더 악화돼 있는 것처럼 보이는데 그 이유가 뭘까요?

하종강 • 크게 두 가지 정도입니다. 우리 사회는 노동조합의 권리를 이해하는 수준이 다른 나라에 비해 굉장히 저급하고 천박한 나라인데요. 다른 나라는 모두 학교에서 노동자의 권리를 가르치는데 우린 전혀 가르치지 않고 수십 년 동안 제도권 언론이 노동문제를 왜곡해서 전달해 왔습니다. 그로 인해, 노동문제에 대해 갖고 있는 지식이 얼마나 잘못된 것인지 모르는 것은 신부님이나 수녀님들도 마찬가집니다. 그러니까 명동성당에서 농성하고 있는 노동자들에게 더 이상 성당을 노동자들의 투쟁으로 더럽힐 수 없다면서 천막을 막 부수는 신부와 수녀들이 생기는 겁니다. 노동문제에 무지할 뿐만 아니라 여기에 근본주의 또는 보수주의적 신앙이 결합하면 그땐 더 이상 대책이 없습니다. 신부님이나 수녀님들 중에서 노동조합과 맞서 싸우는 것을 마치 정의의 투쟁처럼 착각하는 사람들이 우리나라에 있는 거죠.

또 하나는 대전성모병원이 몇 년 전에 노동조합을 거의 초토화시

컸던, 그래서 마지막에 두 명의 조합원만 남았던 일이 있었으니까 대전성모병원은 노조를 탄압할 때 일어나는 모든 일이 다 벌어졌다고 볼 수 있는데요. 제가 1998년 당시에 대전성모병원과 관련된 자료를 찾아보았는데 이런 표현이 있었습니다.

"갑자기 노조사무실 문을 박차고 들어온 구사대 100여 명은 입에 담기도 어려운 온갖 폭언과 폭력을 자행했다."

그 다음에 그 사람들이 사용했던 폭언은 제가 방송이니까 차마 인용하지 못하겠고요.

"이들의 사무실 난입은 이대진 전위원장을 복도로 끌고 나와 불을 끄고 폭행하는 등의 조직적이고 계획적이었으며, 심지어 급소인 사타구니를 걷어차서 사타구니 바로 옆 허벅지에 직경 10cm 크기의 피멍이 드는 등 온몸에 타박상과 찰과상이 나 있는 상태였다. 해고자인 한신희 씨와 이은희 씨는 안경을 벗긴 채 구타당했고, 한신희 씨가 울부짖자 주차장으로 끌고 나와 주차장 바닥에 내던지고는 구사대 50여 명이 달려들어 환자와 보호자들이 지켜보는 가운데 폭행하였다. 폭행은 정도를 지나쳐 옷을 잡고 끌어내는 과정에서 윗도리가 벗겨져 브래지어와 맨살이 드러났으며, 심지어 허리띠까지 강제로 풀어헤쳐 팬티까지 보이게 하는 등 성폭행마저도 자행하였다."

이를 말리려는 박민숙 전사무장에게(이 박민숙 전사무장이 지금 보건의료 노조 충남대전 본부장입니다)

"이 사람들이 달려들어 주차장 바닥에 쓰러뜨려 놓고는 머리채를 잡고 얼굴을 긁어 찰과상을 입히고 이런 일들이 계속 일어났는데……"

그래서 (한국의 여성단체들이 총망라돼 진행하는 행사인) 1999년 '제21회 한국여성대회'에서 대전성모병원의 윤○○원장(신부)은 "종교인으로서 소외된 자들의 안식처이기를 포기하고 노조 탄압·여성폭행 방조" 했다는 이유로 "올해의 성평등 걸림돌"로 선정되기도 했습니다.

우문숙 • 그렇군요.

하종강 • 대전성모병원에서 그렇게 노동조합을 아주 무력화시킨 사례가 있으니깐 다른 성모병원에서도 '저렇게 해 보자' 이런 생각을 하게 된 겁니다.

우문숙 • 대전성모병원은 정말 유명하죠?

하종강 • 어제도 제가 포항에 기독교정신을 표방하고 있는 병원 노조 위원장을 만났더니, (그 병원 직원들은 대부분 교회를 다니고 가족들도 대부분 교회를 다니고 있는 곳인데) 노동조합 위원장의 어머니가 위원장을 만나더니 "믿는 사람은 노동조합 하는 거 아니야" 그랬다고 어떻게 하면 좋겠냐고 그러더군요.

우문숙 • 숭고한 봉사정신으로 봉사를 해야지. 자신의 어떤 권리를 위해서 (하면 안 된다는 거지요)……

하종강 • 사실 기독교가 노동자에게 굉장한 애정을 갖고 있는 종교입니다. 올바로 이해를 하면요. 기독교가 450년 동안 이집트에서 노예생활을 하던 히브리 노예들로부터 시작된 종교이기 때문이에요. 영화 '십계'가 바로 모세라는 훌륭한 지도자를 만난 뒤에 일어난 노예 해방 투쟁 이야기거든요. 기독교가 그때부터 시작된 것이기 때문에 실제로 올바로 기독교를 이해하면 노동문제에 대해 관심을 가질 수밖에 없는데 한국 사회는 기형적으로 기복주의적인 신앙이 넓게 자리 잡은 거죠. 예수가 스스로 목수였던, 노동자였거든요.

우문숙 • 그럼 대전성모병원은 지금 어떤 상황입니까?
하종강 • 대전성모병원에 대해서는, 최근에 다른 성모병원의 조합원이 쓴 '조합원들께 드리는 글'에 얘기가 잠깐 나오는데 그걸 인용해 볼게요.

"노조 명색만 남아 있는 대전성모병원은 현재 연봉제로 전환되어서 모든 연장 수당이 없어지고 학자금도 없어지고 다른 성모병원과 비교해 연봉 1,000만 원 내지 1,500만 원의 임금이 삭감됐습니다. 8년 전 당시 구사대의 핵심인 방사선과, 임상병리과 직원들은 대부분 토사구팽되어 짤리거나 스스로 그만 두었습니다. 신인사제도와 연봉제의 효과는 우리가 몸으로 느낄 수 있을 만큼 악독합니다. 조합원 여러분, 노동조합이 왜 필요한지를 알고 싶다면 대전성모병원의 선배, 동료, 후배들에게 물어 보세요. 그들은 지금 땅을 치며 후회하고 있습니다."

노동자 입장에서는 땅을 치며 후회하고 있겠지만, 병원 입장에서는 회심의 미소를 짓겠지요. 그러니까 다른 성모병원 경영자 입장에서는 '대전성모병원처럼 해 보자' 이런 생각을 가질 수밖에 없는 겁니다.

우문숙 • 우리나라에서 전례가 되면 안 되는데 정말 노조 탄압의 가장 악랄한 그러한 하나의 사례가 되겠다는 생각이 듭니다. 병원의 노사관계에서 벌어지는 이런 일들을 보면서 우리가 중요하게 생각해야 할 점은 어떤 것입니까?
하종강 • 병원 노동조합 활동이 우리 사회 전체에 미치는 영향을 올바르게 이해하는 것이 제가 볼 때는 가장 중요합니다. 만일 노동조합 활동이나 노동운동이 노동자에게 유익할 뿐 사회 전체에 해롭다면 하지 말아야 합니다. 노동조합이라는 조합이 사회 전체에 유익한 조직이 아니라면 빨리 해체해 버려야겠죠. 만일 노동조합이 사회에 해로운 조직이라면 전 세계 거의 모든 나라가 노동조합을 가장 기본적인 권리로 규정하고, 대한민국도 이를 헌법에서 보장할 이유가 없는 것이거든요. 한번은 제가 강의하면서 노동조합이 사회에 얼마나 유익한지를 설명하다, 그 예로 방송 노조의 활동으로 방송 내용이 공정해지고, 외국에 판사 노조가 만들어지면서 판결이 굉장히 공정해지고, 전교조가 학교 교육을 올바로 세우는 데 얼마나 많이 기여를 했는가를 열심히 설명하고 있었습니다. 그러자 노동조합에 대해서 부정적인 선입견을 가지고 있는 관리자 한 사람이 손을 번쩍 들고 아주 의기 양양하게 저에게 물어보기를 "그렇다면 인간의 생명을 다루는 병원 노조의 파업에 대해서는 어떻게 이해할 수 있겠습니까?"라고 묻더군요. 이제 그것에 대해 할 말 있으면 해 봐라 이런 표정이었습니다.

그 사람으로서는 병원 노동조합의 파업이 사회에 유익한 영향을 미친다는 것을 상상조차 할 수 없었던 거죠…….

병원 노조 파업할 때 가 보면 가장 중요한 요구 사항이 공공의료 확보입니다. 제가 작년에 한양대병원이 한 달 넘게 파업할 때 가 보니까 현관에 크게 "니들이 공공의료를 알아"—그 당시 유행했던 광고가 있었어요. "니들이 게 맛을 알아" 이것의 패러디 대자보였습니다—이렇게 써 있었습니다. 제 친구도 대학병원에 입원했다가 퇴원하더니 병원 직원들이 불친절하다고 불평을 하면서 "얼마나 쌀쌀맞은지 말도 붙이지 못하겠다", "뭘 좀 물어보려고 따라가면 걸음이 얼마나 빠른지 따라갈 수가 없을 정도다" 이렇게 말을 하더군요. 병원에서 일하는 노동자들이 환자나 보호자들에게 다가가 인간적으로 따뜻한 말 한 마디 붙이기 싫어서 바쁘게 일하고 쌀쌀맞은 게 아니거든요. 노동자들 인격 탓이 아니거든요. 인간의 생명을 구하고 질병을 치료하는 사업을 다른 자본주의 사기업에서와 같이 노동을 최대한으로 시키면서 최소 인원으로 최고의 수입을 창출하려는 대한민국의 병원 구조가 잘못돼 있기 때문인 거지요. 이를 바꿀 수 있는 것은 노동자들 밖에 없을 겁니다.

우문숙 · 맞습니다. 앞으로 의료개방이 문제가 되면 더더욱 그렇게 되리라 생각됩니다. 저는 개인적으로 아버지가 중환자실에 있는데요. 거기에서 처음으로 간호사들에게 감동하게 됩니다.

하종강 · 그 환자들이 조금씩 조금씩 나아 가는 걸 보면서 정말 삶의 보람을 느낀다고, 중환자실 간호사가 말하는 것도 제가 들었습니다.

우문숙 · 그렇습니다. 그만큼 이렇게 중요한 일을 헌신적으로 일하는 노동자들에게는 사회가 보호해 주고 대우해 주고 존중해 주어야 합니다.

하종강 · 노동자들을 위해서가 아니라 사회 전체의, 전체 구성원의 유익과 올바른 발전을 위해서 반드시 필요한 것인데, 학교에서 도대체가 가르치지 않으니까 노동조합을 그저 부정적으로만 보게 되는 겁니다.

우문숙 · 노동자를 존중하는 눈으로 봐야하는데 그것을 교육하지 않는 것은 문제가 있는 것이죠? 하 소장님도 노동위원회 조정위원을 맡고 계신 걸로 아는데, 올해 병원 노동쟁의에도 조정위원으로 참여하셨다구요?

하종강 • 예, 서울에 있는 큰 대학병원의 의료원장이 저에게 이런 말을 했어요……지난해에 교섭이 끝나고 무능경영자라고 퇴출된 병원장들 많습니다. 저도 본래 의사인데, 환자를 치료해야 되는 사람인데, 주차장 운영하면서 주차비 받아 가지고 수입을 남겨야 되는 이런 고민까지 내가 해야되니……이게 되겠냐고 이렇게 하소연하더군요. 바로 이런 걸 해결하기 위해서 병원 노조가 공공의료확보를 내세워 파업을 하는 것입니다……그런 걱정하지 않고 정말 환자를 잘 돌보고 싶으면 노동조합 활동을 지원하십쇼. 제가 농담처럼 그렇게 말한 적도 있습니다.

우문숙 • 예, 역설인 것 같지만 실제로 그것이 가장 빠른 방법이고 진리이죠. 하종강 선생님 오늘 말씀 잘 들었습니다. 고맙습니다.

하종강 • 예, 고맙습니다.

울지 마세요, 당당히 맞서세요

상황_

대형빌딩을 몇 채나 소유한 부동산 회사의 경리 담당 여직원이 있었다. 고분고분하거나 상냥하지는 않은 편이었지만 일 하나만은 똑부러지게 잘했다. "사장님 친구 딸이 놀고 있는데, 이 사무실에서 일하고 싶어 한다더라"는 소문이 나돈 며칠 후, 여직원을 새로 채용하더니 그 경리 담당 여직원에게는 현관 안내와 건물 청소가 맡겨졌다. 창틀, 난간, 싱크대, 소파 등을 "구석구석 빛이 나도록 닦으라"는 지시를 받았고 그것도 일이라고 열심히 했다. 스스로 나가 줬으면 싶은 여직원이 굳은 일도 마다않고 묵묵히 하고 있으니 사장님이 보시기에 오죽이나 미웠을까. 청소하는 그이에게 다가와 사장님은 이렇게 말했다.

"그렇게 돈이 없냐? 아버지 없이 자라서 어려운 모양인데, 그렇게 돈이 필요했으면 진작 내 밑에서 '사장님~ 사장님~' 하고 잘 지냈으면 좋았잖아."

다음날 출근해 보니 책상 위에 있던 전화기가 치워져 있었다. 자신이 당하고 있는 불이익한 처우에 대해서 문의하는 전화를 몇 군데 했었는데 '개인적인 통화를 했다'는 이유로 사장님이 전화기를 가져가 버린 것이다.

회장님이 오신다는 날은 "회장님이 네 얼굴 보기 싫어하시니 지하 기관실에 내려가 있어라"고 해서 하루 종일 지하실에 가 있기도 했다. 땀을 뻘뻘 흘리며 하루 종일 쉴 새 없이 청소만 하다가 지하실에 내려가 선풍기 바람이라도 쐴 수 있으니 처음에는 차라리 좋았다.

그렇게 지하실에 편하게 있는 것이 보기 싫었는지 사장님은 "지하실도 죄다 청소하라"고 지시했다. "언제까지 청소만 해야 돼요?"라고 물으니 사장님은 "니가 할 일이 없잖냐. 청소밖에…… 퇴사할 때까지 해야지 어쩌겠냐"고 했다.

그 여성노동자는 노동위원회에 구제신청을 제기했고 그 사건이 나한테 배당되었다. 그 여성 노동자의 애타는 호소 중 일부만 소개한다.

"청소만 하면서 이렇게 살 바에는 차라리 직장을 포기하고 억울한 대로 그냥 가슴을 치면서 살아가는 것이 더 좋은 방법인지도 모르겠어요. 덜컥 싸움이라도 일어났다가 부당해고를 당하면 저만 손해라는 생각에 참고만 지냈어요. 가슴에 맺힌 것이 많아서 제대로 말 한 마디 해 보기도 전에 바르르 떨다가 울고, 울다가 손에 경련이 일어나면서 마비증세가 온 적도 있어요."

"설거지는 물론 다른 여직원 책상까지 제가 다 닦았어요. 저보다 나이 어린 직원들도 이제는 저를 무시해요. 연분이 닿지 않아 나이가 먹도록 결혼을 안 했을 뿐인데 사장님은 그것에 대해서까지 뭐라고 비난을 하셔요."

"평소부터 지하를 특히 싫어해서 가급적이면 지하철도 이용하지 않고 버스를 타고, 지하상가에도 거의 가지 않고 지상에 있는 상가만 이용하는 편인데, 내내 꽉 막힌 지하에만 있다보니 가슴을 쥐어뜯을 만큼 답답함을 느낍니다. 사방 벽을 깨부수고 싶을 만큼 숨이 막힙니다. 제발 도와 주세요. 살려 주세요."

심판회의가 열렸는데, 출석한 '사장님'은 시종일관 "이미 경리 업무는 다른 여직원이 담당하고 있기 때문에 마땅히 시킬 일이 없었다"는 핑계만 계속 앵무새처럼 되풀이했다.

나_
나는 출석한 그 여성 노동자에게 먼저 물었다.
"경리 업무를 얼마나 오랫동안 하셨나요?"
"이 회사에서만 5년 넘게 했어요."
그 짧은 대답을 하면서도 그이는 울먹거렸다.
"신청인에게는 물어볼 말이 별로 없군요. 구제신청서에 자세하게 쓰신 내용을 제가 대부분 이해했기 때문에 묻지 않는 것이니, 소홀했다고 생각하지는 마십시오."
나는 주로 출석한 사장에게 질문을 했다.
"경리 담당 직원이 두 사람이 되는 바람에 한 사람에게는 다른 일을 시킬 수밖에 없었다는 것이지요?"
"예."
"법률을 떠나서 상식적으로 생각해 봅시다. 경리 업무를 5년 동안이나 했던 사람에게 청소를 시키는 것과 입사한 지 며칠 안 되는 사람에게 청소 업무를 맡기는 것 중에서 어느 것이 더 합리적입니까?"
"이미 경리 업무는 다른 사람이 하고 있어서……."
"5년 동안이나 경리 업무를 하던 사람에게 '새 직원이 들어왔으니 너는 이제부터 청소를 하라'고 하는 것과 들어온 지 며칠 안 되는 사람에게 '경리 담당 직원이 이미 있으니 당분간 청소를 하라'고 하는 것 중에서 어느 것이 더 상식에 가까운 선택이냐고 묻는 겁니다."
사장은 얼굴 표정 하나 바꾸지 않은 채 꼿꼿하게 앉아 똑같은 말을 되풀이한다.
"글쎄, 경리 업무는 이미 다른 사람이 하고 있었기 때문에……."

이럴 때 흥분하면 안 되는데, 나는 아직 그렇게 인격수양이 되지는 못했다. 나도 모르게 고함이 나왔다.

"피신청인이 초등학교 도덕 교과서 수준의 상식이 있는 사람인지 아닌지, 지금 그걸 묻고 있는 겁니다. 1 더하기 1이 몇이냐고 묻는 것과 같은 수준인데, 그 정도의 생각도 없는 사람입니까?"

사장은 아무말 하지 않고 나를 쳐다보기만 했다. 안경 너머로 쏘아보는 눈빛에 이런 느낌이 서려 있었다.

'당신 한 달에 얼마나 벌어? 나 한 달에 1억 이상 버는 놈이야. 밖에서 만났으면 나는 너 같은 놈 취급도 안해. 세상 아주 개판됐구만. 저런 놈들이 나한테 큰소리치고도 잡혀가지 않는 세상이 되었으니……'

다른 공익위원_

한국노총 간부 출신의 또 다른 공익위원은 사장에게 이렇게 물었다.

"새로 채용했다는 여직원과 이 사람을 비교하면 어떻습니까?"

사장은 의기양양하게 "저 여직원은 무뚝뚝하고 말이 없는 편입니다. 그러나 새로 채용한 여직원은 매우 상냥하고 친절합니다"라고 답했지만, 노련한 공익위원의 유도심문에 걸린 것이다. 공익위원은 이어서 이렇게 말했다.

"그렇다면, 상냥하고 친절한 직원에게 현관 안내 업무를 맡기는 것이 더 옳은 것 아닙니까? 무뚝뚝하고 말이 없는 사람에게 현관 안내를 맡겼다는 것은 좀 이상하지 않습니까?"

자본가들은 이런 상황에서도 항상 할 말을 찾아내기 마련이다.

"사무실에 찾아오는 손님들도 많기 때문에, 사무실에도 밝고 명랑한 여직원이 있어야 합니다."

그 공익위원도 '이건 법으로만 따질 일이 아니구만' 싶었는지 "사장님 따님이 어디 가서 이런 일 당하고 있다고 생각해 보십시오. 아무런 문제가 없다고 생각합니까?"라고 물었고 사장은 계속 눈만 껌뻑거렸다.

사용자위원_

노동위원회의 심판회의에 참석하는 '사용자위원'들은 대개 총자본의 입장을 대변한다는 긍지로 가득 찬 사람들이다. 그날 사용자위원은 대재벌 회사의 인사노무를 한 손에 쥐고 있는 고위 관리자였는데 사장에게 이런 질문부터 시작했다.

"경리 업무는 그 회사의 가장 중요한 핵심 업무 중 하나지요?"

"예, 그렇습니다."

이제부터는 손발이 착착 맞아들어가기 시작한다.

"경리 업무는 회사에서 가장 신뢰할 수 있는 사람에게 맡겨야 하는 것이지요?"

"예, 물론입니다."

"신청인인 근로자와 회사 사이에는 신뢰관계가 없었다고 볼 수 있지 않습니까?"

"예, 그렇습니다."

"따라서 신청인에게 경리 업무를 계속 맡긴다면 회사로는 부담을 느낄 수밖에 없었겠군요."

"예, 대단히 큰 부담이 느껴지는 일입니다."

이번에는 그 여성 노동자에게 질문을 할 차례인데, 엄숙한 충고부터 먼저 한다.

"신청인, 잘 들으세요. 노동위원회가 모든 걸 다 해 주는 데는 아닙니다. 그걸 우선 아셔야 돼요. 회사와 근로자 사이에는 근본적으로 신뢰관계가 있어야 합니다. 그런데 신청인과 회사 사이에는 신뢰관계에 문제가 있었어요. 신뢰할 수 없는 근로자에게 어떻게 경리 업무를 맡깁니까? 회사로서도 지금 뾰족한 대책이 없는 거에요. 신청인의 회사 생활에 처음부터 문제가 있었던 것은 아닙니까? 다른 직원들과 싸우거나 그랬던 적은 없었어요?"

나는 참으며 듣고 있는 그 여성 노동자가 심장마비에 걸리지나 않을까 걱정이 되었는데, 그이는 여전히 울음이 섞인 목소리로 답했다.

"제가 다른 직원들과의 관계에 문제가 있었다고 사장님은 그러시는데요······5년 넘게 근무하면서······다른 직원과 다툰 적은 딱 한 번밖에 없었어요."

사용자위원은 얼굴 표정 하나 바뀌지 않은 채 계속 말했다.

"원래 회사는 인사권이라는 것을 갖고 있어요. 직원들에게 이런 일도 시키고 저런 일도 시킬 수 있는 거에요. 그 점에 대해서는 어떻게 생각하세요?"

나는 사건기록 뭉치를 그 사용자위원의 얼굴에 던져 버리고 싶은 걸 참느라고 애쓰고 있었고, 다행히도 그 여성 노동자는 지지 않고 답했다.

"아무리 그래도, 현관 구석 계단 옆에 의자 하나 갖다 주고······거기가 제 자리라고······거기서 업무를 보라고 하는 것은······옳지 않다고 봐요."

듣고 있던 사장이 끼어들었다.

"별 다른 마땅한 장소가 없습니다."

나도 모르게 또 큰소리가 튀어나왔다.

"우리가 가서 한번 볼까요? 그 큰 건물에 정말 다른 적당한 장소가 전혀 없는지, 우리가 직접 가서 한번 봐도 계속 그렇게 답하실 겁니까?"

사장은 유들유들 답했다.

"뭐, 직접 와서 보셔도 좋습니다."

사용자위원의 질문은 계속 이어졌다.

"다른 경리직원의 권리도 회사 입장에서는 보호해야 하는 거예요. 그 점에 대해서는 어떻게 생각하세요?"

여성 노동자는 터지는 울음을 참느라고 이를 악물며 답했다.

"그렇지만, 아무런 대책도 없이…… 당분간이라는 약속도 없이…… 퇴직할 때까지 계속 청소를 해야 한다는 것은 잘못된 거예요."

마무리_

'최종진술'의 기회가 왔을 때, 그이는 이렇게 말했다.

"제대로 된 근무환경에서…… 제대로 된 일을…… 하고 싶다는 것뿐이에요."

울먹거리느라고 마지막 말은 제대로 나오지도 못했다. 그 여성 노동자가 그날 한 최종진술은 그게 전부였다.

심판회의가 모두 끝나 의장이 '의사봉 삼타' 동작을 막 취하기 시작했을 때, 민주노총 간부 출신의 근로자위원이 급하게 "제가 하나만 더 얘기해도 될까요?"라고 발언권을 구하더니 그 여성을 바라보며 말했다.

"지금 대답하시면서 자꾸 울먹거리시는데, 그렇게 울지 마세요. 당당하게 맞서세요. 만일 여기서 일이 잘못 되더라도…… 물론 노동위원회에서 그런 결정을 할 리는 없다고 짐작되지만…… 절대로 포기하지 마세요. 이 사건은 제가 볼 때, 신청인이 회사를 상대로 법원에 정신적 피해에 대한 보상을 신청하는 소송을 제기할 수도 있고, 그렇게 되면 회사는 꼼짝없이 손해배상을 할 수밖에 없는 내용입니다. 법원의 판례들이 벌써 있어요. 그런 일을 아주 적은 비용만 받고 도와주는 변호사들도 많아요. 용기를 가지세요. 부당한 사람들과 당당하게 맞서 싸우세요."

그 여성은 이를 악물고 울음을 참은 채 "예"라고 짧게 답했다.

똑같은 일을 바라보는 노동과 자본의 시선은 그렇게 다르다. 그 중에서 누구의 '관점'이 가장 옳은 것일까?

다른 나라들의 파업

프랑스 철도 노동자들이 파업을 벌이면 초고속 열차 '떼제베'에 시민들이 콩나물시루처럼 갇힌 채, 열 몇 시간이나 거북이 운행을 해야 하는 일이 벌어지곤 한다. 그런데, 숨 막힐 듯 갇혀 있는 시민들이 거의 불평을 하지 않는다는 것이다. 혹시 어떤 사람이 불평을 할라치면 더 많은 시민들이 그 사람을 타이르고 충고한다는 것이다.

"노동자의 권리부터 지켜져야 시민들의 권리도 지켜진다는 것을 왜 모릅니까? 우리가 파업하는 노동자들을 비난하면, 지금 노동자들의 권리를 빼앗고 있는 힘있고 돈 많은 사람들이, 우리 사회를 지배하는 그 권력과 자본이 언젠가는 우리의 권리까지 빼앗게 되는 것을 왜 모릅니까? 우리가 이미 역사 속에서 그런 일들을 숱하게 겪었을 뿐 아니라, 학교에서 다 공부하지 않았소? 당신은 우리 역사와 학교 교육에서 도대체 뭘 배웠소?"

그렇게 따지고 충고하는 사람들이 더 많다는 것이다. 프랑스에서 20년 넘게 살면서 택시기사 일을 했던 홍세화 씨는 프랑스 사회의 그와 같은 정서를 '똘레랑스'라는 단어로 설명한다.

최근에 프랑스를 다녀온 후배의 말에 따르면, 관광 안내 일을 하는 한국 사람에게 '똘레랑스'에 대해 물었더니 "똘레랑스, 그거 옛날 얘기입니다"라고 답하더라란다. 그 안내원이 그렇게 답한 이유가 그의 천박한 사회의식 수준으로 프랑스 사회를 바라본 탓일 수도 있겠지만, 신자유주의 광풍이 유럽이라고 비켜 갈 리는 없으니 세계화의 물결 속에 프랑스 사람들의 정서도 차츰 시장경제에 물들어 가고 있는 것인지도 모른다. 그러나, 그렇다 해도 프랑스와 같은 나라들은 노동자의 권리를 올바르게 이해하는 정상적인 정서가 한 번쯤 사회에 자리 잡았던 경험을 갖고 있는 것이다. 그러한 경험이 있는 사회와 없는 사회는 마치 산 것과 죽은 것만큼이나 커다란 차이가 있다.

이런 이야기를 듣고 "프랑스는 시민혁명의 종주국이고 국민들의 철학 수준이 세계에게 가장 높으며 진보정당이 여러 차례 집권한 경험을 갖고 있는 나라라 특별히 그런 정서를 갖고 있을 것"이라고 오해하는 사람이 있을 것 같아, 다른 나라 예를 좀 더 찾아보았다.

제 홈페이지에 가끔 찾아오는 어떤 이가 라디오방송을 들으며 퇴근하고 있었는데, 여러 나라에 거주하는 통신원들로부터 각 나라의 화제를 전해 듣는 프로그램에서 이탈리아의 통신원이 버스 파업에 관한 소식을 전하더란다. 이탈리아 어느 지방 도시의 버스 회사 노동자들이 3년 동안 500번이나 파업을 했다는 것이다. 프랑스나 독일 같은 나라의 노동자 파업에 관한 시민들의 연대의식은 귀가 닳도록 들었던 터라, 관광의 나라, 축구의 나라, 좀도둑과 소매치기가 많은 나라 정도로 사람들에게 알려져 있는 이탈리아의 경우가 궁금했는데, 그 통신원의 말을 옮기자면 대략 이러했다는 것이다.

그 도시의 시민들에게 "버스 회사 노동자들이 3년 동안 500번이나 파업을 해서 도시 교통이 수시로 마비가 됐는데, 불편하지 않느냐?"고 물었더니 (우리나라 언론인들은 질문도 꼭 이런 식으로 한다) 상상도 할 수 없는 답변이 나오더란다.

"그들도 파업을 할 이유가 있었겠지요. 그들의 권리를 존중하기 때문에 불편을 감수하고 있습니다. 내가 지금 불편하다고 불만이나 늘어놓으면 나중에 내가 파업할 때 누가 나의 권리를 이해해 주겠습니까?"

이런 답변이 우리에게는 "상상도 할 수 없는" 내용인 것이다. 그것이 뉴스가 되어 전해지고 "상상도 할 수 없는" 일이라며 호들갑을 떠는 통신원의 낭랑한 목소리가 공중파 주파수를 통해 전해지는 나라라는 생각에 잠겨 그이는 잠시 차에서 내리는 것도 잊은 채 앉아 있었다고 했다.

최근에 어떤 젊은이의 글을 인터넷 서핑하다가 읽었는데, 내가 전혀 모르는 사람이 쓴 그 글의 일부를 실례를 무릅쓰고, 간단히 요약하면 다음과 같다.

"커다란 배낭을 메고 두 개의 여행 가방을 끌며 피렌체 산타마리아 노벨라 역에서 기차를 탔습니다. 상쾌한 기분으로 밀라노 중앙역에 내렸는데, 음……파업이라더군요. 뭐 좋다. 좀 기다리지 뭐. 오전 9시에 시작된 파업은 오후 3시 30분에 끝날 예정이었습니다. 가방 속에 넣어온 책을 꺼내 읽기 시작했습니다. 겨우 겨우 지루함을 달래며 기다렸고 결국 3시 30분이 되었습니다. 이미 메트로 입구에는 사람들이 밀집해 있는 상태였습니다. 한 시라도 빨리 제 갈 길로 가고픈 서민들…….

그러나 늦은 4시 30분에 들려오는 소식은 오늘 하루 종일 모든 대중교통 수단이 운행을 하지 않을 거라는……믿기 어려운 것이었습니다. 다들 한 마디씩 하기 시작하더군요. 이게 뭐하는 짓이냐? 이런 법이 어디 있느냐? 분명히 3시 30분까지라고 하지 않았냐? 남자들의 우렁찬 목소리, 여성들의 고음의 강력한 사운드. 다양한 사람들의 씩씩 거리는 소리들이 그 지역의 배경음악으로 깔리는데, 뭔가 느낌(1)이 들더군요. 다들 불만을 토로하고 있는데, 그러나 '부글부글 끓는 화'는 아니었습니다. 다들 불만을 토로하고, 그리고, '하하하' 거리며 하나 둘 흩어지기 시작하더군요.

파업이 이런 거구나. 그럼 걸어가지 뭐. 돈이 딸랑 10유로 있던 터라 6유로

짜리 큰 밀라노 지도를 사서 걷기 시작했습니다. 1시간 30분을 걸었을까? 집 근처에 온 것은 확실한데 지도에도 없는 길을 찾으려니 난감하더군요. 지나가는 할아버지 한 분께 길을 여쭤 봤더니 친절하게 가르쳐 주시면서 한 마디 해 주시는데 '오늘 파업이라 걸어가나 봐? 짐도 많은데 힘들겠네. 그럼 그들도 쉬어야지. 그들에게도 쉴 권리가 있다구. 오늘 같은 날 천천히 걷기도 하고, 좋잖아?'

그날 밤 텔레비전 뉴스를 열심히 봤습니다. 파업을 주요 꼭지로 다루고 있었습니다. 문제는 파업을 했다! 라는 사실이 아니고 미리 예정한 시간만큼만 진행하지 않고, 사전예고도 없이 파업시간을 연장했다는 것이 주요 골자였습니다. 그래서 시민들이 예상 밖의 상황에서 어찌할 바를 몰랐다라는 것이었습니다. 음, 그렇군. 이탈리아의 파업이란 이런 것이군."

이탈리아 사람들에 대해서는, 상당히 정열적이고 예술적 감수성이 풍부한 반면 조금은 비이성적일 것이라는 선입견을 갖고 있는 사람들도 많은데, 그 이탈리아에서도 이 정도가 보통 사람들의 정서인 것이다.

최소한 우리나라와 같이 노동자들이 행복한 삶을 추구하는 노동조합 활동—임금인상 투쟁을 마치 사회적 범죄행위처럼 취급하는 정서를 가진 나라는 거의 없다는 것이다. 우리나라는 노동자의 권리를 올바로 이해하는 정서가 역사 속에서 단 한 번도 제대로 자리 잡아 본 적 없이, 노동조합에 대한 그릇된 혐오감을 수십 년 세월 동안 사람들에게 일방적으로 주입한 사회다.

줄잡아 식민지 40년, 분단 60년, 군사독재 30년이라는 비틀리고 왜곡된 근대화 역사 속에서 노동자의 권리를 올바로 이해하는 것이 원초적으로 불가능했던 우리 사회가, 아주 느린 속도로나마 노동조합과 노동운동에 대한 정상적 이해가 자리 잡히는 방향으로 조금씩 어렵게 나아가고 있던 시기에 기아자동차 광주공장 신입사원 채용 관련 비리가 터지고, 민주노총 대의원대회가 무산되고, 항운 노조의 해묵은 비리가 밝혀지기 시작했다. 이러한 일들은 노동조합과 노동운동을 국민들이 정상적으로 이해할 수 있도록 하는 정서에 찬물을 끼얹었다는 점에서 가장 커다란 비극이다. 결국 국민들 모두가 피해자다.

한진중공업 노조 고 김주익 위원장_그림 손문상

부자가 되라고 가르치는 사회

경제학 박사학위를 가진 한 유명 강사가 전국을 돌며 중고등학생들을 대상으로 하는 강의를 들을 기회가 있었습니다. 시작 부분의 내용은 이렇습니다.

노벨상을 많이 받은 나라들은 통계를 보니까 부자가 많은 나라들이다. 올림픽에서 금메달을 많이 딴 나라들도 역시 부자가 많은 나라들이다. 그러니까, 부자가 많은 나라가 결국 좋은 나라고 행복한 나라라는 것을 알 수 있다(이러한 내용을 올림픽 메달의 수 및 노벨상을 받은 사람들의 수와 그 나라 백만장자들의 수를 나타내는 통계를 제시하며 설명했습니다).

우리나라 정부 예산은 1년에 100조 원쯤 된다. 삼성그룹 계열 회사 및 협력 회사의 매출도 1년에 100조 원쯤 된다. 우리나라 공무원 수가 100만 명쯤 되는데, 삼성그룹 계열 회사 및 협력 회사의 종업원 수도 100만 명쯤 된다. 그러니까 삼성그룹은 대한민국 정부와 비슷한 규모의 조직이라고 볼 수 있고 사회에 미치는 영향력도 거의 비슷하다고 볼 수 있다(위에 나오는 숫자들이 정확한 것인지, 제 기억에 대한 자신은 없습니다).

그런데, 노무현 대통령은 지난 대선에서 48.9%의 득표율로 대통령에 당선됐지만, 삼성그룹의 이건희 회장은 삼성그룹 전체 주식의 1% 정도만 보유하는 것으로 그룹 전체를 지배하고 있다. 그리고, 노무현 대통령은 임기가 끝나면 대통령직에서 물러나야 하지만, 삼성의 이건희 회장은 정해진 임기가 없이 하고 싶을 때까지 할 수 있다(저는 이 이야기를 들으면서 '이 사람이 지금 무슨 얘기를 하려고 이러나? 우리나라 재벌 개혁의 필요성을 이야기하려고 하나?' 싶었습니다. 그런데 아니었습니다. 다음의 이야기는 이렇게 계속 이어집니다).

그러니, 부자가 된다는 것이 얼마나 좋은 일인가, 대통령이 되는 것보다 부자가 되는 것이 훨씬 더 좋은 일이다. 따라서 우리는 어릴 때부터 용돈을 지혜롭게 사용하는 등 부자가 되는 훈련을 해야 한다. 용돈을 관리하는 요령부터 설명하겠다. 우선 용돈을 관리하는 통장을 최소한 두 개 만들어라. 하나는 수시로 입출금이 가능한 통장으로, 용돈이 생길 때마다 집어넣고 필요할 때는 뽑아 쓰는 통장으로…… 또 다른 하나는 목돈이 생겼을 때, 예를 들어 설 세뱃돈이나 입학 또는 졸업 선물로 돈 봉투를 받았다든가, 그렇게 생긴 목돈을 넣어 두는 통장으로, 돈이 한 번 들어가면 절대로 나오지 않는 통장으로…….

이런 내용의 강의를 전국 중·고등학교를 돌아다니며 하고 있는 것 같았습니다. 강의에 대한 호응이 좋으니 유명 강사가 됐겠지요. 정말 큰일입니다. 이런 교육을 받고 자란 학생들이 나중에 기업의 인사노무 관리자가 되면 아무 죄의식도 없이 노동조합을 탄압하게 됩니다. 노동조합을 노동자의 가장 기본적인 권리로 헌법에 보장하고 있는 이유를 이해하지 못합니다. 이런 교육을 받고 자란 학생들이 나중에 언론사의 기자가 되면 노동조합의 파업을 회사 말아먹고 나라 경제에 해를 끼치는 집단 이기주의라고 보도하게 됩니다.

그러나, 중요한 것은 인류의 역사가 이런 사람들이 원하는 대로 흘러오지 않았다는 사실입니다. 고대 노예제 사회에서 많은 지식인 철학자들이, 왜 노예가 인간이 아닌지 그 이유를 숱한 학설로 입증했지만 노예제도가 철폐되는 것을 막을 수 없었던 것처럼…… 동학농민전쟁을 일본 제국주의의 총칼을 앞세워 짓밟았지만 양반과 상놈으로 사람을 차별하는 신분제도가 무너지는 것을 막을 수 없었던 것처럼…….

우리가 고려대학교 보직 교수들이 삼성그룹에 속죄하는 의미로 납작 엎드려 일괄 사퇴하는 장면을 보면서도, '삼성에 언젠가는 제대로 된 노동조합이 설립되고야 말 것'이라고 믿거나, '비정규직 노동자에 대한 차별이 철폐될 것'이라고 믿고 싸우는 이유는 그 때문입니다. 아무도 그것을 막을 수는 없습니다. 삼성에 제대로 된 노동조합이 만들어지거나, 비정규직 노동자에 대한 차별이 철폐되는 것을 우리가 보지 못하고 죽는다면, 우리의 자손들이라도 보게 될 것입니다.

그날 강연에서도 "우리 사회의 빈부 격차가 날로 커지고 있다. '20 대 80의 사회'라는 말도 있는데, 이런 현상에 대해서는 어떻게 생각하십니까?"라고 묻는 학생이 있었습니다. 강사는 뭐라고 답했을까요? "그 말은, 잘 사는 20%가 80%를 먹여 살리면서 사회를 이끌어 간다는 뜻입니다."

노동문제를 사회부 사건기자의
눈으로 보지 마라

한 방송사에 신입사원 교육을 하러 갔습니다. 수백 대 일의 치열한 경쟁률을 뚫고 합격한 신입사원들은 모두 명문대학교 출신일 뿐만 아니라 자신들이 다녔던 학교에서 수석을 놓치지 않았던 사람들입니다. 그 사람들은 어릴 때부터 그렇게 살았습니다. 지금까지 다른 사람들과 경쟁해서 져 본 적이 거의 없는 수재들입니다. 보통 사람들과는 표정과 자세부터 다릅니다. 그 자신만만한 표정 속에서 자신들이 곧 노동조합의 조합원이 된다는 것을 미리 짐작하는 기색은 찾아볼 수 없습니다. 신입사원 연수시간에 노동조합 위원장의 인사말을 듣기 전까지는 자신의 인생에 노동조합이 끼어들 것이라는 사실을 전혀 짐작하지 못한 채 살아온 사람들입니다. 우리 사회에서 성장하는 수십 년 세월 동안 제도권 교육과 제도 언론을 통해 노동조합에 대한 부정적 선입견을 일방적으로 주입받았을 뿐이어서, 자신들이 노동조합에 가입해야 한다는 사실을 자존심 상해 하는 표정들도 있습니다. 이것은 결코 정상적인 상황이 아닙니다. 세상에 이런 나라가 없습니다.

우리 사회는 노동자, 노동조합, 노동운동 등에 대한 그릇된 혐오감을 수십 년 세월 동안 국민에게 주입시켜 온 나라입니다. 문제는 그 잘못된 시스템을 가진 대한민국에서 수십 년 세월을 살아온 사람들이 그 사실을 거의 느끼지 못한다는 것입니다.

국민 대부분이 노동자이거나 그 가족으로 살아갈 수밖에 없는 사회에서, 그 어떤 제도권 교육과정에서도 노동자의 권리와 노동조합의 역사를 가르치지 않습니다. 이것은 합리적인 설명이 불가능한 상황입니다. 그렇게 성장한 우수한 인재들이 대기업 노무관리자가 되면 아무런 죄책감도 없이 노동조합을 탄압합니다. 헌법이 보장한 노동자의 신성한 권리인 노동조합을 짓밟으면서도 이 사람들은 죄의식을 느끼지 못합니다. 세상에 이런 나라가 없습니다.

언론 종사자 역시 노동운동에 대한 왜곡된 인식을 배우며 성장했다는 점에서 예외일 수 없습니다. 그렇게 언론 노동자가 된 사람들이 노동문제를 취재하고 보도합니다. 30년 전, 전태일 열사가 분신했을 때, 사회부 사건기자들은 그 사건을 개인적인 비관자살이라고 보도하기도 했습니다. 한 달에 네 명씩이나 되는 노동자가 스스로 죽음을 선택한 지금도 그 상황은 크게 달라지지 않았습니다. 방송사나 신문사 내부에서 노동문제를 특별히 중요하게 취급하는 언론인들은 동료들 사이에서도 편협한 세계관을 가진 이상한 사람 취급을 받습니다. 이것은 결코 정상적인 상황이 아닙니다.

제가 노동문제연구소의 소장으로 일하는 사람이기 때문에 "우리 사회의 노동문제가 심각하다"고 말하는 것이 아닙니다. 저도 사람들이 별로 좋아하지도 않는, 때로 살벌하게 느껴지기까지 하는 노동문제만 이야기할 것이 아니라, 아름다운 자연과 문화와 예술의 향기에 대해 이야기하고 싶습니다. 그러나 저 같은 사람까지 자연의 아름다움을 이야기하기에는 우리나라 노동자들이 처해 있는 현실이 너무 척박합니다.

생각해 보십시오. 일제 식민지 40년, 분단 60년이라는 비틀리고 왜곡된 역사를 겪는 와중에, 지금은 누구나 다 군사 독재 정권이었다고 인정하는 암흑의 세월 30년을 겹치기로 겪으면서 자본주의를 건설한 나라입니다. 그렇게 건설된 자본주의가 정상적일 수 있겠습니까? 사회부 사건기자의 눈으로만 봐서는 우리 노동문제를 절대로 올바르게 파악할 수 없습니다. 노동문제를 다루는 언론은 그 비틀리고 왜곡된 역사과정을 통찰할 수 있는 역사학자의 눈을 가져야 합니다.

노동자들이 연이어 자살·분신하는 심각한 사태의 원인을 그 특별한 사건에서만 찾으려고 한다면 그것은 사물을 이해하는 올바른 태도가 아닙니다. 스스로 죽음을 선택한 네 명의 노동자가 속해 있는 한진중공업, 세원테크, 근로복지공단 비정규직 노동자들만의 특별한 문제라고 파악하는 것은, 30년 전에 전태일 열사 사건을 개인적인 비관자살이라고 보도했던 잘못을 되풀이하는 것과 같습니다.

노동자들의 권리가 확대되는 것이 마치 사회 전체에 좋지 않은 영향을 미치는 것처럼 국민을 속여 온, 수십 년 세월 동안 형성된 기형적 사회구조를 바꾸지 않는 한 우리 사회 노동자들의 문제는 해결되지 않습니다. 사회 전체에 만연한 노동조합 또는 노동운동에 대한 그릇된 혐오감을 걷어 내는 일이야말로 지금 우리 언론이 담당해야 할 몫입니다.

'노동'이란 단어를 두려워하지 마십시오

학생들이나 시민들을 대상으로 노동문제에 대한 강연을 한 뒤, 질의 응답 시간에 "노동자와 근로자의 차이가 무엇입니까?"라고 묻는 사람들이 아직도 많습니다.

'근로자'는 노동법에서 주로 사용되는 좁은 의미의 단어로서 "임금을 목적으로 고용되어 일하는 사람"이라는 뜻을 갖고 있습니다. 사전적 정의도 매우 간단합니다. 반면 '노동자'는 더욱 폭 넓은 뜻을 갖고 있는 단어입니다. 백과사전에서 '노동자' 항목을 찾아보면 노동법상의 '근로자'의 의미를 포함하여 "자본주의 발생과 더불어……" 등으로 시작하는 아주 긴 설명이 붙어 있는 것을 알 수 있습니다.

우리가 흔히 '직장인'이라고 생각하는 사람들을 부르는 정확한 단어는 '노동자'입니다. 1980년대 초, 제5공화국 정부가 정부 조직을 개편하면서 행정부서 명칭을 '노동부'라고 붙인 것이나 정부 각 산하기관의 이름이 '노동연구원', '노동교육원', '노동위원회', '노동사무소' 등 모두 '노동'이란 단어만 사용한 것을 보면 '근로'보다 '노동'이 뭔가 더 품격 있는 표현이라는 느낌이 들기도 합니다. 아마 노동부 장관도 자신이 '근로부 장관'이라고 불리기는 원치 않을 것입니다.

국민 대부분이 '노동자'이거나 그 가족인 사회에서 '노동'이라는 단어를 들으면 과격하다고 느끼고, '근로'라는 단어를 훨씬 더 친숙하게 느끼는 것은 올바른 정서가 아닙니다. '노동'이란 단어를 굳이 회피하는 이유 중 하나는 북측에서 주로 사용되는 말이기 때문일 것입니다. 그렇다고 북측 사람들이 '근로'라는 말을 사용하지 않느냐 하면 그렇지도 않습니다. 사무직 노동자들을 '근로 인텔리'라 하고 '노동자'와 '근로 인텔리'를 합하여 '근로 대중' 또는 '근로 계층'이라고 표현합니다.

'노동'이란 단어를 굳이 어색해하거나 과격하다고 생각할 필요가 없습니다. 공무원 노조와 전교조가 민주노동당을 지지한다고 공개적으로 밝힌 것을 눈살 찌푸리며 보는 시각에는 '노동'이라는 단어에 대한 그릇된 인식도 한몫하고 있습니다.

공무원의 정치적 중립이라는 개념은 공무원이 정치로부터 완전히 격리되거나 무조건 정치적 행위를 할 수 없다는 뜻이 아닙니다. 정부와 기업이 즐겨 해 온 것처럼 선진국과 비교해 봐도 쉽게 알 수 있습니다.

공무원의 정치활동을 금지했던 대표적인 나라는 미국입니다. 근무시간 중의 선거운동 등을 금지하는 '해치법'(Hatch Act)을 통과시켜 공무원들의 정치활동을 포괄적으로 금지한 것이 1939년입니다. 그러나 그 뒤에 법이 개정되면서 주 정부 및 지방자치단체 공무원에게는 입후보자에 대한 자유로운 의사 표시, 정당에 정치자금 제공, 정당 활동 참여 및 특정 정당 후보를 위한 선거운동 등 정치활동의 자유가 거의 완벽하게 보장됐습니다. 연방공무원들에 대해서도 가능한 정치활동의 범위를 매우 폭 넓게 규정하고 있습니다. 그 밖의 선진국에서는 일반 공무원들에게 특별히 정치적 자유를 제한했던 역사를 갖고 있는 나라를 찾아보기 어렵습니다.

중·고등학생들과 대화하면서 "10여 년 전에는 전교조가 불법이어서 선생님들이 1,600명이나 해직당했다"고 이야기하면 학생들이 어이없어 합니다. 조합원이 10만 명이나 되는 전교조가 10여 년 전만 해도 불법이었다는 사실을 믿을 수 없다는 표정입니다. 불과 몇 년 뒤, 우리는 또다시 "공무원 노동조합과 전교조가 특정 정당을 지지한 것이 불법이어서 사람들이 잡혀 갔던 시절이 있었다"고 이야기하면서 어이없어 할 것입니다.

가장 높은 공무원인 대통령이 특정 정당을 지지한다고 말한 것은 위법이 아니라고 주장하는 사람들이 하위직 공무원들이 특정 정당을 지지한 것은 위법행위라며 구속까지 하는 것도 앞뒤가 맞지 않습니다.

공무원 노조와 전교조가 민주노동당을 지지했기 때문에 제가 그 행위를 옹호하는 것이 아닙니다. 어느 정당을 지지했든지 그것은 우리 사회에 공무원과 교사의 정치활동 자유에 대한 논의를 촉발하고 다른 선진국들처럼 공무원과 교사에게도 정치활동의 자유가 보장되는 사회로 한 단계 발전하는 데 유익한 영향을 미친다는 측면에서 진보입니다.

노동자가 죽음을 선택해야 하는 사회

한 방송사의 제작진이 최근 노조 간부들의 잇따른 자살과 분신에 관한 프로그램을 만드느라 우리 연구소에도 찾아와 취재를 했습니다. 이야기가 거의 끝나갈 무렵 담당 피디가 나에게 물었습니다. "이제, 분신하거나 자살한 노동자의 입장에서 이야기를 좀 해 주십시오."

나는 그 물음에 이렇게 답했습니다. "그 사람들의 입장을 내가 어떻게 몇 분의 일이라도 짐작할 수 있겠습니까? 129일이나 크레인 위에서 농성을 벌이다 스스로 죽음을 선택한 사람이나 자신의 몸에 스스로 불을 지른 사람의 입장을 제가 어떻게 몇 분의 일이라도 짐작할 수 있겠습니까? 감히 그 사람들의 입장에 설 수 있다고 생각하는 것은 교만이지요."

내 말에 그 피디는 어이없다는 듯 내 얼굴을 바라보며 말했습니다. "내가 지금 그걸 어떻게든 한번 해 보겠다고 이렇게 돌아다니고 있는 거 아닙니까?"

나는 잠시 부끄러웠습니다. 우리가 제도언론이라고 비난하는 방송사의 제작진들조차 노동자들의 절실함을 조금이라도 사람들에게 전하려고 저렇게 애쓰고 있는데, 명색이 노동문제연구소 소장이라는 나는 그 노동자들의 죽음이 헛되지 않도록 얼마나 노력하고 있는 것일까 반성했습니다. 그 피디는 최근에 죽음을 선택한 노동자들의 가정에도 모두 찾아가 봤는데 "정말 말이 안 나온다"고 했습니다. "어떻게 이런 일이 우리 사회에서 있을 수 있는지, 도대체 무슨 이야기부터 시작해야 할지 감이 잡히지 않는다"고 했습니다.

어떤 사람들은 사건의 원인을 그 개인에게서만 찾으려고 합니다. 스스로 죽음을 선택한 사람들에게 마치 커다란 문제가 있었던 것처럼 생각하는 것은 사물을 이해하는 올바른 태도가 아닙니다. 그것은 장애인이 우리 사회에서 성공하기 어려운 것을 그 장애인의 불성실 탓으로만 돌리는 것과 같이 어리석은 생각입니다.

우리나라가 세계 최고 수준의 이혼율을 기록하거나 세계 최저의 출산율을 기록한 것들도 모두 그 원인을 개인에게서만 찾으려고 한다면 문제는 영원히 해결되지 않습니다. 그것은 우리 사회 구조의 문제입니다. 한국의 노동자들로 하여금 스스로 죽음을 선택할 수밖에 없도록 만드는 특별한 사회 구조에 문제가 있는 것입니다. 그 구조를 바꾸지 않는 한 문제는 절대로 해결되지 않습니다.

그 잘못된 구조는 노동자들 탓이 아닙니다. 일제 식민지 이후 계속 비틀리고 왜곡된 우리 역사에서 지금까지 우리 사회를 지배해 온 사람들 탓입니다. 일제로부터 해방된 뒤 사회 상층부에 진입한 친일파가 우리나라를 다스렸습니다. 그 친일파의 전통은 군사 독재 정권에서도 고스란히 이어졌습니다. 지금 기득권 세력, 또는 보수 세력이라고 불리는 사람들의 공통점은 바로 그 친일파와 군벌 세력에 기대어 자신의 재산을 불리거나 권력을 가지게 된 사람들이라는 것입니다. 우리 경제가 눈부신 발전을 하는 동안 그 사람들은 자신의 잇속을 챙긴 반면 노동자들은 철저하게 희생당했습니다. 그 왜곡되고 비틀린 역사가 어느덧 반세기를 넘었습니다. 우리 사회는 수십 년 동안 노동자들에게 희생을 강요하는 잘못된 구조였습니다. 손해배상 청구, 가압류와 비정규직 노동자 차별은 그 잘못된 구조의 한 단면입니다.

노동자들의 자살과 분신에 대해 "위쪽에서 기획되었다"고 하는 영등

포 경찰서장의 분석이나, 경총의 '배후조종설' 등은 이 잘못된 구조를 바로잡는 데 전혀 도움이 되지 않습니다. "춘하추동 노조의 투쟁이 끊이지 않는 나라" 또는 "그로기 경제에 동투(冬鬪)가 웬말인가"라는 투의 신문 사설들 역시 우리 사회의 불균형을 더욱 조장하는 것에 다름 아닙니다.

더욱이, 회사 측의 입장을 두둔하면서 수많은 세원테크 노동자들을 구속·수배로 옭아맨 아산경찰서의 간부가 '경찰의 날' 기념식에서 "세원테크 노사 양측에 대한 순화 설득 및 적극적인 중재로 평화적인 노사문화 정착에 기여"했다는 공로로 대통령 표창을 받은 것은 거의 웃음거리에 가깝습니다. 노조 설립만으로도 구속·수배되고, 한 사람의 노동자가 죽고, 한 사람의 노동자가 사경을 헤매고 있는 사업장에 "평화적인 노사문화 정착"의 이름으로 친히 표창을 내린 대통령의 양식이 너무 가슴 아픕니다.

*민주노총 충남본부(본부장 이경수)와 충남지역 시민단체들은 11월 3일 "지난달 21일[10월 21일] 아산경찰서 정보보안과장 지아무개 경감이 세원테크의 평화적인 노사문화에 기여한 공로로 대통령 표창을 받은 것은 한편의 코미디"라며 대통령 표창 취소를 촉구하고 나섰다. 이들 노동시민단체는 성명을 내 "세원테크는 구사대를 동원해 고 이현중 동지를 폭행해 사망에 이르게 했고, 19억 손배소송, 이해남 지회장의 분신에 이르기까지 평화적인 노사문화가 정착된 사업장이 전혀 아니다"라며 이같이 요구했다.
또한 이들은 "아산경찰서가 이현중 씨에 대한 구사대 갈구리 폭행사건에 대해 사용자 측 피해사실만 인정하고 노동자를 구속시키는가 하면 사용자 측 구사대에게는 수사에서 '혐의없음' 의견으로 송치한 사실이 있다"고 주장했다. 이에 따라 이들은 "아산경찰서가 편파수사로 일관하고 있어 현 사태가 발생했는데도 대통령 표창이란 있을 수 없다"며 "정부는 대표령 표창을 철회하고 오히려 세원테크 사태를 악화시킨 책임을 물어야 한다"고 밝혔다. _『매일노동뉴스』, 2003.11.05

사장님들, 제발 정도껏 하십시오

오늘은, 어제 군산에서 만난 40대 초반의 한 여성 노동자에 관한 이야기를 하겠습니다.

'최저임금법'이라는 이름의 노동법이 있습니다. 임금의 최저 기준을 정함으로써 노동자들이 인간으로서 최소한의 품위를 유지하고 살아갈 수 있도록 마련한 제도입니다. 최저임금법을 지켜야 하는 의무는 노동자에게 있는 것이 아니라 기업 경영자에게 있습니다. 매년 최저임금법에 의해 그 기준이 마련되면, 기업은 아무리 경영 상태가 어려워도 의무적으로 그 액수만큼 노동자에게 지급해야 하고, 만일 그 금액보다 적은 임금을 지급했다가는 기업 경영자가 처벌을 받게 됩니다.

지금 시행되고 있는〔2003.09~2004.08〕최저임금액은 월 단위로 계산했을 때 한 달 567,260원입니다. 우리 사회에서 한 달에 567,260원만 받으면 과연 인간으로서 품위를 유지하며 살아갈 수 있을까 하는 의문이 생기기도 하지만, 더 큰 문제는 이 최저임금조차 제대로 지켜지지 않는다는 것입니다.

어제 군산에서 만난 여성 노동자는 자동차 회사 협력업체에 속한 소사장 밑에서 일하던 사람입니다. 소사장이란 이를테면, 기업이 생산라인별로 별도의 사장을 한 명씩 두고 노동자들은 그 생산라인별 소사장 밑에 고용돼 일하는 형태를 말합니다. 소사장도 사업자등록을 한, 엄연한 법률상 사장입니다.

이 여성 노동자가 우연히 최저임금법이 있다는 것을 알았습니다. 자신이 받고 있는 임금이 최저임금액에 미달하는 것은 아닌지 궁금해서 지방노동사무소에 찾아가 물어보았습니다. 며칠 뒤에 노동부 근로감독관이 회사에 확인 전화를 하는 바람에 이 여성 노동자가 노동부에 찾아갔던 사실을 회사가 알게 됐습니다. 결국 이 사람은 회사에서 해고됐습니다.

근로감독관이 이 노동자를 해고하라고 회사에 연락한 것은 아닐 것입니다. 그러나 우리나라는 아직까지 그런 이유로도 노동자가 해고당하는 사회입니다. 그러한 현실을 세심하게 헤아려 노동자의 신원이 밝혀지지 않도록 노력하면서 사실 확인 전화를 하거나, 불시에 회사에 찾아가 임금대장을 확인하는 등의 방법으로 노동자의 인적사항이 회사에 알려지지 않도록 배려하는 근로감독관은 거의 없습니다. 근로감독관들의 과중한 업무가 그것을 불가능하게 하는 측면도 있습니다.

이 노동자는 노동위원회에 부당해고 구제신청을 제기했습니다. 억울하게 해고당했으니 복직해서 일할 수 있게 해 달라는 요구입니다. 회사는 이 사실을 알자 회사 문을 닫았습니다. 폐업한 것입니다. 우리 사회에서는 기업을 경영하던 사람이 어느 날 갑자기 아무런 정당한 이유도 없이 폐업하는 것을 규제할 수 있는 장치가 없습니다. 정당한 이유 없이도 수많은 노동자를 하루아침에 실업자로 만드는 결정을 기업 경영자는 마음만 먹으면 언제든지 할 수 있습니다. 밀린 임금과 세금, 각종 채권채무 등만 처리하면 어떤 법에도 저촉되지 않습니다.

결국 이 여성 노동자는 노동위원회 구제신청을 통해 자신의 요구가 법률적으로 정당하다고 인정된다 해도 복직할 회사가 없어져 버렸으니 권리를 되찾는 것이 현실적으로 거의 불가능해졌습니다.

그런데 이상하게도 예전의 소사장은 자신이 경영하던 그 자리에서 사업자등록만 다른 사람 이름으로 바꿔 놓고 똑같은 사업을 계속하고 있습니다. 법적으로는 엄연히 다른 회사가 됐으니 이 노동자에 대해 자신은 아무 책임도 없다고 주장합니다.

　이 여성 노동자의 임금은 최저임금에 미달하는 것으로 밝혀졌습니다. 그러나 회사가 이미 사라져 버려 그 차액을 받기도 어려워졌습니다. 복잡한 법률 절차를 밟아서 그 차액을 받을 수 있는 방법이 전혀 없는 것은 아니지만, 어디까지나 이론상 그렇다는 것이지 현실적으로는 매우 어려운 일입니다.

　최저임금에 대한 궁금증으로 노동부에 한 번 찾아갔다가 직장까지 잃고 자칫 세상에 대한 불신과 절망감에 빠져, 인생의 큰 위기를 만난 이 여성 노동자에게 "그래도 세상은 살 만하니 실망하지 말고 열심히 노력하며 살자"는 말이 차마 나오지 않았습니다.

　기업을 경영하는 사람들에게 부탁합니다. 제발 정도껏 하십시오. 당신의 자식이 알아도 부끄럽지 않을 정도로 기업을 경영하십시오. 노동자들이 더 이상 인내하기 어려울 정도로 기업 경영자들이 나쁜 짓을 많이 하면, 세상은 커다란 혼란에 빠지게 될 것입니다.

＊최저임금제가 저임금을 일소하고 임금소득 불평등을 개선하기 위해 만들어진 제도임에도 불구하고, 지난 10여 년간 최저임금 인상률은 전체 노동자의 평균 임금인상률보다 낮은 수준에서 결정되었다. 2006년 현재 법정최저임금은 시간당 3,100원으로, 월 단위(통상노동시간 226시간)로 계산하면 70만 600원이다. 하지만, 이는 주당 노동시간이 44시간에서 40시간으로 줄어들고(월 통상노동시간은 206시간), 적용 기간이 1년에서 1년 4개월로 늘어남에 따라 실제적으로는 64만 7,900원이 되어 2005년의 64만 1,840원과 비교하면 사실상 인상효과가 없는 것이다. 나아가, 최저임금조차 탈법적으로 적용되지 않는 노동자가 광범위하게 존재함에 따라, 임금소득 불평등은 오히려 더욱 확대되고 있는 실정이다.

노동자 권리를 주장하면 매국노 취급을 받는 현실

대통령 한 사람이 바뀌었다고 세상이 한꺼번에 변할 것이라고 기대하는 사람은 없을 것입니다. 만일 그렇게 기대했다가 지금 "노무현 대통령과 현 정부에 실망했다"고 비난하는 사람이 있다면, 그 사람이 어리석은 사람입니다.

그런데 대통령이 바뀐 뒤 우리 사회에 한꺼번에 달라진 것이 있습니다. 바로 노동조합을 비난하는 목소리가 그 어느 때보다 높아졌다는 것입니다. 사람들 앞에서 노동자의 권리를 주장하기가 요즘처럼 힘든 시대가 없었습니다. 노동조합 활동을 하거나 노동운동을 하는 사람이 아닌 학교 동창생들이나 일가친척, 교회의 교인들 앞에서 파업하는 노동자들을 조금이라도 옹호하는 말을 했다가는 거의 매국노 취급을 받는 것이 요즘 현실입니다. 그동안 여러 대통령을 겪었지만 이런 때가 일찍이 없었습니다.

그렇다고 노동자들이 예전보다 더욱 부자가 된 것도 아닙니다. 비교적 고임금을 받는 대기업 노동자들이라 할지라도 한국 사회 전체 소득분포에서 그들의 경제적 지위는 갈수록 낮아지고 있습니다. 노동자 소득이 늘어나는 것보다 빈부격차가 확대되는 속도가 훨씬 더 빠르기 때문입니다. 정부 수립 이래 지금까지 어느 정권 아래에서도 불평등 구조가 완화되는 쪽으로 그래프 방향이 바뀐 적이 없습니다. 노동자들은 임금이 인상되면서도 시간이 지날수록 더욱 가난해지고 있는 것입니다. 노동자 삶의 질은 결코 나아지지 않았습니다. 각종 지표가 그것을 증명합니다. 반면, 소수 재벌에게 자본이 집중되는 현상은 더욱 심해졌습니다.

심각한 불평등 구조는 기적적인 경제 성장의 성과를 한꺼번에 무너뜨릴 정도로 우리 사회에 해롭습니다. 지난 IMF 구제금융 사태가 그것을 여실히 보여 줍니다. 국민 대부분이 노동자이거나 그 가족으로 살아갈 수밖에 없는 사회에서 노동자들이 가난해진다는 것은 건전한 내수를 창출할 수 없다는 것을 의미합니다. 소수 부자들의 소비를 촉진함으로써 창출되는 내수는 그 나라 경제체제의 지속적 안정과는 거리가 멀 수밖에 없습니다.

노동자들의 파업 양상이 예년보다 더욱 과격하거나 빈발해진 것도 아닙니다. 언론이 "현대자동차 파업이 한 달을 넘겼다"고 보도하면 사람들은 현대자동차 노동자들이 한 달 동안 손을 놓고 일하지 않은 것으로 이해합니다. 그러나 올해 현대자동차의 파업은 예년과 달리 부분파업과 순환파업을 되풀이하는 양상으로 진행되고 있습니다. 현장 조합원들의 분위기와 국민정서를 고려한 노동조합의 선택이었을 것입니다. 잔업을 거부하는 소극적인 파업 방식을 놓고 "이게 파업이냐?"고 불만을 토로하는 노동자들도 있습니다.

그런데도 '토론의 달인'이라는 말을 듣는 대통령은 기회가 있을 때마다 세련된 표현으로 대기업 노동조합과 민주노총을 비난하고, 정부는 국가변란에 준하는 사태에서나 사용되는 '긴급조정'을 검토하며, 노동사건에 대한 법원의 판결은 더욱 보수화되어 예전의 판례를 뒤집는 판결을 거듭하고, 야당은 주5일 근무제 도입을 빌미로 "노동현장의 파업을 중지하거나 자제토록 하는 결의안을 추진하겠다"는, 그야말로 헌법에 보장된 노동3권의 취지를 정면으로 부인하는 말을 아무런 부끄러움도 없이 하고 있습니다.

더 나아가 정부는, 기업이 근로자를 쉽게 해고할 수 있도록 부당해고에 대한 형사처벌 조항을 없애고, 정리해고 60일 전에 당사자에게 알리고 노동부에 신고해야 하는 현행 사전예고기간을 단축하고, 정리해고 요건을 현재의 '긴박한 경영상의 필요성'에서 '경영상의 필요성'으로 완화하겠다는, 시대에 역행하는 방안들을 논의하고 있습니다.

이와 같은 현상들은 과거 군사독재라고 불리던 시대에도 없었던 일들입니다. 이렇게 된 이유가 무엇일까요? 사람들은 노무현 대통령이 당선됐다는 사실만으로 우리 사회의 개혁이 지나치게 앞서 나갔다고 생각하고 있는 것입니다. 노무현 후보를 개혁 지향 소수파의 상징으로 여겼던 많은 사람들은 노무현 정부의 출범만으로 우리 사회 민주화는 이미 완성됐다고 느끼고 있는 것입니다. 개혁 대통령이 당선되는 바람에 보수세력이 잠시 움츠러들어 있는 동안 가난하고 힘없는 사람들의 목소리가 지나치게 커졌다고 생각하는 것입니다.

그러나, 국민들은 아직도 노동조합을 불온시하고, 자신의 불편을 참으면서 노동자의 파업을 이해하려고 애쓰는 시민의식 수준은, 흔히 말하듯 '글로벌 스탠더드'에 도달하려면 아직 멀었습니다.

경제 활동 인구의 가장 많은 수가 노동자라는 정부의 통계가 뜻하는 사실은 우리나라 국민은 대부분 노동자이거나 그 가족으로 구성돼 있다는 것입니다. 그러한 사회에서 노동문제를 아직도 소수의 문제처럼 생각하는 기현상이 우리 사회 노동자 권리에 대한 인식의 수준을 말해 줍니다. 노동자이거나 또는 그 가족으로 살아갈 수밖에 없는 국민들이 노동문제를 자신의 문제로 인식하지 않는 한, 우리 사회 노동자 권리에 대한 이해는 평균수준도 되지 못하는 것입니다. 노동자의 권리는 우리 사회에서 한 번도 정상화되지 못한 채 다시 중대한 시련을 맞고 있습니다. 옷깃을 다시 여미고 신발끈을 고쳐 매야 할 때입니다.

이 분명하고도 기묘한 현상

노동문제에 대해 평소 큰 관심이 없거나 잘 알지 못하는 사람들을 위해 좀 자세하게 설명하겠습니다. 우리나라 노동법에는 '조정전치주의'라는 것이 있습니다. 노동조합이 파업을 시작하기 전에 반드시 조정을 먼저 해야 한다는 뜻입니다. 그 조정은 노동부 산하기관인 노동위원회에서 이루어집니다. 각 시도별로 지방노동위원회가 있고 상급기관으로 중앙노동위원회가 우리나라 전체에 하나 있습니다. 모든 노동조합의 파업은 노동위원회의 조정을 거친 다음에야 시작할 수 있도록 법에 규정하고 있습니다. 물론 가끔 이러한 법 절차를 무시하는 불법 파업이 발생할 때도 있습니다.

노동위원회에서 만든 조정안을 노사 양측이 받아들이면 이것을 "조정이 성립되었다" 말하고 단체협약이 체결된 것이나 마찬가지가 되어서 노동조합은 파업을 할 필요가 없어집니다. 노동위원회에서 만든 조정안을 노사 어느 한 쪽이라도 받아들이지 않으면 이것을 "조정이 불성립되었다" 말하고 노동조합은 파업에 돌입하게 됩니다.

2003년 8월 21일 현재 서울지방노동위원회에 접수된 올해의 조정 건수는 87건입니다. 작년 같은 기간에는 124건이었습니다. 올해가 작년보다 조정건수가 무려 30%나 줄어든 것입니다.

조정이 신청된 87건 중에서도 조정이 성립된 비율은 63%나 됐습니다.

작년 같은 기간에는 조정 성립 비율이 47%였습니다. 올해가 작년보다 16% 포인트 증가했습니다.

이것은 서울지방노동위원회에 국한된 통계이기는 하지만 다른 지방 노동위원회도 거의 마찬가지일 것입니다. 이 통계가 뜻하는 것은, 노동조합이 임금인상 투쟁이나 단체교섭을 하다가 노사간에 의견이 일치하지 않아 결렬된 건수가 작년보다 30%나 줄었다는 의미입니다. 교섭이 결렬된 경우에도 예년과 달리 노동위원회의 조정을 통해서 합의에 이르게 되어 파업을 벌일 필요가 없어진 경우가 훨씬 많았다는 뜻입니다. 결론적으로 올해 조직 노동자들은 매우 온건한 활동을 했다는 뜻입니다. 우리나라 노동자들은 올해 예년보다 훨씬 소극적인 투쟁을 벌인 것입니다.

노동자들이 파업을 벌인 횟수나, 파업에 참가한 노동자의 숫자나, 파업으로 인한 경제 손실의 지표가 되는 노동손실일수가 예년에 비해 절반에도 이르지 못한다고 지난 6월에 노동부가 통계를 발표하자, 경총에서 주장하기를 "올해는 노동쟁의가 예년보다 늦게 시작되었기 때문에 그런 통계가 나온 것일 뿐, 9월경에 이르러서는 오히려 예년보다 노동쟁의 건수가 훨씬 더 많아질 것"이라고 했지만, 결과적으로 그 주장이 틀렸다는 것을 이 통계가 보여 주고 있습니다.

지금 진행되는 화물연대의 파업도 예년의 발전 노조 파업이나 병원 사업장들의 장기 파업에 비하면 그 강도나 사회적 파장이 결코 더 크다고 볼 수 없습니다. 이와 같이 노동자들은 예년보다 훨씬 더 소극적으로 투쟁하고 있는데도 대통령은 과거 어느 대통령보다 자주 기회가 있을 때마다 조직 노동자들을 비난하는 말을 되풀이하고 있습니다.

화물연대 파업 등 노사문제 해결방안을 묻는 경제신문 편집국장들의 질문에 대해 노 대통령은 "대화와 타협을 거부하는 어떤 노사 집단과도 타협하지 않을 것"이라거나 "대화와 타협을 거부하는 집단에 대해서는 단호하게 법과 원칙으로 대응해 나갈 것"이라고 답했습니다. 표현상 '노사 집단' 양쪽을 지칭하고 있으나, 이 말을 듣는 사람들은 모두 그 화살이 노동조합 쪽을 향하고 있다고 생각합니다.

현재의 노동운동에 대해서도 노 대통령은 "조직률도 낮아 집단적 대표성도 지도력도 확보하고 있지 못하다", "지금 같은 노동운동을 가지고는 노동운동을 지속해 나가기가 어렵다"고 지적하고 "민주노총의 활동은 정당성이 없다"고 비판함으로써 민주노총에 대한 적대감을 노골적으로 드러내기까지 했습니다.

이러한 현상의 숨은 이유들을 섣불리 분석하지는 않겠습니다. 언론이 좋아하는 사실, 즉 '팩트'(fact)만 이야기하자면, 노동자들은 과거보다 더욱 온건해졌는데 노 대통령은 어느 정부 때보다 더욱 심하게 노동자들을 비난하고 있는 것입니다. 이 분명하고도 기묘한 현상이 뜻하는 것이 무엇일까요? 과거 많은 나라의 역사에서 보았듯이, 노동자의 권리를 빼앗은 권력이 그 다음에 보여 주는 행보가 무엇일까요? 우리들은 각자 자신의 위치에서 어떻게 행동해야 할 것인지 곰곰 생각해 봐야 할 것입니다.

대통령이 팔 걷어붙이고……

영국의 한 신용평가 기관이 올해〔2003〕한국 경제 성장률을 1%대로 전망한 것에 대해서 말들이 많습니다. 경제 성장률을 그렇게 낮게 책정할 수밖에 없는 이유로는 소비 위축, 불안한 노사관계, 설비투자 부진 등을 들고 있습니다. 이러한 원인들은 새삼스러운 것이 아닙니다. 한국 경제의 문제점을 지적할 때마다 단골로 거론돼 온 것들입니다.

한국은행 총재도 "경쟁국에 비해 임금이 비싸고 노사문제의 불안감이 가시지 않는 등의 고비용 구조가 문제이며 이를 바로잡는 것이 시급하다"고 강조했고, 재벌 기업이 운영하는 경제연구소에서도 "화물연대 파업 등 노사분규가 경제 불안의 중요한 요인"이라는 것이 공통된 의견입니다.

그러나, 노동부가 국회에 제출한 국정감사 자료에 따르면 금년 상반기의 노사분규는 작년 같은 기간과 비교하여 41%나 줄어들었고(209건→123건), 노사분규로 인한 노동손실일수는 65%나 줄어들었습니다(777,590일→269,783일). 이러한 추이는 올해 내내 계속될 것입니다.

반면, 금년 상반기에 발생한 직장폐쇄 건수는 작년 1년 동안 발생한 직장폐쇄 건수의 절반을 이미 넘어섰습니다. 작년 같은 기간 대비 통계가 없어 정확하게 알 수는 없으나, 직장폐쇄 건수가 작년과 비교하여 늘었거나 최소한 줄어들지 않았다는 것을 쉽게 짐작할 수 있습니다.

직장폐쇄란 노동조합의 노동쟁의에 대항하는 기업의 쟁의 수단으로,

노동법에 규정된 기업 방어권의 하나입니다. 노동조합이 파업에 돌입할 경우, 기업은 그에 맞대응하여 직장폐쇄라는 강수를 둠으로써 파업을 무력화시킬 수 있는 것입니다.

이 통계의 양적 지표가 뜻하는 질적 변화의 내용은 무엇일까요?

첫째, 노동쟁의 건수가 41%나 줄어들었다는 것은 노동자들이 예년보다 목소리를 상당히 낮추고 온건하게 활동했다는 것을 뜻합니다.

둘째, 노동쟁의로 인한 노동손실일수가 65%나 줄어들었다는 것은 노동자들의 파업으로 인한 경제적 손실이 그만큼 적어졌다는 것을 뜻합니다.

셋째, 노동쟁의 건수가 줄어들었음에도 기업의 직장폐쇄 건수가 늘어났다는 것은 노동조합의 파업에 대해 우리나라 기업들이 예전보다 매우 공격적으로 대응했다는 것을 뜻합니다. 즉, 노동자들의 요구는 예년보다 훨씬 더 온건하게 바뀌었으나 기업의 노무관리 방식은 상당히 공격적으로 바뀐 것입니다. 이것이 현재 우리나라 노사관계의 실상입니다. 그것을 부인하기는 어렵습니다.

실제로 노동자들의 목소리가 낮아지고 노동쟁의가 절반이나 줄어들었는데도 외국 신용평가 기관이나 우리나라 정책 담당자들, 기업 경영자들이 계속 불안정한 노사관계를 경제 성장의 중요한 걸림돌이라고 잘못 인식하고 있는 이유가 무엇일까요?

대통령이 끊임없이 노동조합을 비난함으로써 노동자들을 불필요하게 자극하고 언론은 이를 부풀려 실제보다 훨씬 과장된 불안감을 키운 탓입니다. 우리나라 기업의 노무관리 방식이 공격적으로 바뀐 것도 노사관계 불안정의 중요한 요인이라고 볼 수밖에 없습니다.

대통령이 마치 팔 걷어붙이고 노동자들과 맞장을 뜨는 것 같은 모습을 자주 보이는 것은 수구 보수 세력을 안심시키는 효과가 있을지 모르지만 우리나라 권력과 자본이 그토록 두려워하는 외국의 투자자들에게 결코 좋은 영향을 미칠 수 없습니다.

"대통령이 골프를 치는 모습을 외국 자본가들에게 보여 주면 우리 사회가 안정돼 있다는 느낌을 줄 수 있어 투자가 늘어난다"고 청와대가 스스로 주장할 만큼 대통령의 언행은 우리 사회에 큰 영향을 미친다는데, 대통령이 노동자들을 자극하는 말을 자꾸 되풀이해서 "선무당이 사람 잡는다"는 원색적인 공방을 주고받게 만드는 것은 어느 모로 보나 우리 사회에 유익하지 않습니다. 사회적 합의라는 막강하고도 소중한 자원의 가동을 불가능하게 만들 뿐 아니라 참여 정부 정신에도 어긋납니다. 얻는 것에 비해서 잃는 것이 훨씬 많습니다. 좀 더 신중하게 생각해 보고 처신해야 할 일입니다.

새내기 노동자들, 그들이 잘못인가

"우리 회사 사내 커플은 웬만한 중소기업 사장보다 낫습니다." 노동조합의 간부가 그렇게 말했을 정도로 그 회사는 노동조건이 월등하게 높기로 소문 나 있었다. 그 지역에서 노동조건 수준이 두 번째쯤은 된다는 다른 회사 노동조합 위원장도 "우리 회사와 비교하면 거기는 거의 천국"이라고 말했을 정도니까…….

그 회사의 노동자들은 옷차림새부터 달랐다. 사람이 그렇게 옷차림새로 구별된다는 것은 우리나라 노동자들의 임금이 아직 일상복을 마음대로 사 입을 정도에도 이르지 못했다는 뜻이어서 무척 기분 나쁜 일이다. 한 달에 1,000만 원을 버는 사람과 1억 원을 버는 사람의 옷차림에는 거의 차이가 없다. 그러나 한 달에 50만 원을 버는 사람과 200만 원을 버는 사람의 옷차림에는 차이가 날 수밖에 없다.

노동조건이 높을 뿐만 아니라 그 노동조합은 일상 활동과 임투·단체교섭 투쟁도 매년 가열차게 모범적으로 잘해서 평조합원들의 의식 수준이 모두 웬만한 노동조합의 간부급이었다. 벌써 몇 년째 한 달에 꼬박 두 시간씩 진행되는 전체 조합원 교육을 통해서 조합원들의 의식 수준은 "거의 강사의 실력을 평가할 수 있을 정도"에 이르러 있었다. 우리나라에서 노동교육을 욕먹지 않을 만큼 한다는 강사들은 1년에 몇 번씩 그 노동조합에 다녀오기 마련이니 그럴 수밖에 없다. 나도 가끔 갔는데 내 강의를 듣고 있는 노동자들 중에서는 "지난 달에 왔던 강○돌 교수보다 이론의 수준이 조금 떨어지지만, 얘기는 재미있게 잘하는 편이구만……" 하는 표정으로 앉아 있는 사람들도 있었다. 그곳에서 교육할 때는 "노동조합이 중요하다"느니 "투철한 노동자 의식을 가져야 한다"느니 하는 내용을 강조할 필요가 없었다. 그것에 대해서는 모두들 너무나 잘 알고 있으니까…… 오히려 다른 곳에 가서 가르칠 만한 사람들이니까…….

얼마 전, 그 노동조합에 다녀왔다. 같은 내용의 교육을 오전 오후 두 번씩 진행하기로 했다. 그런데 첫 번째 강의를 하면서 보니, 교육 분위기가 이전과 영 딴판이 아닌가. 도무지 집중이 안 되고, 산만하고, 소곤소곤 잡담하는 소리가 계속 들리고…… 물론 그 원인은 우선 무능한 강사 탓이다. 교육 후에 평가를 할 때 어떤 강사들은 강의 듣는 사람들을 나무란다. "오늘 강의 대상은 수준이 너무 낮아서 분위기도 산만하고, 집중도 안 되고, 절반 정도는 졸면서 앉아 있더라"고 막 화를 내는 사람도 있다. 그러나 그거야말로 무능한 강사가 자기 얼굴에 침을 뱉는 꼴이다. 그 사람들이 귀 기울여 들을 만한 적절한 강의를 하지 못했다는 뜻이다.

교육 분위기가 하도 소란하니까 노조 위원장이 도중에 몇 차례 일어나 뒤를 돌아보며 분위기를 집중시켰다. 위원장이 일어나 눈을 부라리고 휘 돌아보면 잠시 조용한 듯하다가 금새 다시 소란해졌다.

'왜 이럴까. 이 노동조합이 전에는 이런 곳이 결코 아니었는데……' 겨우겨우 힘들게 오전 강의를 마치자 위원장이 내게 달려와 말했다.

"소장님에게 귀띔한다 해놓고 제가 깜박 잊었습니다. 우리 회사가 얼마 전에 신입사원들을 채용했거든요. 고등학교 갓 졸업한 여성들로만 신입사원들을 뽑았거든요. 그런데 저희가 아직까지 소양교육을 못했습니다. 세상에 태어나서 노동조합에 관한 이야기를 오늘 처음 들어보는 사람들이 몇 십 명 섞여 있을 거라는 걸, 제가 소장님께 귀띔해야겠다고 생각만 하고 그만 깜박 잊었습니다. 그런데 제가 보니까, 이 신입사원들은 인생의 고민이 없는 사람들이에요. IMF 경제 위기라고 다른 사람들은 있던 직장에서도 쫓겨나는 판인데 자기들은 고등학교 졸업하자마자 바로 취업했지요…… 그것도 이 지역에서는 모두들 다니고 싶어하는 회사지요…… 지금 이 사람들은 인생의 고민이 없다니까요."

그 말을 들으니 과연 그럴 만도 했다. 그러니까 그 신입 여성 노동자들은 얼마 전까지 고등학교 교실에 모여서 수다 떨던 그 모습 그대로 교육장에 몸만 옮겨 와 있는 거였다. "오늘 근무시간에 일 안하고 무슨 교육을 한대. 우리 거기 가서 놀자. 그래도 임금은 다 나온대." 그런 생각으로 삼삼오오 짝지어 소곤소곤 얘기하는 사람들이 몇 십 명이나 섞여 있었으니 교육 분위기가 그럴 만도 했다. 위원장이 참 미안하다는 표정으로 말했다.

"제가 나중에 따로 모아놓고 따끔하게 한번 말하겠습니다."

"위원장이 말한다고 그 사람들이 뭐 듣나?"

내가 그렇게 말하자 위원장은 금새 얼굴이 굳어지면서 말했다.

"나는 그 사람들에게 정말 할 말 있는 사람입니다. 회사가 처음에는 그 사람들을 임시직·계약직으로 채용할 계획을 세웠거든요. 그걸 우리가 정규직으로 바꾸느라고 얼마나 싸웠는지 아십니까? 나중에는 본사가 있는 서울 여의도에 올라가서 현관 앞 아스팔트 도로에 텐트 치고 한 달 이상 버텼어요. 그렇게 해서 회사가 이 사람들을 정규직으로 채용하게 했던 겁니다. 나는 정말 이 사람들에게 할 말 있습니다. '당신들을 회사가 정규직으로 채용하도록 우리가 얼마나 고생했는지 아느냐?' 나는 그 사람들에게 정말 할 말 있다니까요."

위원장은 말하면서 거의 목이 잠겼다. 그러나 정작 이 여성 노동자들은 '임시직'이 무엇인지, '계약직'이 무엇인지, '정규직'이 무엇인지도 모르고 있을 터였다. 나머지 조합원들 절반을 대상으로 오후 강의를 하면서 나는 강의 내용을 조금 바꿨다. 소개와 인사가 끝나자마자 첫마디를 다음과 같이 시작했다.

"여러분, 이 회사에 다니는 것이 대단한 일이라고 생각하십니까? IMF 경제 위기라고 다른 사람들은 다니던 직장에서도 쫓겨나는데, 여러분들은 고등학교를 졸업하자마자 취업이 됐고, 그것도 이 지역에서는 모두들 다니고 싶어하는 회사에 취업이 되었으니 인생이 행복하다고 느껴지십니까?"

사람들은 '저 사람이 무슨 말을 하려고 저러나' 싶은지 나를 조용히 쳐다보고 있었다. 그날 내가 했던 강의의 앞부분은 다음과 같았다.

"지난 봄, 서울지하철 노조가 파업을 했을 때, 그 파업에 동조하면서 함께 파업을 벌인 노동조합들 중에 '과기 노조'라고 있습니다. 전국에 흩어져 있는 연구소의 노동자들이 가입한 노동조합입니다. 연구소는 수십 개지만 노동조합은 한 개로 뭉쳐 있는 조직입니다. 그 조합원들의 60% 이상은 석사학위 소지자입니다. 제가 노동조합 창립 기념일에 가서 강연을 했던 '원자력안전기술원 노동조합'은 전체 조합원의 30% 이상이 박사학위 소지자였습니다. 생각해 보세요. 석사·박사학위를 가진 사람들이 노동자라는 이름으로 노동조합의 깃발 아래 파업을 해야 하는 그런 세상입니다. 여러분들이 그 석사·박사학위를 가진 노동자들보다 더 특권층이라고 생각하세요? 만일 그렇다면 노동조합에서 오늘 탈퇴해도 좋습니다. 지난 여름, 방송국 노동자들이 파업한 것은 모두 아실 거예요. 그 노동자들이 그 파업을 두 달 동안 준비했습니다. 국회 개원일자에 맞추어 파업 일자를 미리 못 박아놓고, 노동조합 집행부 간부들이 전국에 흩어져 있는 방송국을 돌아다니면서 조합원들과 함께 1박 2일씩 수련회를 했습니다. '여러분, 두 달 후에 우리 파업에 들어갑니다. 그때 꼭 올라와서 함께 싸웁시다.' 수련회가 거듭될수록 파업 날짜가 계속 다가왔습니다. '여러분, 우리 한 달 후에 파업에 들어갑니다. 그때 꼭 함께 올라와서 싸웁시다', '여러분, 2주 후에 우리 파업 들어갑니다', '이제 파업 시작 일주일 남았습니다', '자, 이제 내일 새벽부터 파업입니다.' 그때 마지막으로 교육한 조합원들이 바로 방송국 교향악단원들이었습니다. 예술가로 평생을 살아온 사람들, 우리나라 최고 수준의 연주인들, 90% 이상이 해외유학을 다녀온 사람들, 그 사람들에게 호소했습니다. '여러분, 예술가라는 긍지로 평생을 살아오셨겠지만, 여러분도 분명히 노동자입니다. 내일부터 시작되는 파업에 그동안 여러분이 혼신의 힘을 다해 준비했던 정기연주회를 둘러엎고 올라와 함께 참석해 주십시오' 그렇게 시작된 파업 현장에 저도 갔었습니다. 민주광장에서 스티로폼을 깔고 앉아 있는 수천 명의 방송 노동자들…… 아나운서들, PD들, 기자들, 방송 기술자들, 교향악단원들에게 강연을 했습니다. 생각해 보세요. 아나운서들, PD들, 기자들, 방송 기술자들, 교향악단원들, 그런 사람들이 자기들도 노동자라고, 노동조합의 깃발 아래 파업을 해야 하는 그런 세상이라구요. 여러분들이 그 사람들보다 더 특권층이라고 생각하세요? 여러분들이 그 사람들보다 더 노동조합과 관계없는 사람들이라고 생각하세요? 만일 그렇다면 노동조합에서 오늘 탈퇴하셔도 좋습니다."

그렇게 시작된 강의를 사람들은 첫 번째 강의보다 귀담아 들었다. 물론 내가 말한 내용 중에는 큰 문제점들이 있다. 나중에 평가회를 하면서 '노동조합의 중요성을 꼭 그렇게 말할 수밖에 없었느냐', '못 배운 사람들의 열등감을 이용하는 방법밖에 없었느냐'고 혹독하게 비판받았다. 그러나, 오죽 답답하고 급했으면 내가 그렇게 말했을까…… 이해와 용서를 구한다.

'노동조합'이라는 중요한 단어가 자신의 인생과 전혀 관계없을 거라고 생각하면서 자란 청소년들. 자신들이 인간답게 살아가기 위해서 가장 중요한 것이 노동조합이라는 것을 까맣게 모르고 있는 신세대 노동자들. 따지고 보면, 그것은 그들의 잘못이 아니다. 이 땅의 교육과 언론을 좌지우지하고 있는 '자본'과 '권력'의 잘못이다.

신입사원들에게 노동교육을 하면서

지하철 안에서 전도하는 사람들을 가끔 볼 수 있습니다. 그 뜻과 용기는 가상하지만 지하철 안의 승객 중에서 그 사람의 말에 귀를 기울이고 있는 표정은 별로 없어 보입니다. 만일 대부분의 사람들이 종교에 대한 이해가 전혀 없는 상태라면, 종교는 아편일 뿐이라고 생각하고 있다면, 조물주란 완벽하지 못한 인간이 자신의 박약한 의지를 보완하기 위해 만들어 낸 상상에 불과하다고 생각한다면, 전도하는 사람이 어떤 신을 믿으라고 아무리 호소해도 효과가 없을 것입니다. 종교의 가치를 전혀 인정하지 않는 사람에게는 기독교나 불교나 아무런 의미가 없기는 마찬가지입니다.

　기업체에 새로 취업한 신입사원들을 대상으로 노동문제에 관한 교육을 하러 다니면서, 지하철 안에서 전도하는 사람과 비슷한 신세라는 느낌을 받을 때가 많습니다. 내가 하는 강연은 노동조합의 요구로 회사 신입사원 연수 프로그램에 끼어 넣다시피 한 경우가 대부분인데, 요즘처럼 취업하기 어려운 시대에 치열한 경쟁률을 뚫고 합격한 신입사원들은 지금까지 우리 사회에서 살아온 30년 가까운 세월 동안 노동문제에 대한 부정적인 인식만 일방적으로 주입 받아 온 사람들입니다. 대기업 노동자 임금을 동결하는 것이 마치 애국적 결단인 양 호도하는 새빨간 거짓말이 아무런 죄책감도 없이 횡행하는 사회에 길들여진 사람들입니다. 노동조합이나 노동운동을 우리 사회에서 사라져야 할 암적인 존재로 잘못 인식하고 있는 사람들에게는 민주노총이든 한국노총이든 아무런 의미가 없기는 마찬가지입니다.

얼마 전에 강연을 하러 갔던 회사는 신입사원 초임 연봉이 3,400만 원이라고 했습니다. 신입사원들의 표정은 자신만만한 뿌듯함으로 가득 차 있습니다. 그 사람들은 아마 자가용 정도는 취업하자마자 바로 할부로 구입할 수 있을 것입니다. 몇 년만 부지런히 돈을 모으면 남들보다 일찍 아파트도 한 칸 장만할 수 있겠지요. 그 다음부터는 아파트 평수를 조금씩 넓히면서, 자가용도 점점 큰 차로 바꾸면서, 냉장고도 문이 서너 짝 정도는 달린 것으로 들여놓고 살아갈 수 있을지 모릅니다.

만일 그 직장인들이 인생의 가치를 그런 것에만 느끼며 살아간다면 그 사람들은 자신보다 조금이라도 더 많이 돈을 버는 사람보다 결코 더 행복해질 수 없습니다. 그 사람들보다 조금이라도 더 많은 돈을 버는 사람들로부터 무시당하는 것을 피할 수가 없을 것입니다. 남들보다 잘 먹고 잘 사는 것 외에 다른 일에도 인생의 의미와 가치를 느끼며 살고자 한다면, 직장인으로서 사회에 첫발을 내딛으며 우리는 무엇에 관심을 갖고 살아 할까요?

저는 신입사원들에게 노동조합에 관한 이야기를 그렇게 시작했습니다. 노동조합을 통하여 그 고민에 대한 해답을 구하는 것이 가능하기 때문입니다. 억지로 갖다 붙이는 결론이라는 느낌이 드실 겁니다. 그러나 전 세계 모든 나라에서 직장인들이 노동조합을 만들어 단체교섭을 하고 파업도 벌이며 자신의 행복한 인생을 개척해 나갈 수 있는 권리를 신성한 노동기본권으로 보장한 데에는 다 그럴 만한 이유가 있습니다. 노동조합이야말로 헌법에 의해 보장된 직장인들의 구체적이고도 유일한 조직입니다.

최근 인터넷에서 읽은 짧은 이야기들을 소개하겠습니다.

첫 번째 이야기입니다.

오래 전에 독일로 유학을 간 사람이 있었습니다. 공부를 마치고 1990년대 초반에 귀국하려고 하자 집주인이 그를 불렀습니다. 그리고는 그에게 돈을 주면서 다음과 같이 말했다고 합니다.

"내가 신문에서 보니까 지금 한국에서 민주 노조 운동이 막 시작되어 굉장히 어려운 처지에 있다고 하더군요. 그러니 이 돈을 한국의 민주 노조 운동 지도부에 전달해 주십시오. 우리 집안은 3대째 노동자 집안입니다."

두 번째 이야기입니다.

필리핀의 민족민주운동을 취재하려고 우리나라 사람들이 필리핀에 갔습니다. 취재 과정에서 그들은 필리핀의 노동조합이 한국의 5·18 광주민중항쟁을 추모하고 그 책임자 처벌을 요구하는 집회를 열고 있는 모습을 보고 놀랐습니다. 한국에서는 그 일에 대해서 사람들이 입도 제대로 뻥긋하지 못하고 있던 시절이었지만, 이역만리 필리핀 노동자들이 한국의 5·18 광주민중항쟁을 추모하고 책임자 처벌을 요구하는 행사를 벌이고 있었습니다.

세 번째 이야기입니다.

울산에 있는 대그룹 계열사 노동조합이 토요일과 일요일에 걸친 1박 2일의 교육을 진행했습니다. 교육을 마치면서 각자 교육에 대한 소감을 말하는 시간이 있었습니다. 노동자들은 대부분 20, 30대의 젊은 나이였고 소감 역시 투쟁 결의를 다지는 내용이 많았습니다. 거의 끝나 갈 무렵 사회자가 구석에 있는 한 노동자를 호명했습니다.

"형님, 형님도 한 말씀하시죠."

그러자 구석에서 멋쩍은 표정을 지으며 일어선 40대 중반의 노동자가 이렇게 말했습니다.

"내가 뭘 아냐? 나는 다만 노동조합이라는 것이 우리끼리 잘 먹고 잘 살자고 만든 것이 아니라, 우리보다 더 어려운 사람들을 도우려고 만든 것이라고 생각한다."

이것이 노동조합입니다. 대기업 노동자들이 중소 영세 하청업체 비정규직 노동자들의 처지를 나 몰라라 하고 있다고 비난하는 사람들이 있고 그러한 집단 이기주의 때문에 심각한 문제가 발생한 노동조합이 있는 것도 사실이지만, 그러한 경향은 우리 노동운동의 도덕성을 훼손할 만큼 전반적인 현상은 아닙니다. 대기업 하청업체 노동자들이 노동조합을 만들기 위해 일일주점을 마련했을 때 정규직 노동자들이 수천 장의 일일주점 티켓을 앞다투어 사 주기도 했습니다.

지난해 TV 연속극 〈다모〉를 통해 "아프냐? 나도 아프다"라는 주인공들의 대사가 널리 알려졌습니다. 사람들이 그 말에 공감한 것은 그것이 인류가 지향하는 일반적인 정서이기 때문입니다. 대기업 노동자들이 언제까지나 비정규직 노동자들의 어려움에 대해서 "아프냐? 나는 안 아프다" 하는 식으로 몰라라 하지는 않을 것입니다. 지금 대기업 노동조합이 그렇다고 비난하는 사람들을 가만히 보면, 오히려 그렇기를 바라는 경우가 많습니다. 그러나 노동운동은 절대로 그 사람들이 바라는 것처럼 타락하지 않을 것입니다. 많은 사람들이 그렇게 되지 않도록 노력하고 있습니다.

단체교섭, 학교에서 가르쳐야 한다

 노동조합 위원장 선거를 준비하는 노동자들이 고민을 전해 왔다. 나이 많고 근속연수가 오랜 조합원들이 자신들의 명예퇴직과 자녀들의 취업을 맞바꾸기를 바라고 있는데 그것을 선거공약에 포함시켜야 할지, 말아야 할지 잘 판단이 서지 않는다고 했다.
 정년퇴직을 앞둔 직원들이 자신들의 자녀가 그 회사에 취업할 때 우선권을 부여하라고 회사에 요구하는 것은 새삼스러운 일이 아니다. 한 노동조합 간부는 "그것이 요즘 조합원들이 노동조합에 요구하는 최대 요구사항"이라고 표현하기까지 했다.
 실제로 노사간에 "동일한 조건일 경우 (일정한 요건을 갖춘) 직원의 피부양가족을 우선 채용한다"는 단체협약 규정을 체결한 기업들도 있고, 그러한 명문 규정이 없더라도 신입사원을 채용하면서 직원 자녀에게 유리한 조건을 적용하는 관행을 마치 미풍양속처럼 지키고 있는 기업들도 많다.
 요즘처럼 청년실업이 심각한 시대에 정년퇴직이 얼마 남지 않은 노동자라면 당연히 자녀의 취업을 걱정할 수밖에 없다. 그러나, 노동자들의 "자녀 우선 채용 요구"가 과연 올바른 것일까?
 그 요구를 노동자에게 최대한 호의적으로 해석해 보자. 정부가 국가유공자 자녀에게 일정한 혜택을 주는 것이나 산업재해 사고로 사망한 노동자의 자녀에게 그 회사에 취업할 기회를 마련해 주는 것처럼 한 회사에서 오랜 세월 열심히 일하며 회사 발전에 기여한 직원의 자녀에게 그 정도의 혜택을 주는 것이 뭐가 나쁘냐고 생각할 수도 있다.

회사로서는 회사 직원들의 자녀를 우선 채용하는 것이 그 회사의 특징과 사정을 훤히 알고 있는 사람을 선별할 수 있는 기준이 될 수 있으니 향후 인사노무 관리에 유리한 측면이 있을 수도 있을 것이다.

그러나 특정한 대상의 권리를 보호할 때에는 항상 그 권리가 다른 사람들의 권리를 침해할 가능성이 없는지 살펴야 한다. 그것은 모든 '권리'에 따르는 바꿀 수 없는 명제다. 발명에 대한 특허권조차 그 권리를 보호하는 것이 다른 이들이 권리를 과도하게 침해할 때에는 인정되지 않는다.

조합원 자녀 우선 채용 규정이 다른 사람들의 직업 선택 권리를 박탈하는 대표적인 상황은 직원들이 정규직과 비정규직으로 나뉘어 있는 사업장에서 정규직만 노동조합원 자격을 갖는 경우이다. 정규직 사원이 정년퇴직하면서 자신의 자녀를 그 회사에 취업시킬 권리를 갖는다는 것은 그 노동자 가정에 꽤 좋은 혜택이 되겠지만, 비정규직 노동자의 입장에서 보면 정규직의 부당한 '세습'이나 다름이 없다. 비정규직 노동자 자녀들이 그 회사에 취업할 기회를 박탈하는 결과를 초래할 수밖에 없다. 헌법상의 권리인 직업 선택의 자유가 침해당하는 것이다.

강한 존재와 약한 존재가 대립하는 갈등 구조에서는 대개 약한 쪽의 권리가 강화되는 것이 사회정의에 부합할 때가 많다. 자본가와 노동자가 대립할 때처럼("인사·경영권까지 간섭하는 대기업 노조가 약한 존재인가?"라는 의문을 품는 사람들이 분명히 있을 것이다. 그러나, 아직까지 대부분 대기업 노조도 자본과 맞서는 관계에서는 약자일 수밖에 없다. 그렇지 않은 소수의 노조가 있을 뿐이다). 마찬가지로 정규직과 비정규직의 갈등 구조에서는 비정규직의 권리가 보호되는 것이 사회정의에 부합한다.

물론 비정규직 노동자 문제의 본질적 책임은 상대적으로 나은 대우를 받는 정규직 노동자들에게 있는 것이 아니라 비정규직을 부당하게 차별하는 경영자에게 있다. 비정규직 노동자에게도 동일한 노동조건을 적용한다면 비정규직 차별이란 문제가 아예 발생하지 않았을 것이다. 그러나, 이미 엄연한 차별이 존재하는 상황에서 정규직 노동자들이 자신의 자녀가 취업 우선권을 갖기를 바라는 것은 노동자 사회의 불평등을 해소해야 한다는 당연한 명제 앞에서 심각하게 고민해 봐야 할 일이다.

그렇다고, 공정하게 신입사원을 채용할 수 있는 방안이나 제도의 확립도 없이 지금 당장 단체협약의 그 조항들을 폐기한다면 현재의 기업 풍토에서는 회사 관리직 사원이나, 인사노무 담당자나, 지역 유력 인사나, (하청회사의 경우) 원청회사 직원의 추천을 받은 사람들만 취업하는 꼴이 될 것이 뻔하고, 그렇게 취업한 노동자들이 민주 노조 활동에 참여한다는 것은 거의 불가능한 상황이니 노동조합은 조직력 방어의 차원에서도 그 권리를 쉽게 포기할 수 없는 일이다.

우리 사회가 이러한 문제들에 대해 올바로 판단할 능력을 갖기란 쉬운 일이 아니다. 이러한 문제들에 대해 올바르게 판단할 능력을 우리나라 제도권 교육과정에서는 제대로 배울 수 없기 때문이다. 독일 같은 나라에서는 초등학교 정규수업시간에서부터 노사관계를 가르친다. 교과서에서는 노사관계에 대하여 "가족관계를 제외하고 인간이 자기를 실현하며 살아가는 가장 중요한 관계"이며 "민주주의와 공동결정"의 장이라고 정의한다.

그 말이 백번 맞다. 자본주의 사회를 구성하는 대부분의 사람들은 가족생활 그 다음이 직장생활이다. 실제로 가정에서보다 회사에서 더 많은 시간을 보내야 하는 직장인들이 얼마나 많은가? 교실에 앉아 공부하는 학생들 대부분이 장차 노동자가 되는 사회에서는 학교의 정규 수업 과정에서부터 노사관계에 대해 중요한 비중으로 가르쳐야 하는 것이 당연하다.

독일 중등학교 사회과목의 한 교과서에서는 모두 340쪽의 분량 중 93쪽을 노동교육에 할애하고 있다. 청소년 실업에 관한 내용만 29쪽이나 되는 교과서도 있다. 추상적이고 이론적인 내용만 가르치는 것이 아니라 "지금 눈앞에서 벌어지고 있는 생생한 사실들"을 토론 주제로 다룬다. 독일 금속 노조와 사용자단체가 체결한 임금협약, 금융 노조와 사용자단체가 체결한 기본협약 등과 함께 노동조합이 발표한 성명서, 노동문제에 대한 신문기사 등이 교과서에 수록된다.

우리나라 초등학교에 해당하는 학년에서부터 '모의 노사교섭'이 일상화된 특별 활동으로 자리 잡혀 있어, 기업 경영에 관한 각종 자료들이 주어지면 학생들이 스스로 경영자 대표를 뽑고 노동조합 대표를 뽑아 임금협상을 하고 단체협약을 체결해 보기도 한다. 적정한 임금인상률에 대한 고민과 그 단체협약이 노동자의 삶과 사회 전체에 미치는 영향에 대한 판단을 초등학교 때부터 경험하는 것이다. 한 사회과목 교과서에서는 모의 노사교섭을 모두 6회에 걸쳐 진행하도록 편성하고 있다. 초등학생들이 모의 노사교섭을 벌이고 있는 모습을 사진으로 처음 봤을 때의 충격이 아직도 생생하다.

독일 한 나라만 예로 들었을 뿐이지, 대부분의 선진국들이 마찬가지다. 궁금한 분들은 한국노동교육원이 발행한 400쪽이 넘는 보고서 "선진 5개국 학교노동교육실태"를 참고하기를 권한다.

그런 나라에서는 단체협약에 직원들의 자녀를 우선 채용하도록 규정하는 것이 노동조합 조직 보호와 노동자의 구매력 유지를 위해 필요한 것인지, 아니면 다른 사람들의 직업 선택 자유를 박탈하거나 평등권을 침해할 우려가 있는 것인지 등에 대한 판단을 제도권 교육 과정 속에서 이미 경험한 뒤에 노동자가 된다. 그런 과정을 거치며 노동자가 되는 사회와 노동에 대한 아무런 개념 정립도 없이 노동자가 되는 사회의 노동운동은 같을 수가 없다. 더욱 중요한 것은 시민들이 그 노동운동을 바라보는 시각과 이해하는 수준도 같을 수가 없다는 것이다.

이제부터라도 노동문제에 대해 학교에서 제대로 가르쳐야 한다. 그러나 쉽게 이루어지지는 않을 것이다. 노동문제에 대해 올바른 인식이 사회에 자리 잡히면 치명적인 손해를 입을 수밖에 없는 사람들이 아직까지 우리 사회를 지배하고 있기 때문이다.

헌법재판소가 무식한 이유

사람들은 보통 "법 앞에서 만인은 평등하다"는 것이 진리라고 생각합니다. 그러나 그 말은 어디까지나 '시민법' 체계에서만 진리일 뿐, '사회법' 체계에도 똑같이 적용되는 것은 아닙니다.

"사람은 모두 평등하게 태어났다"는 생각이 기초가 되어 수백 년의 엄격한 봉건사회 신분제도가 무너졌고, "사람은 평등하다"는 신념이 체계화된 것이 바로 민법, 상법 등 '시민법'입니다.

그러나, 사회가 발전하면서 형식적으로 법 앞에 평등한 인간이 현실적으로는 평등하지 않다는 것을 점차 깨닫게 되었습니다. 실제로 평등을 실현하기 위해 새로운 법률체계가 요구되었고 그래서 새롭게 체계화된 것이 바로 노동법, 사회보장법 등 이른바 '사회법'입니다. 강한 사람의 권리는 규제하고 약한 사람의 권리는 보호한다는 것이 사회법의 이념입니다.

같은 사건을 시민법 관점에서 보느냐, 또는 사회법 관점에서 보느냐에 따라 다른 결론에 도달합니다. 예를 들어, 셰익스피어의 『베니스의 상인』에 나오는 "돈을 갚지 못하면 살을 1파운드 베어 가겠다"는 계약은 시민법 이념의 계약자유원칙에서는 유효하지만 사회법 이념에서는 사회정의에 반하기 때문에 당연히 무효가 됩니다.

우리나라 국민들은 어릴 때부터 시민법 이념에 대해서는 익숙하게 훈련받습니다. 유치원에서부터 시작되는 교통신호 지키기 교육이 대표적인 시민법 훈련입니다. 부자나 가난한 사람이나 다 같이 지켜야 하는 원칙입니다.

반면, 사회법에 대해서는 배울 기회가 거의 없습니다. 대부분의 법과대학에서 사회법은 선택과목입니다. 사법시험에도 사회법은 거의 출제되지 않으니 공부하는 학생들이 많지 않습니다. 사법연수원에서도 대부분 선택과목입니다. 특히 노동법이 그렇습니다. 학교에서 가르치지 않고, 사법시험에 출제되지 않고, 사법연수원에서도 공부하는 사람들이 많지 않습니다.

사법연수원 노동법 세미나에서 몇 차례 강의를 한 적이 있었는데, 첫날 근로기준법 강의를 마치고 강의 평가를 하는 자리에서 한 연수원생이 저에게 이렇게 말했습니다. "저희들이 뭔가 알고 있을 거라고 짐작하지 마십시오. 오늘 소장님 강의를 들은 연수원생들 중에서 90% 이상이 근로기준법을 오늘 이 자리에서 처음 보는 사람들입니다."

이제 곧 판사·검사·변호사들이 될 사람들인데, 그들 중에서 90% 이상이 근로기준법을 그날 그 자리에서 처음 봤다는 것입니다. 이것은 공포영화에 가까운 상황입니다. 노동법에 무지한 법조인들을 만들어 내는 완벽한 시스템입니다. 이러한 과정을 거쳐 배출된 법조인들이 노동법 사건을 올바르게 사회법 관점으로 판단하는 것은 불가능할 수밖에 없습니다. 사회법 사건을 계속 시민법 관점으로 판단하게 됩니다.

파업으로 인해 회사가 입은 경제적 피해를 일반 민사사건의 채권채무와 같이 취급하여, 파업에 참여한 노동자 한 사람에게 100억 원이 넘는 가압류 결정을 하는, 비상식적인 일이 법원에서 가능한 이유는 바로 그 때문입니다.

헌법재판소가 필수공익사업장 직권중재 제도에 대해 '합헌' 결정을 내린 것도 같은 맥락입니다. 직권중재 제도는 공익성이 강한 기업의 노동조합이 합법적으로 파업할 수 있는 길을 원천적으로 봉쇄하는 제도입니다.

아주 중요한 부서의 파업을 부분적으로 제한하는 것은 모르되, 그 사업장에 근무하는 모든 직종의 노동자가 합법적인 파업을 할 수 없게 되는 이상한 제도는 선진국에 거의 없습니다.

헌법재판소는 결정문에서 "필수공익사업에 한해 강제중재 제도를 인정한 것은 과잉금지의 원칙에 위배되지 않는다"고 밝혔지만, 예를 들어 병원에 근무하는 노동자의 경우, 응급실, 중환자실뿐만 아니라 일반 사무원이나 기능직 노동자들까지 모두, 헌법에 보장된 합법적인 파업이 불가능해질 수밖에 없는데, 이것을 어떻게 '과잉금지'가 아니라고 볼 수 있을까요? 그렇게 결정한 사람들에게 노동법을 올바르게 판단할 수 있는 능력을 어디에서 배우고 익혔느냐고 묻고 싶습니다. 앞으로 수많은 노동자들이 이 잘못된 제도의 희생양이 되어 자신의 일터를 떠나게 될 것은 불을 보듯 뻔한 일입니다.

노동법에 대한 올바른 판단력을 가질 수 있도록 법조인 양성 제도가 개선되고, 노동법원이 설립되어 1,300만 직장인들에게 발생하는 사건을 올바르게 판단할 수 있는 전문성이 길러져야 할 것입니다.

제4장

노동의 눈으로 바라본 세상

화물노동자 전용희_그림 손문상

백혈병 노동자에 대한 세 가지 관점

백혈병에 걸려 치료를 받느라고 몇 개월 동안이나 회사에 출근하지 못하다가 결국 해고당한 노동자의 부인을 만났다. 그 부인은 이렇게 말했다.

"제 남편은 정말 일밖에 모르는 사람이에요. 항암 치료를 받으면서도 퇴원만 하면 회사에 나갔어요. 밤을 새기도 했어요. 언젠가는 일요일이었는데도 집에 안 들어오는 거예요. 아이들과 함께 회사에 찾아가서 봤더니 무슨 자료를 잔뜩 복사해서 책자를 만드는 일을 혼자 하고 있었어요. 저하고 아이들까지 같이 밤 새워 가면서 복사한 자료들을 순서대로 추려서 스프링으로 묶어 제본하는 일을 거들었어요.
남편은 병원에 입원해 있으면서도 노트북 컴퓨터로 계속 일을 했어요. 의사 선생님들조차 그이 보고 '우리보다 더 바쁜 사람'이라고 그랬어요. 그이는 일을 사랑하는 사람이에요. 일을 해야 병이 낫는 사람이에요. 제발 해고하지만 말아 달라는 게 우리 요구예요. 돈을 달라는 것도 아니에요. 의료보험도 회사 경영하는 다른 친척 도움으로 다 해결했어요. 그냥 회사 직원 신분만 유지하게 해 달라는 거예요. '내가 병이 다 나으면 다시 복귀해서 일할 수 있는 직장이 있다'는 생각만이라도 갖게 해 달라는 거예요. 그이는 최근에 깨끗한 골수를 이식해서 완치 확률이 아주 높아졌거든요. 요즘 새로 나온 백혈병 특효약 있잖아요. 아직 그 약을 쓸 필요도 없을 만큼 양호한 상태예요.

그이는 요즘도 쉬지 않고 책을 읽고 원고를 쓰고 그래요. '원고료 한 푼도 안 받을 테니 잡지에 회사 이름만 나오게 해 달라'는 조건으로 쓰는 원고예요. 그만큼 일과 회사를 사랑하는 사람이에요. '내가 다시 일할 수 있는 회사가 있다'는 생각을 가질 수 있어야 병이 낫는 사람이에요. 회사에 뭘 더 특별하게 요구하는 것도 아니에요. 그냥 그 회사 직원이라는 생각을 갖도록 해 달라는 거예요. 그이가 병원에 있는 동안 회사에서는 한 번도 찾아오지 않았어요."

그 회사의 대표이사는 이렇게 말했다.

"직원 신분을 계속 유지하게 하면, 퇴직금 부담이 높아지는 등 복지후생비 부담이 늘어납니다. 그리고 회사에 장기간 출근하지 않는 사람과 고용계약 관계를 계속 유지하는 것은 회사 직원들의 정서상 받아들이기 곤란합니다."

다른 회사의 고위 관리자는 그 대표이사를 거들며 이렇게 말했다.

"직업병이나 산재라면 당연히 회사에서 찾아가 봤겠지만, 백혈병은 개인 질병이어서 회사에서 병문안을 가야 할 법적·도덕적 의무가 있는 것도 아닙니다."

대학에서 법학을 가르치는 교수는 이렇게 말했다.

"사람들이 병에 걸리면 회사를 빨리 정리하고, 쉬면서 치료에 전념해야 하는데, 일에 대한 미련을 버리지 못하고 연연해 하는 풍토, 그게 참 큰 문제입니다. 일을 빨리 정리하고 치료에 전념해야 그 사람에게도 도움이 될 텐데 말이지요."

나는 이렇게 말했다.

"같이 일하던 직원이 백혈병에 걸려서 몇 개월이나 치료를 받고 있는데, 특별히 임금을 지급해야 하는 것도 아니니, 다 나으면 다시 나와서 일할 수 있도록 직원 신분을 유지하도록 해 주자는 것이 오히려 직원들 정서 아닐까요? 그게 우리들의 상식 아닌가요?"

누구의 관점이 옳은가. 굳이 '역사의 심판'을 들먹이지 않고, 초등학교 도덕 교과서 수준의 잣대로도 쉽게 알 수 있는 일인데, 이 썩을 놈의 자본가 세상에선 그게 그렇게 어렵다.

'기업살인법'이라는 단어를 기억하시기 바랍니다

2002년 한 해에만 2,605명의 노동자가 산업재해로 사망했습니다. 2003년 상반기에는 예년보다 사망 노동자 수가 더 늘었습니다. 오늘도 우리나라 어디에선가는 8명의 직장인들이 자신의 업무 때문에 사망합니다.

그러나 직장인들이 자신의 업무 때문에 이렇게 많이 죽는 나라는 거의 없습니다. '산업재해사망 만인율'이라는 통계가 있습니다. 직장인들이 자신의 업무와 관련하여 사망하는 숫자를 만 명을 기준으로 환산한 수치입니다. 우리나라는 산재사망 만인율 수치가 대략 3 정도 됩니다. 일본이나 영국 등 선진국은 산재사망 만인율이 대략 0.1 정도밖에 되지 않습니다. 우리나라 직장인들은 선진국 직장인들보다 자신의 업무 때문에 사망할 확률이 30배 가량 높다는 뜻입니다.

후진국이라고 해서 이 수치가 특별히 높은 것도 아닙니다. 이 수치가 단 단위까지 올라오는 나라가 거의 없습니다. 대부분의 나라에서는 산재사망 만인율이 소수점 이하에서 통계가 잡힙니다. 사회혁명이 발생해서 통제가 전혀 불가능한 국가의 사망률 수치가 단 단위까지 올라오는 일이 있긴 하지만, 우리나라처럼 3 정도나 되는 나라는 거의 없습니다.

이처럼 엄청난 규모로 노동자들이 사망하고 있는 가장 큰 이유는 기업의 무책임입니다. 거의 모든 산업재해 사망 사고는 기업이 조금만 관심을 기울이면 예방할 수 있는 것들입니다. 기업이 그 의무를 게을리해서 노동자가 사망하게 된다면 그것은 살인행위나 마찬가지입니다. 이처럼 엄청난 규모로 기업의 살인 행위가 이뤄지고 있는데도 정부가 제대로 관리감독을 하지 못한다면 그것은 살인방조입니다.

2000년 10월, 영국에서 열차 탈선으로 4명의 승객이 사망한 사고에 대하여 3년이 지난 2003년 7월 영국 경찰은 철도회사와 선로보수회사 등의 고위직 임원 6명에게 살인죄를 적용했습니다. 철도회사가 선로 교체와 속도 제한 조치와 같은 기본적인 의무를 게을리해서 사고가 발생한 것은 살인행위에 해당한다는 것입니다. 영국의 검찰 역시 이들을 재판에 기소할 예정인데, 만일 유죄가 확정되면 이 사람들은 종신형을 선고받을 수도 있습니다.

영국에서는 그동안 기업이 살인죄의 적용을 받아 기소된 적이 여러 번 있었고 지금까지 5개의 기업이 살인죄로 처벌받았습니다. 이들은 모두 중소기업이었습니다. 대기업에 대해서는 단 두 건의 기소가 있었으나 모두 기각되었습니다. 그러자 영국에서는 현행법상 기업에 대한 살인죄 기소가 어렵다 판단하고 노동조합과 사회단체들이 '기업살인법' 제정 운동을 벌이고 있습니다. '기업살인법'은 블레어 총리의 공약이기도 했습니다.

전 세계에서 '기업살인법'이 가장 먼저 만들어져야 할 곳은 바로 우리나라입니다. 산업안전보건법의 내용에 대해 기업체 경영진들과 간담회를 하는 자리에서 한 중소기업체 사장이 농담처럼 "사람이 두어 명 죽는 게 낫지 산업안전보건법은 까다로워서 도저히 못 지키겠다"고 말하는 것을 들은 적이 있습니다. 법대로 모든 안전설비를 하는 데에는 수십억 원의 비용이 들지만, 노동자가 산업재해로 사망했을 때에는 기껏해야 1억 남짓의 비용밖에 들지 않습니다. 그것도 대부분 산재보험에서 지불됩니다. 우리 사회와 같은 기업 경영 풍토 속에서 유능한 경영자가 어떤 선택을 할 것인지는 자명한 일입니다.

비용 부담을 이유로 마땅히 해야 할 안전조치를 게을리 해서 노동자가 사망했을 때에는 기업을 살인죄로 처벌할 수 있는 '기업살인법'이 제정되는 날, 우리는 비로소 부끄러운 '산업재해 왕국'의 오명에서 벗어날 수 있을 것입니다. 그것은 이 땅의 노동자뿐만 아니라 모든 국민을 위해 유익한 일입니다.

* 2005년 현재 하루 평균 노동자 8명이 산업재해로 숨진 것으로 보고되고 있다. 특히 2004년에는 각종 안전사고와 질병으로 숨진 근로자가 모두 2,800여 명에 이른 것으로 나타나고 있다. 최근 산업재해율이 감소세로 돌아섰다는 정부의 발표가 있었으나, 정부의 특별감독 대상이 될 것을 우려해 산업재해가 발생했는데도 이를 숨기고 있는 업체가 많은 것이 현 실정이다. 이에 영국은 2003년 '산업안전보건 범죄에 관한 법안'을, 캐나다는 '기업살인에 관한 정부법안', 미국에서는 '부당한 죽음에 관한 책임법' 등과 같은 관련법 제정운동이 일어나고 있으며, 호주는 '산업안전보건법', '사업장사망과 중대상해법' 등을 통해 기업주와 기업에게 노동자의 건강과 노동안전에 대한 책임을 묻고 있다.

월드컵 축구 _인간에 대한 예의

울진에 다녀왔다. 강릉까지 가서 동해안을 왼쪽에 끼고 강원도와 경상도의 경계면까지 쭈욱 내려가면 있는 곳, 그곳이 바로 울진이다. 놀러 가는 길이었다면 그것보다 더 멋진 드라이브 코스도 없을 터였다. 그 지역의 발전소 노동자들, 전교조 선생님들, 농민회 회원들이 한자리에 모였다. 사람들과 이야기를 하다가 문득 생각이 나서 말했다.

"혹시, 지금 월드컵 개막식이나 개막전이 열리고 있을 시간 아닙니까?"

"맞습니다."

"이거 우리 대한민국 사람 맞아요? 온 나라가 월드컵으로 생난리가 났는데...... 우리들은 이거 뭐가 좀 이상한 사람들 아닙니까?"

사람들이 모두 웃었다. 월드컵 축구에 관심을 가질 수 없는 사람들이 나 하나뿐은 아니었다. 우리는 그 공감대만으로도 생전 처음 만나는 사람들끼리 얼마나 반갑던지…….

스페인을 꺾고 4강에 진입하던 날은 경기가 끝날 즈음에 '참여연대'의 철학 카페 '느티나무'에서 모이는 회의에 참석했다. 광화문에서 동대문까지 이르는 종로 길거리를 붉은 옷의 사람들이 온통 메우고 있었다. 천지사방에서 불꽃이 치솟는 분위기 속에서 우리는 몇 년 전에 어렵사리 설립했던 '사단법인 하나'의 향배를 결정짓는 골치 아픈 회의를 했고, 나는 그 자리에서 10년도 더 넘게 가져왔던 한 인연의 끈을 끊었다.

"내가 참석하는 마지막 회의이니 오늘 밥값은 내가 내겠다"면서 계산을 치르고 나오는데, 후배들 몇 명이 입구까지 따라 나와 "오랜만의 만남이었는데 너무 아쉬워요. 나중에 우리들끼리 꼭 한 번 만나요"라면서 거의 발을 동동 굴렀다. 걸음을 옮기기 곤란할 정도로 거리를 가득 메운 붉은 옷의 사람들과 어깨를 부딪치면서 종로를 빠져나오는 동안 땅바닥을 보며 많은 시간을 걸었다.

내가 월드컵 축구를 보며 가벼운 마음으로 열광하지 못하는 이유는 무슨 대단한 과학적 인식이 있어서가 아니다. 이를테면, 많은 진보적 인사들조차 온 나라를 붉은 물결로 뒤덮은 거대한 공감대를 '6월항쟁 민중에너지의 재현'이나 '민족의 단결력과 애국심'이라고 경하해 마지않는 것이 과연 올바른 것인지, 아니면 그것을 '맹목적 애국주의'와 '탈정치화의 집단적 광기'라고 보는 것이 옳은 것인지 등에 관한 고민은 오히려 나에게는 사치에 가깝다.

예를 들어 다음과 같은 소리들을 일상적으로 듣는다고 생각해 보자.

"어제는 옆집 순이가 상암 축구 경기장 앞에서 하루종일 1인 시위를 했다더라."

"오늘은 동창생 녀석들 수백 명이 시위를 하러 축구 경기장 앞까지 갔다가 경찰에 막혀 투쟁 조끼만 입은 채 대회장 근처를 몇 시간 동안 배회하다 그냥 돌아왔다더라."

"어릴 적 친구의 어머니는 난지도에서 20년 동안 살았는데 그곳에 축구 경기장을 짓는다고 50만 원만 받고 쫓겨났다더라."

나 아니라 누구라 해도 그런 얘기를 매일 듣는다면 월드컵 축구를 보면서 가벼운 마음으로 일희일비할 수는 없었을 것이다. 내가 월드컵 축구를 마냥 즐거운 마음으로 보지 못하는 이유는 "축구와 노동계급의 관계"에 대한 해박한 지식이 나의 뒤통수를 자꾸 잡아채기 때문이 아니다.

월드컵 개막식과 개막전이 열린 5월 31일 오후 6시부터 한국까르푸 노조원들은 상암동 월드컵 경기장 앞에서 1인 시위를 시작했다. 참고로, 프랑스에 본사를 두고 있는 까르푸는 세계 2위의 다국적 유통회사인데 한국에서만 2000년부터 매년 200억 원이 훨씬 넘는 순이익을 내고 있다. 한국까르푸 노동조합은 1997년에 노조를 설립한 이래 5년이 넘도록 열심히 활동하고 있으나 아직까지 단체협약 하나 체결하지 못했다. 소문이 자자할 정도로 악랄하게 노조를 탄압한 이 회사가 그렇게 번 돈으로 월드컵에 출전한 프랑스팀을 공식 후원하고 있다. 한국어, 영어, 프랑스어 등 3개 국어로 작성된 피켓을 들고 하루종일 뙤약볕 아래에서 1인 시위를 하는 사람들은 대부분 내가 알거나 아니면 나를 아는 사람들이다.

한때 보험아줌마로 불렸던 사람이 지금은 투사가 되어 사람들이 월드컵에 열광하는 시간에도 몸에 띠를 두르고 서울 시내를 떠돌고 있는데, 이 예쁜 아줌마 역시 내가 잘 아는 사람이고, 내 앞에서 자기들의 이야기를 할 때마다 목이 잠기곤 했던 사람이다.

내가 며칠 전에 만난 학생의 친구는 난지도의 철거민 투쟁에 지원 나갔다가 용역 깡패들에게 폭행을 당해 부상을 입었는데 아직도 치료가 안 끝나 고생하고 있다. 그렇게 건설된 축구 경기장에서 연일 화려한 축제가 열리고 사람들은 그것을 보고 "아름답다" 한다.

파업 중인 노동조합의 노동자들이 시위를 하러 축구 경기장에 갔지만 경찰에 막혀 수백 명의 노동자들이 투쟁 조끼만 걸친 채 몇 시간 동안 축구장 근처를 배회하다가 돌아왔는데, 나는 이 사람들과 10년 전부터 인연을 맺어오면서 온갖 풍상을 겪는 것을 지켜봤다.

파업 180일을 넘긴 노동자들이 월드컵 시설 주변 67개 장소에 집회 허가를 신청했지만 모두 정당한 법률적 근거 없이 불허되었고 1인 시위를 하던 사람도 아무런 정당한 근거 없이 경찰에 연행돼 감금당했는데, 경찰은 "외국 사람들이 있으니 장소를 옮기라"고 했다. 이 사람들도 모두 내가 만났던 사람들이다.

읽는 사람이 지겨울까봐 더 이상 읊지 않겠다. 이 사람들은 모두 머리에 뿔이 달리거나 남달리 투쟁을 취미로 즐기는 사람들이 아니다. 이 사람들이 손해를 본 꼭 그만큼 이익을 보는 사람들에게 '평범한 소시민의 소중한 행복'을 억울하게 빼앗긴 사람일 뿐이다.

이런 소식을 거의 매일 들으면서도 내가 월드컵 축구 경기에 환호작약한다면 그것은 '인간에 대한 예의'가 아니다. 인간에 대한 예의를 지키는 평범한 사람이 되고 싶어서, 나는 가벼운 마음으로 월드컵 축구에 열광할 수가 없다. 나 아니라 누구라도 마찬가지였을 것이다.

길거리에서 사람들과 어울려 대형 화면을 통해 "온몸의 솜털이 다 일어서는 느낌"으로 축구 경기를 즐길 수 있는 권리에 대해 굳이 시비를 걸 마음은 없다. 우리나라 선수가 거의 '예술'에 가까운 기술로 골을 성공시킬 때마다 옆 사람을 부둥켜안고 상대방의 거친 호흡을 생생히 느끼는 '순간의 감정에 충실한 삶'을 사는 사람들의 정서를 존중한다. 골이 들어갈 때마다 옆에 앉은 낯모르는 이성과 거친 호흡만이 아니라 끈쩍거리면서도 달콤한 키스를 주고받을 수 있는 "세련된 선진적 문화와 정서"가 솔직히 부럽다.

우리가 그렇게 열광할 때마다 "숨어서 더러운 이득을 챙기는" 웃음 띤 얼굴들이 따로 있다는 것 때문에 옆구리가 캥기지만 그것 때문에 '당신들의 축제' 월드컵에 열광하면서 '순간의 감정'에 충실한 삶을 살겠다는 태도를 몽땅 싸잡아 몰가치하다고 말할 수는 없다. 그러나, 월드컵 축구 경기에 열광하지 못하는 사람들의 권리도 똑같이 존중되어야 한다.

온 나라의 땅덩어리가 온통 붉은 물결로 뒤덮이는 광경을 지켜보면서 나의 이런 심정을 "이해한다"고 말해 주는 사람들은 극히 적었다. 내가 다른 사람들보다 그 사람들에게 더욱 고마워하지 않는다면, 그런 사람들끼리 더욱 잘 어울려 살아가지 않는다면, 그것 역시 '인간에 대한 예의'가 아니다.

파란색, 빨간색

 조합원들이 처음에 머리띠를 매고 나왔을 때, 빨간색 쪽으로 매고 나온 사람들은 10%가 채 안 됐다. 빨간색과 파란색 양면으로 돼 있는 머리띠를 조합원들은 거의 대부분 파란색이 보이는 쪽으로 매고 나왔다. 노동조합 위원장님조차 "처음부터 빨간색으로 매기는 좀 뭐 하더라구요……"라고 말꼬리를 흐렸으니까. 평균 나이가 마흔 살을 훌쩍 넘긴 아줌마 노동자들은 생전 처음 해 보는 파업을 그렇게 시작했다.
 바로 길 건너 태광하이테크 노동조합도 파업을 시작했고, 아줌마 노동자들은 태광하이테크의 파업에 지원을 나갔다. 정문 앞에서 집회가 열리고 있었지만 그 회사의 비조합원들은 단정하게 사복으로 갈아입고 삼삼오오 정문을 빠져 나갔다.
 "우리가 당신 회사 문제 때문에 이렇게 와서 싸워 주고 있는데, 당신들은 나 몰라라하고 그렇게 빠져 나갈 수 있어?"
 누군가가 볼멘소리를 했을 때, 그 목소리보다 더 큰 소리가 앙칼지게 말했다.
 "저게 바로 10여 년 전의 우리들 모습이에요. 10여 년 전에 박영진 열사가 우리 회사에서 분신했을 때, 몇 명의 동지들이 그 투쟁에 동참하자고 우리에게 호소했을 때, 우리는 모두 도망가다시피 빠져 나갔잖아요. 그 사람들이 모두 구속되고 해고된 후, 우리는 지금까지 박영진이란 사람이 우리 회사 출신이라는 것도 까맣게 잊고 지냈잖아요. 우리는 다 잊고 있었지만 이번 파업을 지원하러 외부에서 오는 사람들마다 모두 박영진 열사 이야기를 하잖아요. 그때 우리가 그 젊은 사람들을 도와서 좀 제대로 했더라면 지금 회사가 이 모양 이 꼴이 되지는 않았을 거예요. 그때 우리가 그 투쟁에 동참하지 못하고 저 사람들처럼 도망치듯 빠져 나간 잘못에 대한 벌을, 지금 이 파업 투쟁으로 갚고 있는 거예요."

사람들은 모두 고개를 끄덕였고, 누군가가 속삭이듯 옆사람에게 말했다.

"우리가 역시 위원장 하나는 잘 뽑았어."

열 손가락 안에 꼽힐 만큼 적은 수의 남자 조합원들을 제외하고 400명이 넘은 여성 조합원들 중에 '아가씨'는 단 한 명도 없었다. 모두가 30대 중반을 훌쩍 넘긴 기혼자들이었다. 왜일까. 한 마디로 회사가 완전히 개판이었기 때문이다. 그렇게 적은 임금을 받으면서 "이 회사가 내 회사다"라고 정 붙이고 일할 젊은 사람이 없기 때문이었다.

"요즘 한 달에 얼마나 받습니까?"

내 물음에 한 아줌마 동지가 이렇게 말했다.

"내가 여기 10년째 다니는데요, 요즘 한 달에 45만 원쯤 받아요."

그 아줌마 노동자들이 쏟아지는 소나기에 흠뻑 젖은 채 잠긴 회사 정문 앞에서 하루 종일 버틸 수 있었던 것은 바로 그 때문이었다. 삼복더위의 뙤약볕 아래에서 몇 시간씩이나 서 있을 수 있었던 이유도 바로 그 때문이었다. 밥과 물조차 주지 않는 회사에서 하루 종일 굶으면서 버틸 수 있었던 것도 바로 그 때문이었다.

당하고 당하다가······ 참고 참다가······ 이제는 더 이상 참을 수가 없던 것이다. 그 알량한 한 달 45만 원조차 1년이 넘도록 제대로 주지 않고 있으니 '여기서 더 이상 참으면 바보다'라는 생각을 할 수밖에 없었던 것이다.

파업이 보름을 넘겼을 때, 조합원들의 머리띠는 대부분 빨간색으로 바뀌어 있었다. 어느 누가 단 한번도 "빨간색으로 바꾸어 매자"고 선동한 적이 없었지만 저절로 그렇게 되어 있었다.

월드컵 '붉은 악마'의 물결이 온통 세상을 빨갛게 뒤덮은 모습을 보면서 나는 불과 몇 년 전의 이 일이 떠올라 감개무량했다. 그것을 두고 굳이 '레드 컴플렉스'를 벗어났다고까지 강변할 수는 없지만…… 세상을 몇 센티미터만큼이라도 진보시킨 것만은 분명하다. 몇 년 전, 공공기관에서 운영하는 병원이 파업을 했을 때, 상이용사들이 몰려와 노동조합에서 써 붙인 대자보들을 갈기갈기 찢어버리면서 그 이유를 "우리는 빨간색 글씨만 봐도 피가 거꾸로 솟는 사람들이기 때문"이라고 했다. 세상이 온통 빨간색으로 뒤덮인 요즘, 그 사람들은 어떤 느낌일까.

∙

＊**박영진 열사**(1960~1986년)
1960년 4월 9일 충남 부여 출생, 1976년 배문 중학교 중퇴 후 어렵게 생활, 1984년 1월 (주)동도전자에 입사, 7월 (주)동일제강에 입사, 1985년 9월 18일 (주)신흥정밀에 입사.
동일제강 민주노동조합 건설에 핵심적 역할을 한 박영진 열사는 신흥정밀에 입사하여 부당노동행위 및 임금착취에 대한 항의 중 해고 철회투쟁을 벌이다가 공권력이 투입되자 경찰과 회사측의 폭압에 맞서 "근로기준법을 지켜라, 살인적인 부당노동행위 철회하라, 노동3권 보장하라"를 외치며 분신. 마석 모란공원 민족민주열사묘역에 안장되었다.

남구만의 시조 다시 읽기

우리 국민들이 입이 닳도록 외우는 시조가 있다. 조선 후기에 영의정을 지냈던 남구만(南九萬)의 시조다.

 동창이 밝았느냐 노고지리 우지진다
 소치는 아이는 상기 아니 일었느냐
 재 너머 사래 긴 밭을 언제 갈려 하나니

아이들 참고서에 보면 이 시조에 대해서 다음과 같이 설명하고 있다. "농촌의 목가적인 풍경을 훌륭하게 묘사한 시조입니다", "농가의 부지런한 생활을 일깨워 주고 있습니다", "백성들에게 근면하고 성실하게 일하라고 강조하는 뜻입니다." 지금도 학교에서는 어김없이 그렇게 가르치고 시험에 나오면 그렇게 써야 정답이다.

 이 시조가 묘사하고 있는 상황을 한번 상상해 보자. 양반이 아랫목에서 느즈막이 잠을 깨었다. 해가 벌써 중천에 떠 있고 종달새도 우짖고 있다.

 "아이쿠, 내가 늦잠을 잤구만. 그런데, 저 나이 어린 머슴놈도 아직 자고 있는 것은 아닐까? 그놈이 오늘 언덕 너머 넓은 밭을 전부 다 갈아야 하는데, 그놈도 아직 자고 있는 것은 아닐까?"

 더도 덜도 없이 바로 정확하게 이 상황이다. 그렇다면, 같은 상황을 머슴의 관점에서 한번 보자. 매일 새벽부터 밤늦게까지 곤죽이 되게 일을 하다가, 황토 바닥에 거적때기 한 장 깔려 있는 머슴방에 와서 그냥 쓰러져 잤을 것이다. 새벽이 올 때마다 이 나이 어린 머슴의 가장 큰 소원은 조금이라도 더 자는 것이었을지도 모른다.

머슴의 '관점'으로도 같은 상황을 '농촌의 목가적 풍경'이라고 한가롭게 노래할 수 있었을까? 오로지 머슴의 관점만이 옳다는 것은 아니다. 나는 철저하게 그렇게 생각하지만 다른 사람에게까지 처음부터 그렇게 강요할 맘은 없다.

그러나, 그러나 말이다. 올바른 교육이 되기 위해서는……그 교육을 받은 사람들이 다른 사람들의 입장에도 한번 서 볼 수 있게 하기 위해서는 학교에서 선생님들이 이 시조에 대해서 백 번쯤 설명할 때 단 한 번이라도 "같은 상황을 머슴의 입장에서 한번 볼까요?"라고 가르쳤어야 한다. 그래야만 그 교육을 받은 사람들이 가끔은 머슴의 입장에도 서 볼 수도 있고, 이 세상에는 다양한 계급의 사람들이 살고 있다는 것을 알 수 있게 된다. 그 중요한 사실을 천 번에 한 번, 만 번에 한 번도 설명하지 않는다. 그게 썩을 놈의 우리 제도권 교육이다.

그러니, 그 '음모의 시스템' 속에서 수십 년을 찌들어 살아온 한국통신 정규직 노동자들이 비정규직 노동자들의 처지를 나 몰라라 할 수밖에 없다. '한 번쯤 비정규직 노동자들의 입장에 서 보는 것'이 불가능하도록 우리 사회에서 훈련받은 캐리어 정규직 노동자들이 캐리어 사내 하청 노조를 무참하게 짓밟을 수밖에 없는 것이다.

우리는 수십 년 동안 찌들어 온 그 음모의 시스템을 분쇄해야 한다. 노동자들이 그 '가면의 거짓'을 뚫고 솟아나 모두 하나가 될 수 있도록 해야 한다. 비정규직 노동자들의 권리에 대해 지금부터라도 아이들에게 가르쳐야만 한다. 세상에는 양반도 살고 있지만 머슴도 살고 있다는 것을, 단 한 번도 머슴살이를 해 보지 않았거나 가족 중에 머슴이 없더라도 기억할 수 있도록 가르쳐야 한다.

정부 정책을 결정하는 막강한 사람들에게

대기업 이사들을 두 달 동안 교육한 적이 있습니다. 별로 내키지 않았지만 어쩌다보니 그런 교육도 하게 됐습니다. 제가 이사들에게 주로 이야기한 내용은, 우리 사회가 노동조합과 노동운동에 대해 매우 비정상적인 혐오감을 갖고 있다는 것과 대기업 이사들도 결국 노동자일수밖에 없다는 것 등이었습니다. 한국 노동운동의 성과가 없었다면 대기업 이사들이 누리는 혜택도 지금보다 훨씬 적었을 것이다, 대기업 이사들이라고 해도 노동자들과 한 편에서 부당한 권력과 자본, 그리고 지나친 고소득을 얻고 있는 불로소득 계층과 대립하고 있는 것으로 우리 사회 구도를 이해하는 것이 국가 발전에 유익하다, 뭐 그런 내용들이었습니다.

강의가 끝난 뒤, 저에게 공격적인 질문을 하는 이사들과 입씨름을 벌인 적도 많았지만, 다행히 제 교육에 대한 이사들의 평가는 예상 밖으로 호의적이었습니다. 휴식 시간에 자기들끼리 "맞아. 이런 교육을 진작 좀 받았어야 해"라고 말하는 것을 들은 적도 있습니다. 그 교육을 마련하고 진행한 실무진들은 한껏 고무되어 그 대기업 부장급 이상 간부 전원에 대한 1년간의 교육 계획을 세웠고, 저에게는 교육일정을 미리 확보해 달라는 통보까지 일찌감치 했으나, 제 강의를 들었다는 고위 임원 몇 사람이 반대하는 바람에 그 교육은 결국 무산됐습니다. 저와 계속 연락하면서 그 교육을 준비한 실무진들도 대부분 부장급이었습니다.

전국에 흩어져 있는 사업장에서 저를 대하는 대기업 이사들의 언행은 매우 예의 바른 편이었고, 강사에 대한 예우는 융숭했으며, 강의를 한 번 하고 받는 강사료는 작은 노동조합이나 비정규직 노동자들에게 강의를 하고 받는 금액과 비교할 수 없을 정도로 많았습니다.

노동조합 때문에 자신들이 얼마나 많은 고초를 겪고 있는지 설명하는 이사들의 표현은 매우 합리적이었고 진지했습니다. 만 명 가까운 직원을 통솔하는 공장장이 "오늘도 노동조합 간부들을 달래고 오느라고 교육에 조금 늦었다"고 자상하게 설명하는 얼굴에는 애사심이 넘쳐흘렀습니다. 노동조합 간부들의 '모럴 해저드'(도덕적 해이)를 탓하는 이사들은 노동조합 간부들보다 교양과 학벌 수준이 훨씬 더 높은 사람들이었습니다.

그리고 나에게 "우리 같은 사람들이 아무리 말해도 노동조합 간부들은 귀담아 듣지 않으니, 하 소장님 같은 분이 노동자들에게 열심히 일하라고 말씀해 주셔야 우리 사회가 발전한다"고 당부하는 것도 잊지 않았습니다.

만일 우리 사회의 대립 구도나 노동문제에 대한 인식을 제대로 갖추지 못한 사람이 대기업 이사들의 이야기를 그렇게 두 달 동안 만나면서 들었다면, 경영진은 회사를 사랑하는 교양 있는 사람들인 데 반해, 노동조합 간부들은 그 회사에서 온갖 분탕질을 해대는 불학무식한 사람들로 인식할 수밖에 없었을 것입니다.

그런 상황에서 사물을 올바르게 이해하는 중요한 바탕은 역사의식입니다. 우리 사회의 이 같은 갈등이 한국 역사 발전 과정에서 어떤 의미를 가지는 것인지 이해하는 것입니다. 박정희 정부의 재벌 편들기 정책이 결국 20여 년 뒤에 불과 수십억 달러를 빌리지 않으면 나라 경제 전체가 도산하는 치욕스런 실패를 가져온 것과 노무현 정부의 대기업 편들기 정책이 장차 우리 사회에 어떤 결과를 가져올 것인지 비교하고 가늠해 볼 수 있는 눈이 없었다면, 저 역시 매우 설득력 있고 진지한 기업 경영자들의 주장에 경도될 수밖에 없었을 것입니다.

　　노무현 대통령의 최측근이라는 소리를 듣는 386 정치인들이 빈번하게 경제인과 재계 인사들과 회동하는 모습을 보면서 저는 그런 우려를 금할 수가 없습니다. 자신들이 한때 운동권이었다는 사실만으로 자신들이 이미 충분한 개혁성을 담보했다고 생각하는 것은 옳지 않습니다. 한때 운동권이었을 때 가졌던 세계관이 더욱 객관적이고 합리적일 가능성이 더 많습니다.

　　정치인들에게 자신의 정치적 손해를 감수하고 정의의 편에 서라고 요구할 수는 없습니다. 많은 사람들이 존경하는 링컨 대통령도 "남북전쟁에 승리하는 데 유익하다면, 노예 해방에 찬성하겠다"는 입장을 가질 수밖에 없었습니다. 정치인의 한계란 그런 것입니다. 그러나 정도껏 해야 합니다.

　　종합부동산세 등 각종 개혁 조치들이 뒷걸음치는 방향은 항상 일정합니다. 우리 사회에서 힘있고 돈 많은 사람들에게 일방적으로 유익한 방향이라는 것입니다. 정부의 비정규직 노동자 관련 법률안과 규제개혁위원회의 방안들이 기업의 요구가 수용되는 방향으로 마련되는 것도 같은 맥락입니다. 박정희 정부가 재벌 편들기로 실패할 수밖에 없었던 것처럼, 요즘과 같은 노무현 정부의 대기업 편들기 정책은 반드시 실패합니다. "역사가 판단한다"는 것은 그런 뜻입니다.

　　정부의 정책을 결정하는 데 영향력을 미치는 위치에 있는 사람들은 자신들이 요즘 주로 만나는 사람들이 누구인지 항상 곰곰 생각해 봐야 합니다. "이슬비에 옷 젖는 줄 모른다"는 말은 괜히 생긴 것이 아닙니다.

국회 환경노동위의 증인 채택

서울시 의회의 102개 의석 중에서 민주노동당 소속은 심재옥 의원 한 명뿐입니다. 회의 분위기는 거의 "101 대 1로 싸우고 있다"고 해도 틀린 말이 아닙니다. 우리 사회에서 가장 힘없고 가난한 사람들의 권리를 보호하는 일과 관계된 것이 대부분인 심 의원이 제기하는 안건들은 민주노동당 소속 의원이 없었다면 다루어지지 않았을 내용들입니다. 민주노동당 소속 의원이 제기한 안건에 대해 공개적으로 지지를 표현하는 다른 당 소속 의원은 거의 없습니다. 회의가 끝난 뒤 다가와서 "개인적으로는 당신 의견이 옳다고 생각한다"고 속삭여주는 의원들이 드물게 있을 뿐입니다.

작년 말, 서울시에서 연간 100억 원 이상의 지원을 받는 직업전문학교에 대한 행정감사를 하면서 심재옥 의원이 2,500명 졸업생들의 취업 실태를 파악해 보니 3분의 1 정도나 되는 사람들이 최저임금 미달 사업장에서 일하고 있었고, 대부분 취업한 회사에서 1년을 넘기지 못했습니다. 더욱 기가 막히는 것은 이런 상황에서 "임금과 근로시간에 만족한다"고 답변하는 경우가 많았다는 것입니다. 노동자로서 최소한의 권리조차 모른 채 취업하고 있다는 얘기입니다.

심 의원이 "직업전문학교에서 최소한의 노동법 교육이라도 실시할 것"을 교장 선생님들에게 주문했더니 그때부터 회의장에 난리가 났습니다. 다른 당 의원이 "이것은 지금 노동운동을 유도하는 발언입니다"라는 말을 시작으로 "취업자들 중에 노동운동을 하는 사람이 몇 퍼센트인지 파악해라", "그런 사람들 데려다가 인성교육을 다시 시켜야 한다", "일순간에 엎어 버리려고 하는 것들이 문제다"라고 성토했고, 사회를 보는 의장은 "노동자라고 하지 말고, 직원이라고 표현하라"고 말했습니다. 이것이 우리 사회의 정치인들이 노동문제를 이해하고 있는 현주소입니다. 결코 정상적인 상황이라고 볼 수 없습니다.

작년에 한 달 동안 네 명이나 되는 노동자가 스스로 죽음을 선택해야만 했던 일이 벌어졌는데도, 대한민국 국회에서는 그 일에 대해 한 마디 발언하는 의원이 없었습니다. 민주노동당 소속 의원이 10명이나 국회에 들어갔을 때 사람들은 "이제는 절대로 그렇게 되지 않는다"고 기대했습니다. 그러나 그 기대를 무너뜨리는 일이 지금 국회에서 일어나고 있습니다.

다음 달 4일부터 시작되는 17대 국회의 첫 국정감사를 앞두고 환경노동위에서는 재계 인사가 대거 증인으로 요청돼 관심을 모았으나, 열린우리당과 한나라당이 미리 담합해 주요 재계 인사들을 빼놓은 증인 채택안을 상정했습니다. 그 증인 채택안에 반대한 사람은 민주노동당 소속 단병호 의원 한 사람뿐이었습니다.

이에 따라 단병호 의원이 노동조합 탄압 문제를 따지기 위해 요청했던 삼성SDI와 현대중공업의 대표이사가 증인에서 빠졌습니다. 특히 삼성SDI 사건은 불법 복제 핸드폰을 이용해 노동자들의 위치를 추적한 문제로 개인에 대한 인권 침해 및 노동 탄압이 명백한 사안입니다.

단병호 의원은 "노동조합 탄압과 관련해 삼성이 제외되는 것은 납득할 수 없다"며 강하게 반발했으나 열린우리당 간사는 "삼성의 노동문제는 중요하지 않다는 결론을 내렸다"고 답했습니다.

사람들에게, 우리나라가 그동안 얼마나 그릇되게 노동조합에 대한 혐오감을 국민들에게 잘못 주입시켜 왔는지 설명하거나, 만일 노동조합이 사회에 해로운 영향을 미치는 것이라면 전 세계 거의 모든 나라에서 노동조합을 가장 기본적인 권리로 헌법에 보장했을 리가 없다고 설명하고 나면, 가끔 "노동조합이 없는 회사들은 정부에서 일제히 조사를 해서 어떤 조치를 취해야 하는 것 아니냐? 왜 정부에서는 그런 일을 하지 않고 있느냐?"라고 묻는 젊은이들이 있습니다. '발상의 전환'이란 바로 이런 것입니다. 때 묻지 않은 눈으로 사회를 보면 선과 악이 그렇게 쉽게 구별됩니다.

헌법에 규정된 직장인들의 가장 기본적인 권리인 노동조합을 인정하지 않으면서도 죄책감을 느끼지 않는 것은 정상적인 사회의 정서가 아닙니다. 아무런 부끄러움도 없이 '무노조 경영'을 자랑하는 것 역시 정상적인 사회에서는 있을 수 없는 일입니다. 민주노동당 소속 의원들이 처음 참여하는 이번 국회의 국정감사를 통해서 우리는 이제 정상적인 사회를 향한 첫 발걸음을 떼는 것에 불과합니다.

* 2003년 7월부터 2004년 6월까지 삼성 측은 불법 복제 핸드폰으로 '친구찾기' 서비스를 활용하여 20여 명의 위치를 추적해 온 것으로 알려졌다. 불법 위치 추적 대상자들은 대부분 삼성SDI 수원사업장과 부산사업장에서 노동조합 결성을 시도한 적이 있는 노동자들이거나 노동조합 결성 작업을 지원한 인물들이며, 위치 추적이 노동자들 사이의 모임이 있을 때 집중적으로 이루어졌고, 위치 추적 핸드폰의 발신기지국이 대부분 삼성SDI 수원사업장이 위치한 수원시 영통구라는 점에서 불법 위치 추적을 수행한 범죄자가 삼성SDI 관계자일 것으로 추정되고 있다. _「레이버투데이」, 2006.04.06

공안문제연구소 감정 목록에 오르다

경찰청 산하 공안문제연구소의 '감정서 목록'에 제가 쓴 글도 포함돼 있다고, 한 언론사로부터 인터뷰하러 오겠다는 연락을 받았습니다. 서둘러 뉴스를 검색해 보니, 제가 쓴 노동교육 교재 『노동자의 삶과 철학』이 '찬양동조' 혐의로 분류돼 있었습니다. 아마 그 교재 속에 유물변증법 철학을 간단하게 정리해 소개한 것이 문제가 된 것으로 보입니다.

제가 중학생이었던 1970년대 초에 프랑스 고등사범학교 교수들을 중심으로 '신철학파'라고 불리는 사조가 형성됐습니다. '앙리 레비'가 쓴 『인간의 얼굴을 한 야만』 등의 저서가 주목받기 시작하면서 우리나라에서도 당시 발행되던 『독서신문』이라는 매체에 '신철학파'에 관한 특집 기사가 실렸습니다. 그 기사 중에 다음과 같은 내용이 있었습니다.

"신철학파가 주목받는 이유는 세계 철학의 주류인 사회주의에 최초로 체계적인 도전을 했기 때문이다."

중학생이었던 제가 이 기사를 읽고 어느 대목에서 놀랐을까요? 세계 철학의 주류가 사회주의라니 이게 무슨 망발인가 싶었습니다. 당시 학교 수업시간에는 정규 과목으로 '반공' 시간이 있었습니다. 맹목적인 충성심에 불타는 반 학우들이 교실 벽에 붙어 있는 시간표의 '반공'을 '승공'이라고 고쳐 쓰자, 다른 반에서는 '멸공'이라고 고쳐 쓰기도 했습니다. 당시까지 우리 학생들은 반공 시간에 선생님으로부터 "공산주의자들은 유물론이라는 철학을 갖고 있는데, 유물론이란 인간의 정신적인 모든 가치를 깡그리 부인한 채, 오로지 물질적인 가치만을 추구하는 잘못된 철학"이라고 배운 것이 전부였습니다. 반공 선생님이 입에서 침을 튀기고 칠판을 손바닥으로 때려가면서 열변을 토하던 모습이 아직도 눈에 선합니다.

그런데 사회주의가 세계 철학의 주류라니 이게 무슨 말인가 싶었습니다. 그 뒤에 관심을 갖고 살펴보니 '사르트르' 같은 사람도 사회주의자로 분류되고 있을 뿐 아니라 유럽의 많은 나라들은 사회주의 정당이 집권하고 있거나 집권했던 경험들을 갖고 있었습니다. 그것을 우리들만 모르고 있었던 것입니다.

제가『노동자의 삶과 철학』이라는 교재에서 변증법적 유물론의 개념을 간단하게나마 소개한 이유는 그 사상을 교조적으로 신봉하기 때문이 아닙니다. 자본주의가 왜곡하는 수많은 현상들에 대한 해답을 구하는 데 있어, 한때 지구상 많은 나라에서 신앙처럼 받아들여지던 사회주의 철학의 다양한 요소들 속에 참고할 만한 것이 아직도 있다고 보기 때문입니다. '변화', '모순', '대립', '부정', '지양', '사회 발전 법칙' 등의 개념을 그 교재에서 소개한 이유는 바로 그 때문입니다.

예를 들어, 민주노총의 조직 역량을 기초로 민주노동당이 국회에 진출하는 노동운동의 정치세력화 등에 대해서는 '사회 발전 법칙'의 '양질 전화의 법칙'으로 쉽게 설명할 수 있습니다. 노동조합원 수가 계속 늘어나고 조직이 점점 확대되는 '양적 변화'가 축적되다가 일정 수준에 이르면 정치세력화함으로써 사회 발전에 기여하게 되는 '질적 변화'를 이루게 되는 것입니다. 사회 구성원의 절대 다수가 노동자인 사회에서 이러한 현상은 기득권을 계속 누리고 싶어하는 기존 정치 세력들에게는 손해가 되지만, 우리가 선진 사회로 나아가는 데에는 반드시 거쳐야 할 과정입니다. 역사의식 부재의 막힌 사고 속에서는 이러한 해석들조차 '찬양 동조'에 불과하다고 보게 되는 것입니다.

공안문제연구소 관계자들은 자신들의 생각이나 행동이 잘못됐다고 생각하지 않을 가능성이 높습니다. 1980년대 초, 수사기관에 잡혀가 조사를 받았던 경험이 몇 차례 있었습니다. "간첩 잡는 것이 전문"이라는 한 대공 수사관은 다짜고짜 저에게 "너 언제 김일성 만나고 왔어?"라고 물으며 뚜드려 패기 시작했습니다. 만일 그때 저에게 더 심한 강도의 고문이 가해지고 제가 그 고문에 못 이겨 거짓 자백을 했더라면 수사관들은 그것이 사실이라고 믿었을 가능성이 높습니다. "봐라. 우리가 고문을 했기 때문에 이놈이 결국 자백하지 않았느냐?"라고 생각했을 것입니다. 그 사람들은 인간의 양심을 짓밟는 악순환되는 구조 속에 갇혀 있는 것입니다.

인간의 양심을 판단할 수 있는 기준과 권한을 한 기관이나 개인이 가질 수 있다고 생각하는 것부터가 옳지 않은 발상입니다.

개나 소나 다 이야기하는 '국가 정체성'

저와 같은 직업을 가진 사람은 아이들이 학교에서 받아 오는 '가정환경 조사서'에 부모의 직업을 딱히 뭐라고 적어야 할지 고민할 때가 있습니다. 우리 아들아이도 고등학교를 다닐 때 "친구들이 '너의 아빠는 도대체 정체가 뭐냐'고 물어보는데, 뭐라고 설명해 줘야 돼요?"라고 저에게 물어본 적이 있습니다. 요즘 우리가 흔히 말하는 '국가 정체성'의 '정체'란 바로 이 때의 '정체'(正體)를 말하는 것입니다.

한때는 운동권 세미나에서나 쓰이던 '정체성'이라는 단어가 지금은 사람들이 가장 자주 이야기하는 화두가 됐습니다. 좀 거칠게 말하면, 이제 개나 소나 다 '정체성'을 말하고 있습니다. 아이들이 골목에서 전쟁놀이를 하면서 "너의 정체를 밝혀라"라고 할 때의 '정체'와 '국가 정체성'의 '정체'는 본래 그 의미가 좀 다른 단어입니다. '국가 정체성'이라고 할 때의 '정체'는 "본디의 참모습"이라는 뜻이 아니라 "군주제·공화제·민주제 따위의 국가 조직 형태나 통치권의 행사 방식에 따른 국가 형태"를 의미하는 말입니다. 한자의 표기도 다릅니다. 그러나 요즘 우리가 흔히 말하는 '정체성'을 보수 언론들이 한자로 표기할 때, 한결같이 "본디의 참모습"이라는 '정체'(正體)로 표기하는 것으로 보아, 지금 우리 사회에서 이야기하는 '국가 정체성'은 전자의 경우를 말하는 것으로 보입니다. 굳이 영어로 표현한다면, 나라의 '시스템'(system)이 아니라 '아이덴티티'(identity)에 관한 문제인 것입니다.

당대에는 그 정체성을 판단하는 것이 쉽지 않으나, 역사를 조금 긴 호흡으로 보면 그렇게 어려운 것도 아닙니다. 퇴임하는 대통령마다 "역사가 나를 심판할 것이다"라고 말하는 바람에 그 표현이 사람들 사이에서 유행어가 되기도 하는데, 국가 정체성 문제야말로 역사의 긴 호흡으로 심판할 때에는 비교적 명료해집니다.

조선시대 이후 한동안 우리 사회의 정체성은 '일제 식민지'였습니다. 점령세력들에게 아첨함으로써 우월한 조선 사람의 지위를 보장받은 친일파, 즉 민족 반역자들이 동족을 수탈하며 호의호식했고, 그들의 자식들 역시 해외 유학을 다녀오거나 기업을 물려받음으로써 우리 사회의 지도자가 됐습니다. 반면, 독립운동을 했던 사람들과 그 자손들은 대부분 가난에 시달렸습니다. 반드시 그렇지 않은 드문 예도 있겠으나 그것이 우리 사회의 일반적 경향이었습니다.

해방된 뒤, 우리 사회의 정체성은 '이승만 친일 독재 정권'이었습니다. 대한민국 국군을 창설한 사람 중에는 독립군과 전쟁을 벌이던 일본군 장교 출신이 많았고, 대한민국 경찰을 창설한 사람 중에는 독립군을 때려잡던 일본 순사 출신이 많았습니다. 반드시 그렇지 않은 드문 예도 있겠으나, 그것이 우리나라의 정치·경제·언론·교육·문화 등 모든 분야의 일반적 경향이었습니다.

그 뒤 박정희, 전두환, 노태우 대통령을 거치는 동안 우리 사회의 정체성은 '군사 독재 정권'이었습니다. 경제 성장이라는 면죄부로 독재 정치의 죄 값을 맞바꾸고 싶어 했던 당시의 통치 이념을 빗대어 사람들은 우리 사회 정체성을 '주식회사 대한민국'이라고 표현하기도 했습니다. '유신 헌법'과 '광주민중항쟁'은 그 시대를 상징하는 단어였습니다.

노동자의 권리가 제대로 존중받지 못하고 있는 이유도 그 때문입니다. 친일과 독재의 비틀린 역사 속에서 노동자의 권리에 대해 제대로 이해할 수 있는 경험을 해 보지 못했기 때문입니다. 노동자의 권리를 보호하는 것이 사회 모든 구성원에게 유익하다는 것을 깨달을 수 있는 과정이 역사 발전 단계에서 통째로 사라져 버렸기 때문입니다. 친일과 독재의 뼈 아픈 과거가 제대로 청산된 뒤에야 사람들은 비로소 노동자의 권리를 존중하는 것이 그 공동체가 더욱 선진적인 사회로 진보하는 방향이라고 깨닫게 될지도 모릅니다.

그렇다면, 현 단계 우리 사회의 정체성은 무엇일까요? '일제 식민지'와 '친일 독재 정권'과 '군사 독재 정권'을 거치는 동안 기득권을 충분히 누렸으며 그 기득권을 조금이라도 더 연장하기 위해 노력하는 세력과 과거의 잘못을 바로잡아 역사를 옳게 세우려고 노력하는 세력이 팽팽히 맞서고 있는 모습이 바로 현재 우리 사회의 정체성입니다. 그 모습을 지금은 쉽게 표현할 단어가 생각나지 않지만, 불과 수십 년이 지난 뒤, 역사를 조금 긴 호흡으로 지켜보면 아주 쉽게 표현할 수 있을 것입니다. 어느 편에 서는 것이 사회 전체의 정의를 실현하는 데 기여할 것인가는 각자가 스스로 판단할 일입니다.

독립운동은 아직 끝나지 않았습니다

우리나라 노동문제에 대해서 이야기할 때, 제가 왜곡된 역사 발전 과정을 강조하면 어떤 사람들은 "노동문제에 대해 이야기하면서 굳이 일제 식민지 시절까지 들추어낼 것은 뭐냐"고 탓하기도 합니다. 그러나 지금 우리나라 노동자들이 처해 있는 특별한 상황을 바르게 이해하기 위해서는 일제 식민지라는 비틀린 역사가 우리에게 어떤 의미를 갖고 있는지 제대로 알아야 합니다.

대부분의 선진국에서는 중세사회가 해체되는 과정에서 '시민'이라는 새로운 계급이 출현했습니다. 해방된 농노와 몰락한 영주, 숙련 노동자와 소생산 자영업자들이 모두 시민계급으로 모였습니다. 시민계급이 만들어지고 시민혁명이 일어나는 과정은, 중세사회와 달리 그 공동체의 구성원들이 똑같은 '시민'으로 평등하게 살아가기 위해서 어떤 기본적 권리가 존중돼야 하는지를 피눈물 나게 깨닫는 경험에 다름 아닙니다.

우리나라는 역사 발전 과정에서 그 소중한 체험의 기회가 통째로 사라지고 말았습니다. 어느 날 갑자기 우리의 계획과 전혀 무관하게 '일제 식민지'라는 기형적 방식으로 자본주의 사회로 편입되고 말았습니다. '양반'과 '상놈'으로 구별되는 신분제도의 모순을 우리가 스스로 깨닫고 우리 손으로 직접 무너뜨린 것이 아닙니다.

'친일파'라고 불리던 식민지 협력자들과 그 자손들은 사회 상층부에 진입하여 정치인·경제인이 된 반면 제국주의 식민 지배에서 벗어나기 위해 독립운동을 했던 사람과 그 자손은 해방된 조국에서 거의 힘을 갖지 못했습니다. 친일파의 자손은 대학을 졸업하고 외국 유학을 다녀온 뒤 사회 지도층 인사로 행세했지만, 독립투사의 자손은 고생을 면치 못했습니다. 한 연구단체의 조사에 따르면, 독립운동을 했던 가정의 자녀 절반 이상이 '중졸' 학력을 갖고 있고, 가족의 60%가 '극빈자'에 해당한다고 합니다. 독립운동을 하느라 자신의 자녀를 제대로 챙겨 주지 못했기 때문일 것입니다.

그 친일파의 그릇된 전통을 이승만 정부와 군사 독재 정권이 고스란히 이어받았습니다. 근대사회가 형성되는 중요한 시기에 제도와 정책을 결정하고 교육과 언론을 장악한 세력이 도덕적 우월성을 상실한 집단이었다는 뜻입니다. 그 결과 우리 사회에는 근대적 합리성이 자리 잡지 못하는 비극이 초래됐습니다. 선진국과 달리, 학교에서 노동자의 권리와 노동조합의 역할 등에 대해 가르치지 않고, 노동자의 권리가 존중받지 못하는 사회가 된 것은 그 때문입니다. 경제 활동 인구의 대부분이 노동자인 사회에서 노동자의 권리와 노동조합의 역할에 대해 올바른 인식이 갖춰진다는 것은, 부정한 방식으로 재산을 모으거나 부당한 방법으로 권력을 탈취한 사람들에게는 거의 사형선고나 마찬가지였을 것입니다.

우리 사회에서 기득권세력·보수세력·수구세력이라고 불리는 사람들이 가지고 있는 권력 기반은 자본주의가 자리 잡는 100년 가까운 세월 동안 흔들린 적이 없었습니다. 해방이 되고 전쟁이 끝나도 세상은 바뀌지 않았습니다. 식민지 부역자들이 계속 근대사의 주역을 맡은 나라는 전 세계적으로 '남한'과 '월남'을 제외하고 거의 없습니다. 해방된 뒤 친일파 청산이 제대로 이뤄졌다면 일본군 장교였던 박정희와 그를 '형님'으로 모시던 전두환, 노태우가 대통령이 되는 일은 우리 역사에서 불가능했을 것입니다.

친일반민족행위 진상규명특별법이 국회에서 누더기가 될 수밖에 없었던 것은 충분히 짐작했던 일입니다. 보수 정당이 자신의 부정한 뿌리를 캐는 일에 찬성할 리 없습니다. 친일파의 후손들은 친일반민족행위자에 해당하는 사람들의 범위를 몇 백분의 일로 줄이고 그 명단을 책으로 만들어 발표하는 것을 금지하도록 노력함으로써 자식된 도리를 다할 수밖에 없었을 것입니다.

그러나 해도 너무했습니다. 아무리 제 조상이 친일파라고 해도 그렇지 한나라당 김 모 의원이 "법안의 배후에 반지성적이고 반민족적인 괴한들이 있다. 이들을 불러 사과시킨 뒤 법안 심의에 착수할 것"을 제안하거나 "농촌에서 면장·구장으로 일한 막연한 사실을 기초로 선량한 시민을 음해하는 자는 엄중 처벌, 처단할 조항을 마련해야 한다"고까지 요구한 것은 너무했습니다.

이렇게 보수 정당 국회의원들이 그 법의 취지를 훼손하기 위해 애쓰는 모습을 보면, 이 사람들이 일제 식민 통치 시대에 대한 그리움을 갖고 있거나 아니면 언젠가 다시 일본이 통치권을 행사하는 날이 올지도 모른다고 기대하고 있는 것은 아닌지 의심이 될 정도입니다.

독립유공자 조문기 할아버지는 "친일파 청산이 안 됐다는 것은 아직 독립이 되지 않았다는 뜻이다. 독립이 되지 않은 나라에서 독립유공자라고 연금을 받는 것은 국민 앞에 죄를 짓는 일이다. 죄를 짓지 않기 위해서 나는 죽을 때까지 친일파 청산이라는 독립운동을 해야 한다"고 말했습니다. 우리의 독립운동은 아직 끝나지 않았습니다.

역사 교과서 편향 논란과 3·1독립만세운동

일제 식민지 시대인 1920년대 초반 무렵, 사회 변혁을 주장하는 진보적인 노동운동·농민운동·계몽운동이 마치 들불처럼 온 나라에 번지는 현상이 발생합니다. 우리의 할머니 할아버지들이 소싯적 나이에 그 조직에 가입해서 '무정부주의'를 공부하고 '사회주의'를 학습하기도 했으며, 그 '무정부주의자'들과 '사회주의자'들이 치열한 노선 논쟁을 벌이기도 했습니다.

그 출발점이 되는 해가 3·1독립만세운동이 일어난 1919년입니다. 당시 3·1운동으로 각 고을마다 성인 남자의 10% 정도가 잡혀가 곤욕을 치렀다는 기록도 있습니다. 국민의 10%만 참여해도 엄청난 규모의 사회운동인데 잡혀간 사람이 10%였다고 하니, 3·1운동은 세계사에 유래가 없을 정도로 규모가 큰 사회운동이었을 것입니다. 2002년 월드컵 '붉은 악마' 응원단도 3·1운동에 비하면 아마 초라한 규모였을 것입니다.

우리는 3·1운동을 통해 독립을 쟁취하지는 못했습니다. 그 정신이 살아남아 우리 역사에 길이 빛나고 있지만 실리만 따진다면 실패한 독립운동이라고 볼 수도 있습니다. 그 3·1운동이 어떻게 진보적인 사회변혁운동과 연결될 수 있었을까요? 우리가 지금까지 3·1운동에 대해 교과서를 통해 배운 내용만으로는 이 문제에 대한 해답을 구하기가 어렵습니다. 3·1운동에 대해 우리가 배운 내용을 잠시 복습해 보겠습니다.

"1918년 1월 미국 대통령 윌슨은 '각 민족의 운명은 그 민족 스스로 결정한다'는 민족자결의 원칙을 제창하였다. 이 민족자결주의 원칙은 항일 투쟁을 하던 독립운동가들에게 용기를 불어넣는 것이었다. 미국 대통령 윌슨이 제창한 민족자결주의가 '2·8독립선언'과 '3·1독립만세운동'의 직접적 계기가 되었다."

과연 그것이 전부일까요? 3·1운동이 일어나기 1년 5개월쯤 전에 우리나라 바로 위에 있는 한 나라에서 큰 사건이 터지고 맙니다. 이제 와서 그 사건의 옳고 그름을 따지자는 것이 아니라, 그 사건이 인류 역사에 미친 영향의 절대량이 얼마나 큰 것이었는지 살펴보자는 것입니다. 그렇게 짧은 기간 동안 그렇게 큰 영향을 세계사에 한꺼번에 미친 사건은 별로 많지 않습니다. 그것이 옳은 영향이든 그른 영향이든 그 사실마저 부인할 수는 없습니다. 전 세계 대부분의 나라들이 두 개의 진영으로 나뉘고 자본주의 시장의 45%가 일시에 떨어져 나갔습니다. 3·1운동이 일어나기 1년 5개월쯤 전, 인류 역사에 몰아친 태풍이 있었으니 그 사건이 바로 러시아 '10월혁명'입니다(러시아 구력으로 10월, 실제로는 11월).

우리나라 바로 위에서 일어난 그 사건이 3·1독립만세운동에 아무런 영향도 미치지 않았을까요? 태평양 바다 건너 미국 대통령이 제창한 민족자결주의 원칙에 못지 않은 영향을 미쳤으리라는 것은 쉽게 짐작할 수 있는 일입니다. 러시아 '10월혁명' 역시 3·1운동에 적지 않은 영향을 미쳤다는 사실을 알아야만 3·1독립만세운동이 어떻게 진보적 사회변혁운동과 연결될 수 있었는지 설명할 수 있습니다.

옳으면 옳은 대로, 그르면 그른 대로 가르쳤어야 했는데 우리는 지금까지 그렇게 하지 못했습니다. 그것이 부정적인 영향이었다고 해도 사실대로 가르쳐야만 국민들이 역사와 사회 문제에 대해 올바르게 판단할 수 있는 능력을 갖추게 될 텐데, 지금까지는 그렇게 하지 못했습니다.

국정감사에서 한나라당 의원이 일부 역사 교과서가 반미·친북·반재벌적 시각으로 기술됐다고 문제를 제기하고, 이에 대해 부총리 겸 교육부

장관을 지낸 이가 한 라디오방송과의 인터뷰에서 마치 전교조 교사들 때문에 그런 일이 빚어지는 것처럼 주장하는 것은 역사를 거꾸로 돌리는 일입니다. 일찍이 2002년 8월 국회 교육위원회에 출석해 교과서의 편향성 논란에 대해 답변하면서 "일부 교과서가 상당한 정도 균형을 잃고 있는 것으로 보이는 만큼 수정이 돼야 한다"고 주장하기도 한 전(前)부총리 겸 교육부 장관이, 문제가 되고 있는 교과서를 지금까지 한 번도 읽어 보지 않았다고 하면서 이같이 무책임한 발언을 하는 것은 학자로서의 양식에도 어긋나는 행위이고, 따라서 역사를 올바르게 배울 수 있는 국민의 권리를 침해하는 일입니다.

주5일 근무제를 둘러싼 산수

주5일 근무제가 실시되고 첫 토요일이 지났습니다. 사람들은 "주5일 근무제가 실시되면 토요일이 휴일이 되니 노동자들에게는 당연히 좋은 것인데, 왜 주5일 근무제에 반대하는 노동자들이 있고, 어떤 노동조합은 주5일제 실시 때문에 파업까지 하느냐?"고, 도무지 이해할 수 없다는 듯 말하기도 합니다. 이러한 상황을 "주5일 근무제, 여름 투쟁의 도화선"이라고 표현한 언론도 있습니다.

간단한 산수를 잠깐 해 보겠습니다. 주5일 근무제가 실시되면 토요일이 휴무가 되니까 1년에 52일의 휴일이 새로 생깁니다. 그런데 토요일에는 이미 오전 근무만 하는 회사가 대부분이니 실제로는 26일의 휴일이 생기는 것이나 마찬가지입니다. 그렇다면, 회사 입장으로서는 기존 휴가 중에서 26일만 절반씩 나누어 토요일로 옮기면, 아무 새로운 부담도 없이 주5일 근무제를 실시하는 효과를 볼 수 있습니다. 그런 아이디어들을 곰곰 생각해 내는 것이 자신의 직무인 직원들도 있습니다.

노동자들 입장에서는 또 이런 계산이 가능합니다. 주5일 근무제가 도입되면서 월차휴가는 연차휴가와 통합되면서 폐지됐으니 1년에 12일의 휴가가 없어진 셈입니다. 여성 노동자에게는 생리휴가가 유급에서 무급으로 바뀌었으니 그렇게 없어지는 휴가가 또 1년에 12일입니다. 없어진 월차휴가와 생리휴가를 합하면 1년에 24일의 휴가가 없어지는 것이나 마찬가지입니다.

　1년에 26일의 새로운 휴가가 생기는 주5일 근무제를 도입하면서 24일의 휴가가 없어지는 것이 무슨 주5일 근무제냐? 그런 말이 나올 법도 합니다. 게다가 종전에는 근속연수 1년에 대하여 하루씩 늘어나던 연차휴가가 근속연수 2년에 대하여 하루씩 늘어나는 방식으로 줄어들었으니, 노동자들이 이번에 도입된 주5일 근무제를 '무늬뿐인 주5일 근무제'라고 하는 것도 전혀 틀린 말은 아닙니다.

　도입시기가 기업 규모 등에 따라 다른 것도 큰 문제입니다. 우선 1,000인 이상 사업장에만 이번에 도입되고, 300인, 100인, 50인 이렇게 구별되다가 20인 미만 사업장의 경우에는 적용 시기가 2011년입니다. 따라서 그런 회사에 다니는 노동자들에게는 지금 벌어지고 있는 주5일제를 둘러싼 논란이 자신과 아무런 관계가 없는 '남의 일'입니다. 한 동네에 살면서 아이들끼리 "우리 아빠는 주5일제 아빠, 너희 아빠는 주6일제 아빠" 이렇게 구별되는 사회적 위화감 등에 대한 고려는 전혀 없습니다.

　주5일 근무제 도입으로 '생활 혁명'이 예고되고 있다거나, 직장인들이 '자기 계발'과 '가족 사랑'이라는 두 마리 토끼를 모두 잡을 수 있게 됐다거나, 백화점에서 '주5일 이벤트'를 벌이는 소란들이 현재 우리나라 직장인의 85%쯤 되는 사람들에게는 모두 '남의 일'입니다.

　이런 문제도 있습니다. 정확하게는 '주5일 근무제'가 아니라 '주 40시간 근무제'니까, 회사로서는 하루 노동시간을 조금씩 줄여 지금까지 해오던 대로 일주일에 6일 동안 출근해서 일을 하라고 요구할 수도 있습니다. 그것이 병원 노동조합 파업의 주된 요인 중 하나였습니다.

　회사로서는 줄어든 노동시간만큼 새로운 노동자들을 채용하는 것보다 기존의 직원들로 어떻게든 해 보려고 노력할 것이 당연합니다. 새로운 직원을 채용한다고 하더라도 되도록 비정규직으로 고용하려 할 것입니다.

　"복잡할수록 원칙으로 돌아가라"는 말이 있습니다. 애초 2000년 10

월에 노·사·정이 주5일 근무제에 관한 '대타협'을 할 수 있었던 중요한 공감대는 한마디로 '일자리 나누기'였습니다. 줄어든 노동시간만큼 새로운 고용을 창출해 실업을 낮춘다는 취지였습니다. 그 취지를 존중하는 방향으로 노사가 모두 노력하는 주5일 근무제가 되어야 합니다.

주5일 근무제 실시와 관련하여 "기존의 임금 수준이 저하되지 않도록 해야 한다"고 법으로 규정한 것에도 깊은 뜻이 있습니다. 이 규정은 글자 그대로 "일은 적게 하되, 돈은 그대로 받는다"는 뜻인데, 이것을 '도둑놈 심보'라고 볼 것만은 아닙니다. 인류 역사는 사람들이 조금씩 더 적게 일하면서 조금씩 더 잘 사는 방향으로 발전해 왔습니다. 노동시간 단축은 누가 원하든 원하지 않든 이루어질 수밖에 없는 일입니다. 주5일 근무제 도입을 그런 사회 발전 과정으로 이해할 필요가 있습니다. 그것이 바로 '역사의식'입니다. 역사의식이 있느냐, 또는 없느냐에 따라 같은 문제를 보는 시각은 그렇게 다릅니다.

이라크에서 '화물'이 되어 돌아온 두 노동자

이라크에서 피격 사건으로 사망한 두 노동자의 시신이 지난 월요일 인천공항 화물청사를 거쳐 고국 땅으로 돌아왔습니다. 떠날 때는 여객청사를 이용했을 '사람'들이 돌아올 때는 '화물' 취급을 받아야 했습니다. 그날 저도 한 방송사의 중계차를 타고 인천공항 화물청사에 갔습니다. 황량한 공항 벌판에서 세 시간이나 추위에 떨었습니다.

유가족들과 이야기를 나눌 기회가 있었습니다. 고 김만수 씨의 부인 김태연 씨는 "너무 속이 상해서, 너무 무관심해서 아무 말도 하고 싶지 않습니다. 남편의 시신이 들어온다는 연락을 아무도 해 주지 않아서 내가 직접 외교통상부에 전화를 해 보고서야 겨우 알았습니다. 아직도 살아야 할 날이 얼마나 많이 남았는데…… 이 어린 애들을 어떻게 해요. 공부도 더 시켜야 하고 결혼도 해야 하는데, 아직 결혼도 안 한 시동생도 있는데…… 앞으로 나는 어떻게 살아요"라고 흐느꼈습니다. "병원에서 치료 한번 받아보지 못하고 그렇게 된 것이 너무 가슴 아파요. 처음 이라크에 간다고 했을 때 말렸는데, 그때 더 말리지 못한 것이 후회돼요"라고 했습니다.

청와대 홈페이지에 노무현 대통령에게 보내는 편지를 써서 언론의 주목을 받았던 딸 영진 양은 "아직 아빠가 도착하지 않으셔서, 아빠가 돌아가셨다는 것이 믿기지 않아요"라고 하면서 휴대폰에 찍힌 아빠의 마지막 얼굴 사진을 보여 주기도 했습니다. "다시는 아빠라고 불러 보지 못하잖아요"라고 울먹였습니다.

　　화물청사 앞 황량한 아스팔트 위에서 간단한 노제를 치렀습니다. 고 김만수 씨의 고3짜리 쌍둥이 딸은 노제에서 아빠에게, 노무현 대통령에게, 미국 부시 대통령에게 보내는 편지들을 읽었습니다. 영은이는 "아빠, 왜 당당하게 걸어서 오지 못하고 이렇게 와야만 해? 아빠는 못하는 게 없잖아. 우린 믿을 수 없어. 어리광부리고 싶은 마음은 온데간데없고 왜 이리 가슴만 저며 오는지. 왜 이리 눈물만 나오는지……아빠, 이젠 우리가 모시고 갈께요. 아빠 사고는 당당하게 따지고 넘어 갈꺼야. 그래야 아빠 딸답잖아. 아빠, 사랑해요"라고 흐느꼈습니다. 취재하던 기자들, 아나운서들, 카메라맨들도 모두 같이 울었습니다.

　　그동안 언론의 보도를 통해 익히 알고 있던 사실이었지만 가까이에서 직접 그들의 말과 표정을 접하면서 받는 느낌은 확연히 달랐습니다. '우리나라 노동자들이 외국에 가서 그런 일을 당하도록, 우리는 도대체 무엇을 하고 있었나' 하는 부채감으로 마음이 무거웠습니다. 그렇습니다. 이 소식을 접하는 사람들은 이역 만리 낯선 땅에 돈을 벌러 갔다가 차가운 시신으로 돌아온 두 노동자가 평소에 자신이 잘 알고 지내던 친척이나 동료라고 생각한다면, 사건을 제대로 이해하는 데 도움이 될 것입니다.

　　이라크에 간 노동자들이 오무전기와 '노예적 근로계약'을 체결했다고 언론이 보도했을 만큼, 이들의 근로계약에는 문제가 많았습니다. 그러나 더욱 중대한 문제는 하청회사인 오무전기와 미국 본사 '워싱턴 그룹 인터내셔널'은 정식 계약은 물론이고 '작업지시서'(NPT)조차 체결하지 않았다는 것입니다. 미국의 회사는 공사기간을 단축해야 한다며 오무전기에 "공사 먼저 시작하고 나중에 계약하자"고 요구했고, 오무전기는 정식 계약도 맺지 않은 상태에서 노동자들을 송출한 것입니다. 그래서 미국의 원청 회사는 "정식 계약을 체결하지도 않았고, 직접적인 고용계약관계가 없는 노동자들의 사망에 대해서는 보상 책임이 없다"고 발뺌하고 있는 것입니다.

　이라크 복구사업을 '수의계약' 형식으로 독점하고 있는 미국 기업들이 자신들의 위험과 비용을 줄이기 위해 외국 하청 노동자들에게 무리한 작업을 요구했습니다. 미국이 자국 군대의 희생을 줄이기 위해 다른 나라에 군대를 파병하라고 요구하는 것과 똑같은 일이 민간 차원에서 벌어지고 있는 것입니다. 고인이 된 두 노동자가 죽음으로써 우리들에게 가르쳐 주고 있는 교훈은 바로 그것입니다.

　고 김만수 씨의 딸 영진이가 노제에서 읽은 "노무현 대통령께 보내는 편지"의 한 부분을 인용하는 것으로 오늘 제 이야기를 마치겠습니다.

"우리 아빠는 전기가 없어서 칠흑 같은 어두운 곳에 환한 전깃불을 밝히는 분이셨어요. 그게 천직이라, 불가능한 공사는 없다고 하시는 분이셨어요. '끝까지 챙기겠다'는 대통령 할아버지의 약속을 믿겠어요. 아빠 사고에 유감·애석이라는 말만 하고 책임은 전혀 없다는 나라가 우리의 우방인가요? 대통령 아저씨가 부시 아저씨나 미국 회사에 따지지 못한다면 분명히 우리나라는 미국의 종속국이라는 증명이 되겠지요. 만약 그렇다면 우리가 배운 교과서에 있는 '우리의 우방 미국'이라는 말은 '대한민국이 섬기는 나라 미국'이라고 꼭 바꿔주세요."

이런 기업은 빨리 도산해야 합니다

이라크에서 사망한 한국인 노동자들이 정작 자신들을 고용한 한국 회사에는 보상을 청구할 수 없고 원청회사인 미국 회사에서만 보상을 받을 수 있도록 근로계약을 체결했다는 보도가 있었습니다. 그것이 사실이라고 해도 사망하거나 부상당한 노동자들이 한국 회사에 보상을 청구할 권리가 사라지는 것은 아닙니다. 문제는, 이렇게 법이 정한 최저 기준에 미달하는 근로계약이 아직도 우리 사회에서 많이 이뤄지고 있다는 것입니다.

한 회사의 근로계약서 내용을 잠깐 소개하겠습니다. 이 회사는 취업하는 사람에게 근로계약서를 '서약서'라는 이름으로 받았습니다. "본 서약은 본인이 이 회사에 근무함을 감사히 생각하고 다음과 같은 조건으로 계약하고 그 이상의 어떠한 조건도 제시할 수 없으며 노동법을 운운할 수 없음을 서약합니다"라는 엄숙한 내용으로 시작된 이 근로계약서는 '급여' 항목에 "회사에서 정한 급여를 받으며 물품대금을 결재받아 급여를 지급하므로 결재의 지연 등으로 급여일이 늦어진다 해도 빨리 줄 것을 종용하지 않는다"고 규정하고 있습니다.

이 밖에도 "명절이나 휴가철을 맞아 상여금 지급을 절대 원치 않는다", "일주일에 3일은 밤 9시까지 연장근로를 조건 없이 해야 한다", "지방 출장 작업도 거절하지 않는다", "모든 식사와 식수는 각자 개인의 부담으로 하며 어떠한 명목으로든 잡비를 원하지 않는다"는 것 등 대부분의 규정들이 근로기준법에 어긋나는 것들이었습니다.

이 근로계약서는 이 회사에서 근무하던 노동자가 해고당한 뒤, 그 해고의 부당성을 밝히기 위해 법률적 구제 절차를 밟는 과정에서, 회사가 자신들에게 유리한 입증자료라고 제출한 서류들 중의 하나입니다. 회사는 "우리는 이러한 조건으로 사람들을 고용했다. 그런데 이 사람이 이 내용대로 잘 지키지 않았다. 그래서 해고한 것이 무엇이 잘못이냐? 회사의 해고는 정당하다"고 주장했습니다. 노동법에 대해 무지한 인사노무 관리자는 용감해질 수밖에 없습니다.

이 근로계약서의 내용을 들으면서 사람들은 여러 가지 생각을 합니다. "나는 그렇게 열악한 회사에 다니지 않으니 참 다행이다"라고 생각하는 노동자도 있겠고, "우리도 그런 조건으로 직원을 고용할 수 있으면 참 좋겠다"고 생각하는 자본가도 있을 것입니다. "그렇게 열악한 조건에서 일하는 노동자들이 조금이라도 더 행복하게 살아갈 수 있는 사회를 만들기 위해서 내가 할 수 있는 일은 무엇일까?" 고민하는 활동가들도 있습니다.

이렇게 인간 이하의 열악한 조건으로 노동자들을 고용하고 싶어하는 경영자들은 노동자들이 노동조건을 개선하라고 목소리를 높이면 "회사를 중국으로 옮길 수밖에 없다"고 국민을 위협합니다. 결론부터 말씀드리면, 이런 회사는 빨리 망해야 합니다. 노동자들을 쥐어짜는 것만이 경쟁력을 유지하는 유일한 방법인 기업들은 빨리 도산하는 것이 국가 경제에 이롭습니다. 그래야 다른 건전한 기업들이 새로운 고용을 창출합니다.

기업 경영자들이 갖고 있는 잘못된 생각 중 하나는 지금 자신들이 운영하고 있는(이런 경우에는 "소유하고 있는"이 맞는 말일 것입니다) 기업이 반드시 살아남아서 한국 경제를 살려야 한다는 믿음입니다. 노동비용을 낮게 유지하는 것만이 우리나라 기업들이 경쟁력을 유지하는 수단이라면 우리 경제는 더 이상 희망이 없습니다. 선진 사회로 발전할 수 없습니다. 그런 상태에서는 국민소득이 몇 만 달러가 된다 해도 의미가 없습니다.

짬만 나면 '대기업 노동자들의 기득권'을 비난하면서 "민주노총은 더 이상 노동운동 단체가 아니다"라는 말까지 한 노무현 대통령이 위와 같은 기업의 행태에 대해서 따끔하게 지적했다는 말은 거의 들어보지 못했습니다. 노 대통령과 정치인들에게 기업 경영자들은 눈치를 봐야 할 대상이 될지언정 개혁의 대상은 아닙니다. '대기업 노동자들의 기득권'보다 더욱 큰 기득권을 무기로 노동자의 권리를 유린하는 기업들에 대한 개혁까지 내년 총선 이후로 미룰 아무런 이유가 없습니다. 당장 실천 가능한 최소한의 개혁도 하지 않는 노무현 정부가 참 안타깝습니다.

민주노총 이수호 후보의 당선을 보는 눈

민주노총 위원장 선거에서 이수호 후보가 당선된 사실에 대해 언론은 이를 '온건파의 승리'라고 규정하면서 다음과 같은 논조의 기사들을 썼습니다.

"민주노총이 '변화'를 선택했다. 대의원들은 '또 다른 민주노총'을 원했다."
"지금까지 민주노총의 운동방향은 전략과 전술보다는 투쟁으로 일관해 왔다."
"민주노총의 운동기조에 일대 변화가 기대된다."
"국민 공감대를 형성하지 못하는 강경일변도의 투쟁이 한계에 부딪혔음을 뜻하는 것이다."
"노동계의 전투적 운동노선에 실망을 느껴 오던 국민들은 희망 섞인 기대를 보내고 있다."
"재계나 정부를 적대적인 관계로 설정해 투쟁하는 구시대적 노동운동은 이제 청산되어야 마땅하다."
"내부 좌파세력의 반발을 극복하고 민주노총을 환골탈태시킨다면 향후 우리 노사관계에 긍정적인 영향을 미칠 것으로 기대된다."
"새 집행부는 곧 노사정위원회에 참여할 것이며 투쟁보다는 대화에 주력할 것이다."
"노선을 확 바꾸지 않으면 '그나물에 그밥'이라는 비난을 받기 십상이다."
"이제 강경노선을 걸어온 민주노총의 운동노선이 어떻게 바뀔 것인가는 전적으로 이수호 위원장의 리더십에 달려 있다."

이러한 언론의 해설기사들을 보면서 저는 솔직히 '김칫국부터 마시고 있다'는 생각이 듭니다. 이러한 견해들은 민주노총이 그동안 활동을 크게 잘못했다는 것을 전제로 합니다. 또한 그 전제는 지금까지 민주노총의 단병호 위원장을 비롯한 지도부가 활동 방향, 즉 전략과 전술을 의도적으로 잘못 선택했다고 짐작하는 오해에서 비롯된 것입니다. 그러나 사실은 그렇지 않습니다.

예를 들어, 민주노총이 그동안 총파업 구호를 자주 되풀이할 수밖에 없었던 것은 투쟁을 강제하는 절박한 상황 때문이지, 지도부가 대화와 교섭 없이 투쟁만을 일삼는 모험주의적 노선을 의도적으로 선택했기 때문이 아닙니다. 그동안 지도부의 노선이 투쟁에 치우친 측면이 전혀 없다는 것이 아니라 치명적인 오류라고 단죄받아 정치적 생명이 끊길 정도라고 생각하는 활동가는 거의 없다는 뜻입니다.

민주노총의 도덕성에 가장 큰 약점으로 지적되는 대기업 조직 노동자 중심이라는 지적도 마찬가지입니다. 민주노총의 지도부가 의도적으로 대기업 노동자들만을 중심으로 조직사업을 벌였거나 비정규직 노동자들을 차별하는 정책을 선택했기 때문에 그와 같은 현상이 초래된 것이 아닙니다. 미조직 사업장 노동자들과 비정규직 노동자들을 위한 사업을 특위까지 구성해서 열심히 하느라고 했으나 조건과 역량이 미치지 못해 성과가 크지 않았을 뿐입니다.

조직 노동자가 전체의 11% 남짓밖에 되지 않으므로 대표성이 없다는 지적도 마찬가지입니다. 미조직 노동자의 문제 역시 조직 노동자들이 앞장서서 풀어갈 수밖에 없습니다. 그동안 우리나라 노동자들이 수십 년 세월 동안 부당하게 빼앗겨 온 자기 몫을 찾는 일만도 힘에 부쳐 다른 노동자들의 권리를 함께 찾아가는 일에는 신경을 쓰지 못했던 측면을 부인하기 어렵습니다. 노동자 대중이나 노조 간부들에게 '조직 이기주의' 현상이 전혀 없다는 것이 아니라 노동조합의 도덕성을 훼손하거나 노동운동의 미래를 비관적으로 봐야 할 만큼 전반적인 현상은 아니라는 것입니다.

민주노총 이수호 당선자에 대한 기존 언론들의 은근한 기대에 못지않게, 진보적인 활동가들이나 학자들도 이번 선거를 계기로 민주노총에 대하여 많은 주문들을 하고 있습니다. 그 요구들은 대부분 다음과 같이 정리될 수 있습니다.

비정규직 노동자들을 조직화하고 차별을 철폐하는 활동에 더욱 힘차게 나설 것, 낮은 조직률로 인한 대표성 문제를 높은 조직률 달성으로 극복할 것, 현장 노동자들의 쓰디쓴 비판에 귀 기울이며 현장성을 회복하는 조직활동을 할 것, 국민들의 민주노총에 대한 부정적인 선입견을 해소할 것, 산별 노조를 건설함으로써 노동자들간의 조직 이기주의를 극복할 것, 사회 전체의 개혁을 이끌 수 있는 지도력을 발휘할 것, 조직 내부의 민주화를 이룰 것, 꾸준한 학습으로 사상적인 기초를 닦을 것, 노동운동의 정치세력화에 박차를 가할 것 등입니다.

이와 같은 명제들은 민주노총뿐만 아니라 노동운동 조직이라면 언제나 지켜야 할 일반적인 원칙입니다. 그런데 제가 지금까지 만나 본 활동가들 중에 위와 같은 원칙을 모르는 사람들은 거의 없었습니다. 시골 농공단지 비닐하우스 공장의 조합원 열 명 남짓밖에 안 되는 작은 노동조합의 간부들도 위와 같은 원칙 정도는 대부분 알고 있습니다. 우리나라 노동운동의 수준은 그렇게 낮은 편이 아닙니다. 몰라서 지금까지 그렇게 못했다기보다 우리 운동의 수준과 사회의 발전 단계가 아직까지 위와 같은 요구들을 충분히 달성할 만한 정도에 이르지 못했기 때문이라고 보는 것이 옳습니다.

민주노총의 단병호 위원장이나 이수호 당선자나 위와 같은 원칙을 계속 지켜 나간다는 점에는 차이가 없습니다. 위와 같은 일을 더욱 잘하기 위해서 이수호 후보가 당선된 것입니다. 이수호 당선자 진영이 선거 과정에서 '총파업 남발'을 비판했다는 것에만 주목할 것이 아니라 "전체가 함께 하는 준비된 총파업"을 강조했고, 내세웠던 구호가 "강한 민주노총! 승리하는 노동자! 책임지는 지도부"라는 점에도 주목해야 합니다. 언론이 그토록 강경한 좌파 투쟁 노선이라고 우려한 유덕상 후보 진영을 지지한 대의원이 44.9% 나 됐다는 사실도 기억해야 합니다.

이수호 당선자는 최근 언론과의 인터뷰에서 "한국적 노사관계 현실에서 전투적 노동운동은 불가피하다. 총파업을 남발하지 않겠지만 투쟁이란 카드는 언제나 우리의 가장 큰 힘이다. 노동자에게 주어진 '싸움할 수 있는 권리'를 통해 사용자와 정부를 압박할 것이다. 우리 새 집행부 면면을 봐라. 운동판에서 20년 이상씩 현장 중심으로 꿋꿋이 전투적인 싸움을 해 온 사람들의 집결체다"라고 잘라 말했습니다.

단병호 위원장 집행부에 대한 민주노총 내부의 비판을 마치 정부와 기업들에게 주는 면죄부처럼 생각하는 것은 오해도 이만저만한 오해가 아닙니다. 우리나라와 같은 노사관계 상황에서 노동운동 조직 내부의 온건과 강경은 대외적으로 큰 의미가 없습니다. 노동자들은 지금 제대로 된 더 큰 총파업을 준비하고 있는 것뿐입니다.

정몽헌 회장의 죽음으로 다시 생각해 보는 '재벌'

국제통화기금으로부터 구제금융을 받을 당시 국제금융자본은 한국 정부에 재벌 개혁을 강력하게 요구했습니다. 보수의 원조 국제금융자본이 한국 내에서는 진보적 요구를 하는 코미디 같은 상황이 벌어진 것입니다.

국제금융자본의 재벌 개혁 요구는 한국 내에서 자신들의 자본 지배력을 확대하고 이윤을 더욱 안전하게 확보하기 위한 것이 그 목적이었을 것입니다. 그러나, 이러한 현상이 우리에게 가르치는 분명한 사실은, 한국 재벌의 성격이 보수의 원조라는 국제금융자본보다 더욱 수구적이며 전근대적이라는 것입니다.

『옥스퍼드 사전』이나 외국 백과사전에는 'Chae-bul' 또는 'Jae-bul'로 표기된 항목이 있습니다. 글자 그대로 '재벌'이라고 발음합니다. 이 '재벌'이란 단어는 미국의 시사주간지에서도 심심찮게 쓰여 이제는 국제적으로 낯설지 않은 용어가 됐습니다.

그 항목에 대한 설명은 대개 "한국에 존재하는 대기업의 독특한 소유 경영 형태로서······ 주요 기업집단에 대해 지배적인 경영권을 행사하는 특정 개인이나 그 가족 구성원······ 또는 그 사람들에 의해 지배되는 대기업으로 구성된 기업집단"을 말한다는 것입니다. 즉, '재벌'은 우리나라에만 있습니다. 일본의 재벌은 제2차 세계대전이 끝난 뒤 전범으로 처벌되거나 연합군 사령부에 의해 해체되어 그 사회적 영향력이 현저하게 감소했을 뿐만 아니라 대기업집단의 소유·경영 방식이 우리나라의 재벌과는 많이 다릅니다.

『브리태니커 백과사전』에서는 '재벌'에 대해 "대가족제도라는 전통문화적 요인과 개발공업국이라는 사회경제적 요인이 복합적으로 작용해 이루어졌다"는 자상한 설명까지 덧붙이고 있습니다. 재벌은 비정상적인 경제 개발 과정에서 만들어진 기형적 존재입니다. 여러 개의 기업을 '족벌적 경영체제'라는 가장 비효율적인 형태로 경영하는 것이 '재벌'입니다. 따라서, 재벌은 굳이 진보적 시각이 아니라 철저한 자본주의 시장경제원리에서 보더라도 잘못된 것입니다.

우리 경제가 국제통화기금으로부터 불과 백 수십억 달러의 지원을 받지 않고는 당장 빈털터리가 될 수밖에 없었던 치욕스러운 상황을 맞게 된 중요한 원인 중 하나는 재벌의 폐해였습니다. 박정희 정권이 돌연사한 1970년대 말과 군사 독재 정권이 몰락한 1990년대 초, 정치적 파트너가 붕괴된 격동의 시기에 재벌은 위기를 맞았으나 그때마다 불사조처럼 살아났습니다.

그 재벌은 '세 번째 위기'라는 IMF 구제금융 체제에서도 굳건히 살아남았을 뿐만 아니라 오히려 공룡처럼 몸집을 더 키웠습니다. 당시 재벌은 한국 경제 파탄의 주역으로 지목 받았지만 "지금 누가 잘못했는지 따지고 있을 때가 아니다. 누가 잘못했는지 한가하게 그 원인이나 따지고 있다가는 기업과 국민이 같이 쪽박을 찰 수밖에 없다"고 국민들을 위협하면서 경제 위기 탈출의 주역임을 자임했습니다. 김대중 정부는 "재벌체제가 개혁되지 않는다면, 제2의 경제 위기는 언제든지 다시 올 수 있다"고 누차에 걸쳐 재벌 개혁을 강조했지만 그 결과는 지지부진해서 차마 '개혁'이라고 부를 수도 없는 수준이었습니다.

'재벌 개혁' 또는 '재벌 해체'를 매우 과격한 정책이라고 오해하는 사람들이 있습니다. 재벌 기업의 노동조합에 가서 강연을 할 때 '재벌 해체'

를 설명하면 듣고 있는 노동자들조차 걱정스러운 표정이 됩니다. 아마 "우리 회사도 재벌 기업인데 재벌을 해체하면 우리는 도대체 어떻게 되나?" 하는 걱정 때문일 것입니다. 그러나 '재벌 해체'는 재벌에 속해 있는 기업을 없애버리자는 것이 아닙니다. 재벌 개혁이나 해체는 어디까지나 재벌에 속한 대기업을 자본주의적 시장경제원리에 충실하게 더욱 알찬 대기업으로 키우자는 것입니다. 다만 여러 개의 대기업을 옭아매고 있는 '족벌적 경영'이라는 가장 비효율적인 경영체제의 고리를 끊는 것뿐입니다. 그런 의미에서 '재벌 해체'나 '재벌 개혁'은 같은 뜻입니다. 과격하기는커녕 별로 진보적인 정책도 아니지만 우리 경제가 반드시 넘어야 할 산입니다.

재벌 총수의 자살은 우리들에게 여러 가지 생각을 하게 합니다. '경제 위기의 주범' 재벌이 '남북교류의 주역'을 맡아야 했던 기막힌 현실 속에서 끝내 자살을 선택할 수밖에 없었던 한 사람의 죽음 앞에 우리는 잠시 옷깃을 여밀 수밖에 없습니다. 남북문제의 미래와 정치 개혁 등에 관한 여러 가지 걱정스러운 목소리들이 많습니다.

그와 더불어, 정몽헌 회장의 자살을 재벌에 대한 개혁 정책의 부작용으로 오해하는 사람들이 있을까 걱정됩니다. 오히려 그 반대입니다. 지지부진한 재벌 개혁 정책의 성과가 비극의 씨앗이었다고 볼 수 있습니다. 개혁을 통해 건전한 대기업으로 거듭난 재벌 기업이 남북경협 사업의 주역을 맡았더라면 이런 사태는 오지 않았을 것입니다. 정 회장의 자살이 재벌 개혁을 뒤로 미루거나 기업 소유지배구조를 개혁할 수 있는 노동자 소유·경영 참가제도 도입의 고삐를 늦추는 이유가 될 수는 없습니다.

노동위원회의 위원 기피신청 제도

이번에는 내 얘기도 좀 해 보자. 서울지방노동위원회의 심판담당 공익위원이라는 직함을 하나 갖고 있다. 어떤 사람들은 그 말을 들으면 내가 엄청나게 출세했다고 부러워한다.

노동위원회가 무엇을 하는 곳인지부터 설명해 보자. 노동위원회가 무슨 일을 하는 곳인지 이미 잘 알고 있다면 그 사람은 '인생의 쓴맛'을 한 번쯤 봤다는 뜻이다. 최소한 파업을 해 본 노동조합의 간부이거나 부당하게 노동조합 활동을 침해당해 봤다거나 해고당해 봤다는 뜻이다.

우리나라의 노동위원회는 크게 조정기능과 심판기능의 두 가지 기능을 갖고 있는데, 나는 심판기능에 참여하고 있으니 그것에 대해서만 설명해 보자. 우리나라에는 아직까지 노동법원이 없다. 가정법원을 왜 만들었을까? 다른 법원들이 이미 다 있는데 가정법원을 왜 특별히 따로 만들었을까? 두말할 것도 없이 가정에서 발생하는 특별한 사건을 올바로 판단하기 위한 것이다. 그럼 행정법원은 왜 또 따로 만들었을까? 역시 마찬가지로 공무원의 공무와 관련된 특별한 사건을 올바로 판단하기 위한 것이다. 그런데 대한민국 1,300만 노동자들의 특별한 사건을 올바로 판단하기 위한 노동법원이 아직 우리나라에는 없다. 먼 훗날 반드시 설립될 것이다. 그것이 역사의 순리다.

아직까지는 노동위원회가 노동법원과 유사한 역할을 담당하고 있다.

물론 노동법원이 따로 설립되어도 노동위원회는 노동사건의 신속한 처리를 위하여 계속 남아 있을 필요는 있다.

억울한 일을 당한 노동자가 자신의 문제를 해결해 달라고 구제신청을 제기하면 그 사건을 심판하는 곳이 바로 노동위원회이고 내가 그 심판에 참여하고 있는 것이다. 나더러 엄청나게 출세했다고 비아냥거리는 이유는 우리나라에 노동위원회가 만들어진 지 수십 년 세월이 흐르도록 나 같은 인간이 노동위원을 한 적이 없었기 때문이다. 지금도 노동위원의 대부분은 노동부에서 퇴직한 관료 출신이거나 대학에서 학장·총장을 역임한 교수 출신이거나 변호사들이다. 그런 저명인사들과 함께 심판에 참여하고 있으니 "하종강 출세했다"고 비아냥거릴 만도 하다.

노동위원은 노·사·정 3자가 모여서 같이 추천하도록 되어 있는데, 민주노총이 합법화된 이후 나 같은 사람 몇을 노동위원으로 추천하기로 했고, 내가 알기로 그것이 관철되는 데는 몇 개월이 걸렸다. 민주노총 서울본부에서 연락이 오기를 "서울지방노동위원회에 심판담당 공익위원으로 추천하려고 하는데 맡아 주시겠느냐?"는 것이었다. 나는 기꺼이 하겠다고 했다. 오히려 나한테 큰 영광이고 나 같은 사람의 작은 힘이라도 보탤 수 있다면 기꺼이 하겠노라고 했다. 그렇게 답했는데 그 후 5개월 동안 아무 연락이 없는 것이다. 5개월 만에 전화가 왔는데 "소장님, 아무래도 힘들 것 같습니다. 너무 반대가 심해서요. 사용자단체에서 소장님 같은 사람은 절대로 안 된다고 펄쩍뛰며 반대하는군요." 그래서 나는 이렇게 답했다.

"그럼 빨리 다른 사람으로 바꿔서 추천하십시오. 부담 갖지 마세요."

그로부터 한 달쯤 후에 다시 민주노총 서울본부의 간부가 전화를 하더니 이렇게 말하는 것이었다.

"소장님, 잘하면 될지도 모르겠습니다. 지금 계속 노력 중이니까 조금만 더 기다려 주세요."

나는 "어떻게 된 일이냐?"고 물었는데, 대답은 이랬다.

"우리가 소장님보다 훨씬 더 쎈 사람으로 추천했거든요."

그랬더니 사용자단체에서 "차라리 하종강 소장이 더 낫겠다"는 말이 나오기 시작했다는 것이다. 결국 나를 우습게 봤다는 뜻이다. 하하……. 나보다 '훨씬 더 쎈 사람'이 누구냐 하면 바로 국민대의 이광택 교수다.

그런 우여곡절 끝에 나는 서울지방노동위원회의 심판담당 공익위원이 되었다. 일주일에 한 번 꼴로 심판회의에 참석한다. 한 달에 기본적으로 네 번 정도는 심판회의에 참석해야 한다는 게 우리끼리 만든 원칙이어서, 바쁘다는 핑계로 한 달에 두 번밖에 참여하지 못하거나 하면 민주노총 서울본부에서는 점잖게 '경고'가 오기도 한다.

해고된 대한항공 조종사가 제기한 부당해고 구제신청 사건이 나에게 배당된 적이 있었다. 포항공항에 착륙하다가 비행기가 활주로를 이탈한 일이 있었는데, 회사에서는 그 조종사에게 책임을 물어 해고했고, 조종사는 "불가항력적이었다"고 억울함을 호소하는 사건이었다. 나는 수백 쪽이 족히 되는 사건 서류를 꼼꼼히 검토했다.

전남대병원 노동조합에 갈 일이 있어서 광주에 내려가 있는데 노동위원회의 관리 한 사람이 전화를 했다. 대한항공 회사 측이 나에 대한 기피신청을 했다는 것이다. 기피신청이란 구제신청의 당사자인 회사나 노동자가 노동위원들 중에 특별히 문제가 있다고 판단되는 사람에 대해 이를테면 "이 공익위원은 우리 사건을 올바르게 판단을 하는 데 문제가 있는 사람이니 우리 사건을 담당하지 못하도록 해 주십시오"라는 신청을 하는 것이고 그 기피신청에 합리적인 이유가 있다면 받아들이도록 되어 있는 제도이다.

대한항공이 나에 대한 기피신청을 한 이유는 내가 대한항공 조종사들에게 노동조합 교육을 한 사람이기 때문이라는 것이다. 나는 "그것이 이 사건과 무슨 관계가 있느냐?"고 물었다. 백 보를 양보해서, 만일 그 사건이 대한항공 조종사 노동조합과 관련된 것이었다면 회사 측의 기피신청이 일리가 있다고 받아들일 수도 있었다. 내가 노동조합을 편드는 선입견을 가질 수도 있을 테니까…… 그 선입견이 올바른 판단을 하는 데에 방해가 될지도 모르니까…… 그러나 그 사건은 노동조합과는 바늘 끝만큼도 관계가 없는 사건이었다. 그 조종사의 업무 수행 능력에 잘못이 있었느냐 없었느냐를 법률적 요건 사실과 판례에 터잡아 따지면 되는 사건이었고 수백 쪽이나 되는 사건 서류에 노동조합과 관련된 이야기는 단 한 줄도 없었다.

나는 계속 그 기피신청을 받아들일 수 없노라고 주장했다. 노동위원회에서는 "이런 경우에는 기피신청을 받아들이는 것을 원칙으로 해 왔다"는 말만 되풀이했다. 내가 "그 기피신청이 합리적인 이유를 나한테 한번 설명해 보라. 나를 합리적으로 이해할 수 있도록 설득해 보라"고 끈질기게 요구했다. 이건 쉬운 일이 아니다. 심판회의에 참석하러 갈 때마다 얼굴을 마주 대해야 하는 사람과 이렇게 말싸움을 한다는 건 남달리 '심약한' 나에게 솔직히 좀 부담스러운 일이었다. 알 만한 사람은 다 알고 있지만 나는 절대로 '투사형'이 아니다.

내가 계속 받아들일 수 없다고 하니까 노동위원회의 관리는 드디어 '비장의 무기'를 꺼냈다.

"노동조합으로부터 돈을 받지 않았습니까?"

나는 어이가 없었다. 노동조합에 가서 강의를 하고 강의료를 받는 것이 무슨 잘못인가? 물론 내가 반드시 돈을 받아야만 노동조합 교육을 하는 것은 아니다. 내가 정한 원칙이 있어서 그 원칙에 미달하는 노동자들에게는 절대로(거의 '절대로') 돈을 받지 않는다. 지난 주에도 두 번이나 그랬다. 파업을 하고 구속되었다가 풀려난 지 며칠 안 된 간부들이 앉아 있는 곳에 가서 한 시간 남짓 떠들고 나서 교통비가 됐든 강의료가 됐든 그 대가로 돈 몇 푼을 받는다는 건 내 자신이 부끄러워 도저히 용납할 수 없는 일이다. 내가 굳이 돈을 받지 않겠다고 떼를 쓰자 그 노동조합의 간부가 총무를 담당하고 있는 간사에게 웃으면서 말했다.

"하 소장님한테 강의료 못 드리면 당신은 해고야!"

그 간부의 웃음 속에는 "소장님이야 폼 나게 돈 안 받아서 좋겠지만, 소장님의 그런 행위 때문에 이 간사가 해고당해도 좋겠느냐?"는 농담이 담겨 있었다.

며칠 전, 회사의 폐업에 맞서 농성을 하고 있는 노동조합에 가서도 그랬다. 두 시간의 강의를 마치고 나서 나는 웃으며 말했다.

"당신들은 나한테 돈 줄 자격이 없는 사람들이다. 내가 정한 원칙에 미달하는 노동조합이다. 나중에 자격이 생기거든 그때 다시 불러 달라."

회사가 문을 닫아 당장 길거리에 나앉게 될지도 모르는 사람들에게 노동법에 대해 몇 마디 거들었다고 무슨 낯짝으로 돈 몇 푼을 받아 쥐겠는가 말이다. 노동조합 위원장은 "그럼 일단 받았다가 다시 돌려 달라"고 웃으며 말했고, 우리는 그렇게 했다.

공무원들이 돈을 받으면 그거야 큰일 날 일이지만, 노동자들을 찾아다니며 교육하는 것을 평생의 업으로 하고 있는 사람이 그 교육의 대가로 (좀 더 정확하게 표현하자면 "나의 경험과 지식을 바탕으로 교육상품을 판매하고 그 상품의 가격으로") 돈을 받는 것이 무슨 잘못인가? 공무원들에겐 "돈을 받았다"는 것이 커다란 약점이지만, 나는 그렇지 않다. "노동조합으로부터 돈을 받지 않았습니까?" 나는 참 어이가 없었다.

내가 계속 "받아들일 수 없다"고 하자 그 관리는 난처해하면서 전화를 끊었는데, 잠시 후에 노동위원회 위원장님이 직접 전화를 했다. 위원장과도 계속 똑같은 실랑이를 벌였다. 나는 "그 기피신청이 합리적인 이유를 어디 한번 나한테 설득해 보라"고 요구했고, 노동위원회 위원장은 "이런 경우에는 받아들이는 것을 원칙으로 해 왔다"는 답변을 되풀이했다.

물론 기피신청을 받아들이는 데 반드시 당사자인 공익위원의 동의가 필요한 것은 아니다. 노동위원회 위원장이 직권으로 결정할 수 있는 일이다. 회사가 기피신청을 일찌감치 제기했다면 나도 모르는 사이에 내가 기피되어 아예 담당 위원 명단에서 빠져버렸을 것이지만(실제로 여러 번 그랬다) 이번의 경우에는 이미 공익위원 배정이 끝났고 심판회의 일정이 다 잡혀버린 후에 회사가 부랴부랴 기피신청을 해서 문제가 되었던 것이다.

전화기를 붙들고 위원장과 한참 실랑이를 벌이다가 어느 순간 내 머리에 번개처럼 퍼뜩 떠오른 생각이 있었다.

"대한민국 노동위원회가 대한항공이라는 대재벌 기업과 하종강 일개 개인 중에서 누구의 말을 따를 것인가?"

그런 자각에 이르자 나는 갑자기 온몸에서 힘이 빠져버렸다. 이건 너무나도 뻔한 게임이다. 결국 내가 동의하지 않았다는 것을 분명히 한다는 선에게 그 기피신청을 위원장이 받아들이겠노라고 했고, 나는 "마음대로 하십시오"라고 말할 수밖에 없었다. 사람 좋아 보이는 위원장은 전화를 끊기 직전에 나에게 "고맙다"고 했다.

몇 달 동안이나 가슴에 품어두었던 이 얘기를 글로 적으면서 고민이 전혀 없었던 것은 아니다. 내가 노동위원회의 공익위원인 이상 노동위원회 일은 이미 나에게 '남의 일'이 아닌 것이다. 이건 '누워서 침 뱉기'일 수도 있고, 노동위원회의 명예를 훼손했다고 생각할 수도 있다. 그렇다면 이제라도 좀 물어보자. 그 기피신청이 합리적인 이유를 어디 한번 설명해 보라. 내가 그 노동조합에 가서 교육을 했던 것과 그 해고 사건이 무슨 관계가 있는지 어디 한번 나를 설득해 보라.

무식하거나, 혹은 비겁하거나 _건강하게 살기

어느 중소 규모 병원의 원장이 쓴 칼럼을 읽은 적이 있었는데, 내 기억대로 옮기자면 그 내용은 대략 아래와 같았다.

TV에 출연하여 건강 강좌를 하면서 유명해진 사람들이 있다. 그 사람들이 하는 말이 틀렸다는 것이 아니라, 그 사람들이 전혀 하지 않는 얘기가 있다는 것을 지적하고자 한다.

그 사람들이 하는 얘기는 '인간이 어떻게 자신의 라이프 스타일을 컨트롤함으로써 건강을 유지하느냐'에 관한 것이다. 운동 열심히 하고, 규칙적인 식생활을 하고, 잠 잘 자고, 과식하지 말고, 정신적 스트레스 받지 않고 긍정적 사고방식을 갖고 살아가고…… 하는 것들이다. 그 유명한 강사들은 그 얘기만 한다.

그런데, 그 사람들이 전혀 하지 않는 얘기들이 있다. 예를 들어, 다이옥신 사건을 보자. 어떤 사람이 수십 년 동안 자신의 라이프 스타일을 잘 컨트롤함으로써 건강을 유지하는 데 성공했다고 하자. 그러나 그 사람이 다이옥신에 오염된 고기를 먹는 순간 그 사람의 수십 년 노력은 물거품이 되는 것이다. 그러니까, 개인이 건강을 유지하기 위해 열심히 노력하는 것보다 더욱 중요한 것은 그 개인을 둘러싸고 있는 사회의 환경과 제도와 정책과 구조에 관한 것인데, 유명한 강사들은 그것에 대해 한 마디도 하지 않는다.

의사들은 일상 생활에서도 영어를 즐겨 쓰는 사람들인지라, 그 짧은 칼럼 곳곳에도 영어가 섞여 있었지만, 그 내용을 대충 번역하고 요약하면 위와 같은 내용이었다. 그 유명한 강사들이 이 사회의 환경과 제도와 정책과 구조에 대하여 얘기하지 않는 이유는 무엇일까? 둘 중의 하나일 것이다. 첫째, 무식하거나……, 둘째, 비겁하거나…….

첫 번째 경우는 상상하기 어렵다. 사람들의 건강과 생명에 관한 공부를 수십 년 세월 동안 하면서 사람들을 둘러싸고 있는 환경이 건강에 중요한 영향을 미친다는 것을 끝내 모르고 있었을 것이라고는 상상하기 어렵다.

대부분은 두 번째의 경우일 것이다. 그런 것에 관하여 이야기하는 것은 이 땅 위에 모든 것을 한 손에 쥐고 있는 권력과 자본의 비위를 거스르는 것이기 때문이다. 그 사람들이 출세하고 부귀영화를 누리는 데 아무런 도움이 안 되고 오히려 방해가 되기 때문일 것이다.

하고 싶은 얘기는 지금부터다. 노동자의 노동재해에 대해서도 마찬가지 얘기를 할 수 있다. 노동자들이 노동재해를 당하는 이유를 여러 가지로 분석할 수 있는데, 대한민국 노동부의 분석은 그 가장 많은 이유가 노동자의 '부주의' 때문이라는 것이다. 그 분석에 따르자면 우리나라가 세계에서 노동재해가 가장 많이 발생하는 나라의 하나가 될 수밖에 없는 이유는 결국 우리나라 노동자들이 세계에서 가장 부주의한 노동자이기 때문이다.

도저히 받아들일 수 없는 논리지만, 백 보를 양보하여, 우리나라 노동자들이 좀 부주의했다고 하자. 그 이유가 무엇일까. 우리나라 국민들이 태어날 때부터 부주의한 국민성을 가지고 있기 때문일까? 그건 말이 안 된다. 우리나라 노동자들을 둘러싸고 있는 이 사회의 환경과 제도와 정책과 구조에 뭔가 문제가 있기 때문이다. 다시 말해, 노동재해를 당한 것은 그 노동자의 잘못이 아니라 우리 사회의 책임이다. 그런 뜻에서, 노동재해를 당한 노동자들을 우선적으로 해고했던(나중에 취소했지만) 대우자동차의 행태는 비극이거나, 혹은 코미디이거나……둘 중의 하나다.

> '산업재해'라는 말 대신 '노동재해'라는 말을 사용하자는 주장이 있다. '산업재해'라는 말 속에는 노동자들이 일하다가 다치거나 병에 걸리는 것을 "산업사회에서 발생할 수밖에 없는 필요악"이라는 뜻을 은근히 숨기고 있다고 보는 것이다. 나도 그 뜻에 동의한다.

부산상고 노무현, KIST에 취업했으면

한국과학기술원(KIST) 노동조합 파업의 중요한 요구 사항 중 하나는 직종간 명칭 통합입니다. 다른 연구기관에서는 이미 10여 년 전에 도입돼 시행되고 있는 제도입니다. KIST에서는 한 번 사무원으로 취업하면 영원한 사무원입니다. 직종간 명칭 통합이 돼 있지 않기 때문입니다.

몇 년 전 "한국에서 전자현미경을 최고로 잘 다루는 장인"이라고 언론에서 칭송이 자자했던 연구동의 한 선생님도 '기사'로 퇴직할 수밖에 없었습니다. 아마 이 노동자가 일반 기업체에 근무했다면 퇴직 무렵에는 '이사 대우' 정도의 직함을 받고도 남았을 것입니다.

파업현장에 붙어 있는 대자보들 중에 이런 문구가 있었습니다. "부산상고 노무현, KIST 오면 사무원." 고등학교 출신이 대통령도 되는 나라이지만, 노무현 대통령이 KIST에 취업했다면 정년퇴직할 때까지 사무원일 수밖에 없었을 것이라는 뜻입니다.

파업현장에 붙어 있던 대자보를 하나 더 소개하겠습니다. "경영 인사권은 단체교섭 사항이 아니라굽쇼? 우리의 KIST는 함께 만들어 가는 겁니다요."

이런 대자보도 있었습니다. "노동조합을 무시하는 거야? 그런 거야? 단체교섭 회피하는 거야? 그런 거야?"

"파업이 오늘로 열하루째여서, 많이 지쳤습니다" 라고 말하는 노동자들에게 저는 기독교방송 노동조합 파업 이야기를 해 주었습니다.

"기독교방송 노동조합이 몇 년 전에 265일 동안 파업을 한 적이 있었습니다. 그 방송사의 사무행정직원, 기술직원, 아나운서, 피디들이 265일 동안 임금 한 푼 안 받고 싸웠습니다. 그 파업이 끝나던 날 노동조합 위원장이 저에게 전화를 했습니다.

'소장님, 우리 끝났습니다. 방금 단체협약안 찬반투표 마쳤고, 협약안에 조인했습니다.'

나는 '건강은 좀 어떠시냐?'고 물었습니다. 노동조합 위원장은 '몸무게 25킬로그램 줄었습니다'라고 답했습니다. 265일 동안 파업을 하고 한 달 넘게 단식을 하느라고 위원장 몸무게가 25킬로그램이나 줄어들었던 것입니다. 그 사람이 바로 요즘 8시부터 〈뉴스 레이더〉 진행을 맡고 있는 민경중 앵커입니다. 오늘 아침에도 여기 오면서 그 방송을 들었습니다. 방송에서 그 사람 목소리를 들을 때마다 몇 년 전의 일이 생각나 숙연해집니다.

기독교방송 노동자들이 이 자리에 와서 '파업 열하루 하고 지쳤다'고 말하는 여러분들 보면 뭐라고 말하겠습니까? '요즘 파업 열하루 정도 해 가지고는 어디 가서 명함도 못 내밀어.' 그렇게 말하지 않겠습니까? 힘들 때는, 더 힘들었던 사람들을 생각하면서, 견디어 냅시다."

아버지의 고교등급제

부모님을 모시고 멀리 다녀올 일이 있었습니다. 우리 아버지께서는 교직에서 평생을 보내셨고 올해 연세가 여든이 넘으신 분입니다. 나라에서 훈장을 두 번이나 받으셨는데, 아들과는 달리, 독재 정권으로부터 받은 훈장이라고 께름해 하는 정서를 갖고 계시지는 않습니다.

고교등급제에 관한 내용이 뉴스에서 나오자 아버지께서는 대뜸 "공부 잘하는 놈이나, 못하는 놈이나 똑같이 취급하면, 그게 바로 공산당이지"라고 말씀하셨습니다. 저는 가만히 듣고 있었는데 잠시 뒤에 다시 "똑같이 취급하면, 그게 바로 공산당이야"라고 계속 말씀하셨습니다. 그것도 매우 비웃으시는 듯한 말씨로…….

저는 더 이상 참지 못하고 아버지께 "그렇지 않다"고 설명을 드렸는데, 나도 모르게 목소리가 높아졌습니다. "공부 잘하는 학생과 못하는 학생을 차별하는 것은, 부자와 가난한 사람을 차별하는 것과 같이 옳지 않은 겁니다. 그렇게 되면 우리 사회의 불평등이 더욱 심해져서 나중에는 아주 심각한 상황이 돼버리고 맙니다. 어떻게든 그 불평등을 줄이도록 노력해야 하지 않겠어요? 고교등급제를 금지하는 것은 우리 사회의 불평등이 심각해지지 않도록 미리 방지한다는 의미를 갖는 겁니다. 행정수도 이전도 마찬가지예요. 서울과 지방의 차별을 어떻게든 줄여 보겠다는 것입니다"라고 열심히 설명해 드렸습니다.

그리고 "유럽의 사민주의 국가들은 말할 것도 없고, 전형적인 자본주의 나라인 일본이나 미국도 사회 불평등이 심각해지는 것을 방지하기 위해 우리나라보다 훨씬 평등한 교육제도, 조세제도, 의료제도 등을 갖고 있는데, 그러면 그 나라들이 모두 공산당입니까?"라고 조금 지나치다 싶을 정도로 조목조목 따졌습니다.

잠자코 듣고 계시던 아버지께서는 드디어 저에게 최후의 일격을 가하셨습니다.

"그래서 지금 북한이 잘 살고 있냐?"

그 뒤에 이어지는 말씀은 듣지 않아도 알 수 있습니다. "너희들은 전쟁을 모른다. 나는 두 번의 전쟁을 겪고 살아남은 사람이야."

어릴 때부터 숱하게 들었던 말 중에 "말 많으면 공산당"이라는 표현이 있습니다. 이 말은 아마도 이승만 독재 정권 이래 부패한 권력이 자신을 비판하는 말을 많이 하는 사람들을 공산당이라고 때려잡았기 때문에 생긴 말일 것입니다. 부당한 방식으로 권력을 탈취하고 부정한 수단으로 재산을 모은 힘있고 돈 많은 사람들이, 그 권력과 자본이 얼마나 부정직한 것인지 지적하는 말을 많이 하는 사람들을 잡아 가두거나 심지어 죽여버리기도 했기 때문에, 사람들이 스스로 말조심하며 살자는 뜻으로 만들어 낸 말일 것입니다.

문제는 이러한 주장과 정서가 아직도 사람들에게 상당한 설득력을 갖는다는 것입니다. 성매매 문제를 해결하기 위해 법을 만들고 단속을 벌이는 것조차 자유를 구속하는 반자유적·좌익적 정책이라는 비상식적인 주장을 사회 지도층 인사가 아무런 부끄러움도 없이 해대고, 그 주장을 그럴싸하게 듣는 어리석은 사람들이 아직도 우리 사회에 많이 있습니다.

올 해[2004] 입시 때, 서울 강남구에서는 고등학교 3학년생 100명 중에 2.7명 꼴로 서울대학교에 진학했습니다. 그런데 강북의 한 구에서는 100명 중에 0.25명 꼴로 서울대학교에 진학했습니다. 같은 서울 시내에서 부자 동네와 가난한 동네 고등학생들의 명문대학교 진학률이 열 배 이상 차이 납니다. 서울과 지방은 비교할 수조차 없고, 이러한 불평등은 갈수록 심해지고 있습니다.

지난 설에는 한 방송사가 택배회사를 통해 조사해 보니, 70만 원 이상짜리 고가의 선물세트들이 서울 강남구에서는 7가구당 한 개씩 배달됐는데, 강북구에서는 120가구당 한 개씩 배달됐습니다. 거의 20배 가까이 차이가 납니다. 이러한 불평등도 갈수록 심해지고 있습니다.

부자 동네에서는 과목당 한 달에 수백만 원씩 내고 족집게 과외를 받는 학생들도 많다는데, 서민들은 자기 자녀들을 동네 학원에 보내기에도 살림이 빠듯합니다. 부모님에게 동네 학원에 보내 달라고 몇 달 동안이나 떼를 쓰던 고3 학생이 드디어 학원에 딱 한 과목 등록을 하고 학원에 가게 된 첫날, 자기를 물끄러미 바라보는 어머니에게 현관에 서서 "엄마, 내가 가서 그 돈보다 더 많이 배우고 올게"라고 말했다는 얘기를 듣고 저는 눈물이 났습니다.

부자 동네에 사는 사람들을 싸잡아 나쁜 사람 취급하자는 것이 아닙니다. 갈수록 심각해지는 우리 사회 불평등 구조를 개선하지 않고는 부자와 가난한 사람들이 모두 비참한 상황에 빠지게 된다는 것을 잊지 말자는 것입니다. 1929년에 세계를 휩쓸었던 대공황이 인류에게 남겨준 교훈이 바로 그것입니다. 사회 불평등 구조를 심화시키는 경제 성장은 성공할 수 없다는 것이 최근 거시경제학 분야의 가장 중요한 성과 중 하나입니다.

불평등 구조를 더욱 심각하게 만드는 데 기여하는 주장들은 옳지 않습니다. 힘있고 돈 많은 사람들에게 유익한 주장을 일관되게 펴는 사람들이 있습니다. 그러한 주장은 그 개인에게 눈앞의 이익이나 세속적 영달을 가져다 주지만, 우리보다 먼저 선진 사회를 이룩한 나라들이 남겨준 교훈은, 사회가 발전할수록 그러한 주장들은 서서히 소멸할 수밖에 없다는 것입니다.

국민연금 제도를 어떻게 할 것인가?

국민연금에 관한 이야기를 결국 한 번은 하고 넘어가야 할 것 같습니다. 지난 [2004] 5월, 한 네티즌이 "국민연금의 비밀"이란 글을 인터넷에 올리면서 국민연금의 타당성에 대한 논란에 불이 붙었습니다. 가입자들에게 일방적으로 불리한 내용이 "국민연금 제도"에 너무 많다는 것을 조목조목 예를 들어가며 짚은 그 글이 널리 알려지면서 인터넷에서는 국민연금 반대 서명운동이 급속히 번졌고 "국민연금에 반대하는 촛불시위를 벌이자"고 주장하는 사람도 있는 등 마치 국민연금 반대 운동을 진보적 저항운동이나 개혁적 시민운동인 것처럼 여기는 분위기가 만들어지기도 했습니다.

그렇지 않아도 월급봉투에서 적지 않은 금액의 국민연금이 자신의 의사와 무관하게 꼬박꼬박 빠져나가는 것에 불만을 갖고 있던 직장인들은 거의 폭발적으로 국민연금 반대 운동에 결합했습니다. 열심히 일하면서 조금씩 내면 나중에 혜택을 볼 수 있을 거라고 막연히 기대하고 있다가 "절대로 그렇지 않다더라"는 얘기를 들은 데다가, 17대 국회에서는 국민연금 제도가 "더 내고 덜 받는" 쪽으로 개정될 예정이라고 하니 사람들이 평소에 가졌던 불만이 분노로 바뀐 것도 당연합니다.

이러한 움직임은 최소한 지금까지 정부와 일부 금융전문가들이 독점하고 있던 국민연금 제도에 관한 정보를 가입자에게 널리 알렸다는 긍정적인 효과를 가져왔습니다. 노동자들도 당연히 국민연금 문제에 대해서 알아야 하고, 논의해야 하고, 판단해야 할 때가 된 것입니다.

사람들은 모두 자신의 노후생활을 염려합니다. 특히 노동력이 유일한 생계수단인 노동자들에게 노후의 생계는 큰 걱정이 아닐 수 없습니다. 노후를 보장할 만큼 부동산을 가지지도 못하고, 민간 보험회사들이 운영하는 사보험에 개별적으로 가입하기도 힘든 노동자·서민에게 노후생활은 인생의 휴식이 아니라 근심거리가 아닐 수 없습니다. 국민연금 제도는 그래서 우선 우리 사회에 반드시 필요한 제도입니다.

그런데 분위기가 심상치 않습니다. 머지 않아 국민연금 재정이 고갈된다는 말이 떠돌더니 정부는 국민연금 지급액은 낮추고 보험료는 대폭 올리는 국민연금 개편안을 발표했습니다. 노동계에서는 최근의 소동이 있기 전부터 이에 대한 문제점을 제기해 왔습니다. 노동자들은 어떻게 대응할 것인가? 위기에 처한 국민연금을 차라리 버릴 것인가? 아니면 올바른 방향으로 개혁하여 노동자의 노후생계제도로 정착시킬 것인가? 이러한 문제들에 대해 나름대로 판단을 해야 합니다.

국민연금 재정이 부족하다면 필요한 재원을 마련하는 것이 당연합니다. 그러나 정부가 제시하는 국민연금 개편안은 노동자들이 그대로 받아들이기에는 어려운 명백한 문제점들을 갖고 있습니다. 재정에 대한 장기적 전망도 옳지 않을 뿐 아니라 연금 제도의 공공성 확보를 위해 필수적인 국고 지원을 방기하고 모든 부담을 가입자에게 떠넘기고 있습니다. 당장 내야 하는 연금보험료가 부담스러운 비정규직 노동자와 취약한 지역가입자에 대한 지원이 없으면 국민연금 재정은 취약해지고 취약 계층의 국민연금 가입은 더욱 어려워집니다. 어려운 형편의 사람을 더욱 보호해야 한다는 복지제도의 원칙이 훼손되는 것입니다. 정부가 자신이 수행해야 할 기본 의무를 방기함으로써 서민들에게 급여율 인하와 보험료율 인상을 강요하는 반민중적 연금 제도가 정착되도록 내버려 둬서는 안 됩니다.

국민연금은 보험회사들의 생명보험과는 다른 점이 있습니다. 사적 생명보험은 시장의 원리에 기초하여 납부한 만큼 비례하여 연금을 돌려받습니다. 반면에 국민연금은 공적 보험으로서 연금급여가 하위계층에 훨씬 유리한 사회보험 제도입니다. 사적 생명보험의 가입자는 보험료를 납부한 뒤 연금을 수령할 뿐이고 연금기금 운용은 생명보험회사 경영진과 주주들이 독점합니다. 반면에 국민연금은 모든 국민이 가입한 보험으로서 가입자가 연금기금에 대한 통제권을 요구할 수 있습니다. 국민연금은 가입자가 단순한 연금 수령자가 아니라 연금기금 운용권자가 되어야 합니다. 그것이 최근에 불거진 국민연금 논란을 바람직하게 해결하는 가장 중요한 초섬입니다. 직장인들은 연금기금 운용에 대한 통세력을 확보하기 위해 지금부터라도 노력해야 합니다.

노동절에 생각한다

오늘은〔2003.05.01〕전 세계 노동자들의 기념일인 노동절입니다. 1889년 세계 각 나라 노동자들이 모인 제2인터내셔날 창립대회에서, 미국 노동자들의 8시간 노동 쟁취 투쟁을 전 세계의 노동자들과 함께 기억하기 위해, 매년 5월 1일을 세계 노동자들의 기념일로 지키기로 결정한 지 올해로 벌써 113년이 되었습니다.

우리나라의 노동자들은 일제 식민지 시절인 1923년부터 세계 노동자들과 함께 노동절 행사를 가졌습니다. 그러나 미군정이 전국노동조합평의회를 불법단체로 간주하고 대한노총을 지원하기 시작한 이래 1948년부터 10년 넘는 세월 동안 노동절 행사는 정치인과 자본가들에게 충성을 다짐하는 날이 되어 버렸고, 그 날짜도 이승만의 지시로 5월 1일에서 대한노총의 창립기념일인 3월 10일로 바뀌었습니다. 5·16 군사 쿠데타 이후 박정희 정부는 그 명칭마저 노동절에서 근로자의 날로 바꿔 버렸습니다. 정부가 그 날짜를 3월 10일에서 5월 1일로 다시 바꾼 것은 지난 1994년이었으니, 우리나라 노동자들이 전 세계의 노동자들과 함께 노동절을 기리게 되는 데에는 100년 이상의 세월이 걸린 셈입니다.

방송 진행자들과 아나운서들이 모두 '노동절'이라고 말하고 있지만, 아직까지 우리나라 현행법상 5월 1일의 명칭은 '근로자의 날'입니다. 자신의 권리를 당당하게 주장하는 노동자가 아니라, 고분고분 시키는 대로 말 잘 듣고 일벌처럼 열심히 일하는 근로자만이 필요했던 박정희 정부의 왜곡된 경제개발 정책이 우리에게 남긴 상처를 우리는 아직도 치유하지 못하고 있는 것입니다. 참여 정부는 그 명칭부터 바로잡아야 할 것입니다. 그래야만 우리 사회에 그릇되게 만연돼 있는 노동이란 단어를 불온시하는 잘못된 인식도 바로잡히기 시작할 것입니다.

민주노총과 한국노총이 주최하는 행사에 수만 명의 노동자가 모이는 지금도 우리 사회에는 무노조 경영을 초일류 경영이라고 생각하는 사람들이 있습니다. 바로 삼성그룹의 경영자들입니다. 삼성그룹 계열 기업들은 무노조 경영을 통해서 일류 기업이 된 것이 아닙니다. 일류 기업이라는 생각 때문에 한시적으로 무노조 경영이 가능한 것뿐입니다. 삼성의 무노조 경영은 노동자들의 노동조건이 경쟁업체나 동종업체보다 월등히 나은 경우에만 가능합니다. 그 지위가 흔들리는 순간 삼성의 무노조 경영은 순식간에 막을 내릴 것입니다.

형식상 그룹에서 분리되었지만 무노조 경영이라는 전근대적 경영방침을 그대로 물려받은 신세계 백화점에 노동조합이 결성되었을 때, 신세계 백화점 직원들은 노동조합을 설립하게 된 동기를 "경영진은 신세계인의 자긍심에 먹칠을 했다. 경쟁업체 백화점에서는 체불임금 발생이 없었지만, 신세계 백화점에서는 경영 사정을 이유로 상여금이 지급되지 않았다"고 말했던 사실이 그것을 잘 설명해 줍니다.

앞으로 언젠가 노동법이 개정되어 복수 노조가 합법화되면, 한 회사에 여러 개의 노동조합을 설립하는 것이 가능해집니다. 그때가 되면 삼성그룹은 더 이상 무노조 경영을 고수할 수 없을 것이고, 그동안 합리적 노동조합 활동을 전혀 경험할 수 없었던 삼성의 노사는 엄청난 비용을 지불하는 비싼 대가를 치르게 될 것입니다. 경영계 일각에서조차 삼성그룹이 무노조 경영 원칙을 지키기 위해 과도한 비용을 지출하고 있다고 비난하는 의견이 있을 정도입니다. 삼성그룹의 무노조 경영 원칙은 노동조합이 설립될 때까지의 시기를 조금 더 늦출 수 있을 뿐입니다.

공무원 노동조합도 합법화를 눈앞에 두고 있는 지금, 노동절을 맞아, 무노조 경영을 아직도 훌륭한 경영 방식인 양 착각하는 부끄러운 일이 우리 사회에서 하루 빨리 사라지기를 기원합니다.

"똑똑한 소비"의 깊은 뜻

국제통화기금의 구제금융을 받아야 했던 5년 전쯤의 상황으로 잠시 돌아가 보셨습니다. 직장인들은 정리해고당하기 시작했고, 상여금은 반납했으며, 임금은 삭감됐습니다. 해고당하지 않은 것만도 다행이라고 생각하면서 열심히 허리띠를 졸라매고 사는데, 언뜻 이해되지 않는 이상한 공익광고가 TV에서 방영되기 시작했습니다. 여성 코미디언 이경실 씨가 검은색 원피스를 입고 화면에 나와 허리가 끊어지도록 허리띠를 졸라매면서 비명을 지르다가 "국민 여러분, 지나친 절약은 오히려 해롭습니다. 무조건적인 절약은 오히려 경제에 해롭습니다"라고 가르치는 내용입니다. 마지막에는 "똑똑하게 소비하라"고 부추기면서 그 광고가 끝납니다. 몇 개월 동안이나 방영됐던 그 공익광고를 기억하는 분들이 많으실 겁니다.

그 광고의 내용을 바르게 이해한 국민들이 얼마나 있었을까요? 다른 상황도 아니고 경제 위기를 맞아 국민들이 온통 절약하느라고 난리가 났는데 "절약이 오히려 해롭다"는 말이 무슨 뜻인지 몇 사람이나 이해했을까요? 우리 국민들은 모두 어릴 적부터 "절약이 미덕"이라고 배워 왔습니다. 우리가 자라면서 귀에 못이 박히게 수십 번이나 들었던 교훈이 있습니다. "독일 사람들은 성냥개비 하나를 켤 때에도 여섯 사람 이상 모이지 않으면 켜지 않습니다. 우리도 그런 철저한 절약정신을 배워야 합니다." 어릴 적 담임선생님이 강조하시던 모습이 아직도 눈에 선합니다. 그렇게 절약하라고 수십 년을 가르쳐 온 나라에서 "절약은 해로우니 똑똑하게 소비하라"니 이것이 무슨 뚱딴지 같은 소리일까요?

그 광고에서 이경실 씨가 했던 호소를 좀 더 쉬운 말로 바꿔보겠습니다. "국민 여러분, 전자제품 2~3년 썼으면 빨리 버리고 새 것으로 좀 사주세요. 자동차 한 4~5년 탔으면 빨리 폐차시키고 새 차로 좀 사주세요. 철 따라 옷도 좀 사 입으면서 사세요. 우리나라 기업이 전부 망하게 생겼습니다."

수출주도형 재벌중심주의 경제 정책은 놀라운 경제 성장률 달성에도 불구하고 수출이 어려워지는 순간 국민과 기업이 같이 쪽박을 차는 순환고리로 들어갈 수밖에 없었던 것입니다. 국민 대부분이 노동자이거나 그 가족으로 구성돼 있는 나라에서 노동자들을 저임금에 시달리게 해 놓고 수출해서 경제를 성장시키겠다는 정책은, 수출이 호락호락 쉽게 되지 않는 그 순간부터 무너질 수밖에 없는 시스템입니다. 건전한 내수를 창출하는 구조를 갖추지 못하면, 수출이 어려워지는 순간, 경제 기반 전체가 무너지게 되는 것입니다.

새삼스럽게 5년 전 이야기를 다시 끄집어 낸 까닭은, 이러한 문제가 아직까지 전혀 해결되지 않았기 때문입니다. 경제를 진단하는 전문가들마다 우리 경제가 직면한 가장 중요한 문제점들 중 하나로 '소비 위축'을 지적합니다. "내수가 창출되지 않는다"는 표현도 같은 뜻입니다. 한국금융연구원 원장이 "올해 초 '소비 쇼크'라 할 만큼 소비가 급격히 줄어들면서 경기 침체가 시작됐다"고 말한 것이나, 대한상공회의소 회장이 "신용불량자 해소를 통한 소비 진작"을 강조하면서 "개인워크아웃제를 통해서라도 소비할 수 있게끔 해줘야 한다"고 주장하는 것들이 모두 같은 맥락입니다.

그런데 소비는 절대로 캠페인 따위로는 만들어지지 않습니다. 소비를 창출하는 가장 확실하고도 좋은 방식은 '가난한 사람들을 빨리 부자로 만드는 것'입니다. 국민들이 쓸 돈이 있어야 물건을 산다는 가장 단순한 산수를 우리는 수십 년간 외면해 왔습니다. 국민들로 하여금 카드로 빚을 내어 물건을 사게 하는 졸속적인 경기부양 정책이 얼마나 부질없는 것인지 최근에 혹독하게 겪었습니다. 전문가들마다 모두 "인위적인 경기부양 정책은 득보다 실이 많다"고 지적합니다.

우리는 그동안, 부자를 빨리 더 큰 부자로 만들어 경제를 성장시킨다는 정책으로 여기까지 왔습니다. 임금인상 주장을 마치 사회적 범죄행위처럼 취급했습니다. 수십 년 동안 그래 왔으니 이제 최소한 한 번이라도 그 방향을 바꿔야 합니다. 노동자들의 임금인상은 수요를 창출하고, 소비를 진작시키고, 사회 불평등 구조를 완화시키며, 매출에 대한 기대로 기업의 투자를 촉진합니다. 수출이 잘 되지 않더라도 우리끼리 먹고 살 수 있는 안정적인 경제구조를 만드는 데 기여합니다. 소수의 부도덕한 경제인들이 부당하게 부를 축적하는 데만 손해가 될 뿐입니다. 우리 경제구조를 가장 확실하게 개혁할 수 있는 적정 임금 수준 보장을 요구하는 목소리를 집단 이기주의라고 몰아붙이며 매국노 취급하는 것은 결코 옳지 않습니다.

*2005년 전국의 개인파산 담당판사를 대상으로 한 설문조사에 따르면, 파산 담당판사 10명 가운데 5명은 정부의 카드정책의 실책을 개인파산 급증의 가장 큰 원인으로 꼽았다고 한다. 실제로, 2000년 말, 신용카드 관련 신용불량자 수는 전체 신용불량자 208만 4천 명의 21%인 44만 4천 명에 불과했으나, 2004년 12월 말에 이르면 신용카드 관련 신용불량자 수는 243만 명을 넘어 여섯 배 가량 늘어났다.

제5장

**그래도
희망은
노동운동**

삼성일반노조 위원장 김성환_그림 손문상

전태일 열사 추모 33주기

오늘은 전태일 열사의 33주기 추모일[2003.11.13]입니다.

『전태일 평전』이 없었던 시절, 우리들은 전태일 열사가 대학노트에 적은 육필일기를 복사해서 몰래 돌려 가며 읽었습니다.

이른 새벽에 막일을 나가기 위해 신발을 신는 전태일 열사에게 이소선 어머니가 "어디 가느냐?"고 물었으나 그는 아무 말도 하지 않고 나옵니다. 낮에 공사장에서 삽질을 하다가 문득 깨닫습니다. "아, 나는 오늘 새벽 어머니에게 아무 말도 하지 않는 것으로 반항한 것이었다" 자책하며 지쳐 쓰러질 때까지 삽질을 했다는 그의 진솔한 모습은 우리에게 큰 감동을 주었습니다.

전태일 열사는 자신의 몸을 스스로 불사르지 않았다 해도 정말 존경받을 만한 사람이었습니다. 그의 일기와 동료들의 추억 곳곳에 그의 훌륭한 모습이 살아 있습니다. 다른 열사들도 마찬가지일 것입니다. 그들 역시 평소의 삶이 남달리 성실하고 인생에 대한 성찰이 깊은 사람들이었을 것입니다.

전태일 열사가 온몸에 불이 붙은 채, 쓰러졌다 일어나고 쓰러지면 다시 일어나, 뜨거운 연기를 마시며 마지막까지 외쳤던 구호는 "근로기준법을 준수하라!"는 것이었습니다. 생각해 보면 얼마나 유치한 구호입니까? 오해 마시기 바랍니다. 지금 전태일 열사의 목숨과 맞바꾼 마지막 구호가 유치했다는 이야기를 하려는 것이 아닙니다.

근로기준법은 노동자가 인간으로서의 품위를 유지하기 위해 지켜야 할 최저 기준입니다. 그 법이 지켜지지 않았다는 것은 그 시대 우리나라 노동자들은 인간이 아니었다는 뜻입니다.

'근로기준법을 지켜라' 라는 절박한 구호로부터 출발한 것이 1970년대 노동운동이었고, 그 토대 위에서 아직도 세계적으로 유례를 찾을 수 없다는 '87년 노동자 대투쟁'이 가능했습니다. 전태일 열사가 없었다면 오늘날 이만큼이라도 성장한 우리의 노동운동은 없었을지도 모릅니다.

그러나 33년의 세월이 지나는 동안, 우리 노동자들의 현실은 얼마나 많이 달라졌는가, 우리의 노동현장은 얼마나 많이 인간적으로 바뀌었는가, 생각해 보면, 부끄럽습니다. 33년의 세월이 지나도록 노동자들이 계속 스스로 죽음을 선택해야만 하는 현실을 생각하면, 서럽고 눈물 납니다.

노동자들에 대한 가압류와 손해배상 청구는 근로기준법을 지키지 않는 것보다 더욱 노동자들을 가혹한 현실로 몰아내는 일입니다. 노동자가 인간으로서 품위를 유지하는 것이 불가능하도록 만드는 일입니다.

2년 전 겨울, 이소선 어머니를 만났을 때 저는 오래 전부터 궁금했던 것을 물어보았습니다.

"어머니, 전태일 열사의 임종 순간을 설명해 주세요. 전태일 열사가 숨이 넘어가던 바로 그 순간이 저는 정말 궁금했어요."

이소선 어머니는 손사래를 쳤습니다.

"그 얘기를 내가 지금 다시 하면, 가슴 깊은 곳에 가라앉아 있는 구정물을 다 헤집어서 퍼내야 해. 그러면 나는 또 며칠 동안 잠을 못 잘 텐데, 그래도 해 주랴?"

나는 뻔뻔스럽게 아무 말 않은 채 기다렸고 이소선 어머니는 몇 번이나 망설이다 말을 꺼내셨습니다.

"태일이가 '어머니, 나는 아마 살아날 수는 없을 거예요. 내가 3분 있다 죽을지, 5분 있다 죽을지 모르니, 어머니, 내 말 잘 들으세요. 노동자들은 지금 캄캄한 암흑에서 살고 있어요. 내가 죽으면서 그 암흑 세상에 작은 구멍을 하나 뚫는 거예요. 어머니가 다른 노동자들과, 학생들과 함께 그 구멍을 조금만 더 넓혀 주세요……' 태일이 목에 피가 고여서 말이 잘 나오지 않는 거야. 의사가 칼로 목 아래를 따니까 피가 풍풍 나왔지. '어머니, 꼭 그렇게 사셔야 해요.' 태일이가 '꼭'이라고 발음할 때마다 피가 분수처럼 뿜었어."

어머니는 그 아들의 마지막 부탁을 정말 훌륭하게 들어 주셨습니다. 10년 전쯤에 내가 본 통계만으로도 이소선 어머니가 수사기관에 잡혀가거나, 구류를 살거나, 구속된 횟수는 무려 250회가 넘었습니다. 이 땅에서 천만 노동자의 어머니로 살아간다는 것은 그만큼이나 눈물겨운 일이었습니다.

이소선 어머니의 삶을 감히 "가치없다"고 말할 수 있는 사람은 없을 것입니다. 어머니가 수십 년 세월 동안 그렇게 존경받아 마땅한 삶을 살아오실 수 있었던 작은 원칙—"태일이의 죽음을 헛되게 하지 말자." 어찌 보면 그 부채감이 어머니 수십 년 삶의 기둥이었습니다.

노동자들이 분신했다는 소식을 들을 때마다 우리는 가슴을 칩니다. 나는 그동안 무엇을 했나…… 우리 모두 그 부채감으로부터 벗어나지 말아야 합니다. 그것이 "내 죽음을 헛되이 하지 말라!"는 전태일 열사의 마지막 외침에 답하는 길일 것입니다.

공무원 징계자 수련회

공무원 노동조합 징계자 수련회에 다녀왔습니다. 강의가 있었던 것은 아니지만 그냥 소식이 궁금해서 가 봤습니다. 노동문제와 관련된 활동을 한지 25년이 됐지만 '징계자 수련회'라는 말은 처음 들었고, 그런 글자가 박힌 행사 현수막도 처음 봤습니다. 사람들과 반갑게 인사를 나눴지만, 내가 그동안 열심히 한 활동이 결국 이 사람들 파면당하는 데 도와준 꼴밖에 되지 않는다는 생각으로 서글펐습니다.

공무원 노동자들은 이런 말들을 했습니다.

"앞으로는 징계자라는 말 쓰지 맙시다. 최소한 희생자라고 표현합시다. 오늘부터 우리는 희생자들의 명예를 회복하는 일에 나서야 합니다."

"우리가 바로 국가유공자야. 우리나라 역사를 발전시킨 역사의 주인이야. 그러니까 앞으로 우리를 '국가유공자'라고 부릅시다."

"공무원 생활하면서 지금까지 가벼운 징계 한 번 받은 적 없었습니다. 그런데 25년 만에 처음 받은 징계가 '파면'입니다."

"2004년 12월 31일, 23시 58분, 새해를 2분 남겨 놓고 공무원 노조법이 2004년 마지막 법률로 국회에서 통과됐습니다. 저는 그 장면을 보면서 치밀어 오르는 분노를 느꼈습니다."

"우리가 비록 파면당했지만, 공무원 동료들을 계속 만납시다. 만나서 계속 얘기합시다. 그렇게 조직을 다시 복원합시다. 함께 갑시다."

"징계당한 우리들에게 또다시 앞장서라고 요구하는 것이냐고 불평하는 동지도 있을지 모릅니다. 그러나 저는 앞으로 같은 상황을 만난다 해도, 다시 또 파면당하는 선택을 할 것입니다. 비록 파면당했지만, 저는 제가 공무원이 아니라고 생각해 본 적이 한 번도 없습니다. 저는 지금도 '성북구청 위생과 목욕탕 담당' 공무원입니다(이 대목에서 그는 "성북구청! 위생과! 목욕탕 담당!"이라고 또박또박 큰 소리로 외쳤습니다. 보고 있는데, 눈물 납디다)."

한 공무원 노동자는 자신이 좋아하는 '간디'의 글이라면서, 다음과 같은 내용의 글을 동지들 앞에서 읽었습니다.

"중요한 것은 행위의 결실이 아니라, 행위 그 자체다. 당신이 한 행위에 대해서 지금 당장 결실을 얻는 것은 당신 능력 밖의 일일지도 모른다. 당신이 얻게 될 결과를 당신이 모를 수도 있다. 그러나 당신이 지금 아무 일도 하지 않는다면, 아무런 결과도 얻지 못할 것이다."

공무원 징계자 수련회에 조금 늦게 도착해 뒷자리에 쭈빗쭈빗 들어와 앉는 노동자가 있었습니다. 저는 그 노동자를 보면서, 그 사람을 처음 만났을 때가 떠올랐습니다. 2년쯤 전 다른 곳보다 일찍 공무원 노조가 설립된 서울의 한 구청에서 네 차례에 걸쳐 노조 간부 교육을 실시한 적이 있었습니다. 그 교육의 마지막 날, 조금 늦은 시간에 들어와 뒷자리에 쭈빗쭈빗 눈치를 보며 끼어 앉는 공무원이 한 사람 있었습니다. 그 구청에서 가까운 다른 구청 소속 공무원이었습니다. 그 사람이 다니는 구청에는 아직 노동조합이 설립되지 않았다고 했습니다.

나중에 뒷풀이 시간에 그 노동자는 "우리 구청도 빨리 이렇게 돼야 할 텐데…… 이 구청 공무원들이 정말 부럽습니다. 우리도 빨리 노조가 만들어지고 이렇게 교육도 하고 그래야 할텐데……"라고 정말 부러워하는 듯 말했습니다. 자기 구청에도 노동조합을 만들고 싶은데, 무엇부터 시작해야 할지 몰라 배우러 왔노라고 했습니다.

바로 그 노동자였습니다. 2년쯤 전, 교육시간에 조금 늦게 와 쭈빗쭈빗 눈치를 보며 뒷자리에 끼어 앉던 바로 그 모습 그대로, 징계자 수련회 장소에 조금 늦은 시간에 들어와 눈치를 보며 쭈빗쭈빗 끼어 앉았습니다. 그 사람도 파면당한 공무원이 된 것입니다.

역사 속에는 그런 사람들이 수도 없이 많았을 것입니다. 앞에서 깃발을 높이 드는 사람도 있지만, 구석에서 두려워 떨며 따라다닌 사람들도 많았을 것입니다. 그 경험을 평생 동안 가슴에 상처로 간직하고 살 수밖에 없는 노동자들도 많았을 것입니다. 징계자 수련회에서 2년 전과 똑같은 몸짓으로 뒷자리에 끼어 앉던 노동자를 보면서, 그런 사람들이 바로 역사의 주인이라는 생각을 했습니다.

구청에서 민주화운동보상신청 사실조사업무를 맡은 공무원이 있었습니다. 거의 자원하다시피 그 일을 맡았다는데, 저녁식사를 하는 자리에서 그 공무원이 옆 사람에게 자신이 사실조사업무를 하면서 느낀 점을 거의 절규하듯 말하는 걸 들은 적이 있습니다.

"가장 안타까운 사람들은 올바르게 살겠다고 애쓴 진짜 노동자들이야. 지금 운동권에서 어떤 직책을 갖고 있거나 노동조합 간부도 아닌 사람들. 농성장에서 말 한마디 제대로 못한 채 구사대나 전경한테 얻어맞고 쫓겨나, 그 뒤에는 취업도 안 돼 고생하는 사람들. 병원에서 진료받았다는 기록도 없고 활동을 입증해 줄 자료도 없는 사람들. 어떻게 좀 유인물 한 장이라도 좀 찾아보시라고 부탁을 해 보지만 어디서 구해 볼 엄두도 못 내는 사람들……. 내가 그 사람들을 위해서 할 수 있는 일은 진술조서를 최대한 잘 받아 주는 일밖에는 없어. 정말 안타까워."

나중에 나하고 좀 길게 이야기할 기회가 있었을 때, 그는 자신이 하고 있는 업무를 이렇게 설명했습니다.

"우리 사회에는 정말 의로운 사람들이 많았다는 걸 느꼈어요. 학생운동, 노동운동, 사학비리관련운동, 전교조, 자유언론운동, 공직자 숙정으로 희생당한 사람들, 긴급조치, 국가보안법, 갖가지 유형의 정의로운 사람들에 대한 애환과 고통까지 다 드러내서 역사의 기록으로 남겨야 해요. 정말 훌륭한 사람들인데 잘못하면 역사 속에 그냥 묻혀버리고 말 거예요. 보상을 받지는 못하더라도, 한 사람도 남김없이 조사해서 우리 역사의 기록으로 남겨야 해요. 제가 하는 일이 그런 의미라도 있다는 생각이 들어요."

몇 년 전, 그를 처음 만났던 날 "공무원 노조를 준비하다가 나중에 파면당할지도 모른다는 생각은 안 해 보았느냐?"고 물었을 때, 그는 이렇게 답했습니다.
"저는 '무엇이 될 것인가'보다 '어떻게 살 것인가'를 선택했어요. 그 생각이 제 삶을 이끌어 갑니다."
며칠 전, 그 공무원 노동자가 두 달의 수배 생활을 마치고 기자회견을 한 뒤, 경찰서에 자진 출두했습니다. 어렵게 전화 통화가 됐습니다. 잠시 안부를 묻고 나서 저는 그에게 이렇게 말할 수밖에 없었습니다.
"징역 잘 살고 나오세요. 나중에 봅시다."
어제는 그 노동자의 부인이 남편 면회를 다녀왔다고 소식을 전해 주었습니다. 구속된 공무원들의 가족 모임을 만들겠다면서 날더러 도와 달라고 했지만, 가족들을 돕는 일조차 결국 가족들까지 또 고생시키는 일이 될까봐 두렵습니다.
세상이 아무리 고생을 시켜도 '세속의 때'를 묻힐 수 없는 사람처럼 느껴지던 그 공무원의 유난히 때 묻지 않은 얼굴이 생각납니다. 공무원 노조의 정당성이 온 땅에 물결치는 날까지 그는, 그리고 저도 열심히 일할 것입니다.

우리보다 더한 사람들

'단결', '투쟁' 구호가 적힌 조끼를 걸친 노동자들이 서울역 KTX 대합실에 들이닥치더니, 둘둘 말린 스티로폴을 바닥에 쫙 펴기 시작했다. 스티로폴 주변에 현수막을 사방으로 둘러 담을 치고, 그 안쪽에 슬리핑백을 펼친 노동자들이 차례로 그 속에 들어가 누웠다. 서울역 KTX 대합실 한복판에서 농성이 시작된 것이다.

대구에서 밤 12시에 시작하는 노동조합 교육에 참석하려고 KTX를 타고 내려가기 위해 서울역 대합실에서 기다리고 있다가, 농성 중인 노동자들 중에서 아는 얼굴들과 눈이 마주쳤다.

"아직도 이렇게 싸우고 있군요."

내 말에, 맨 처음 노동조합을 설립할 때부터 총대를 매고 숱한 고초를 겪었던 초대 위원장이 "우리는 노동조합을 설립하던 날부터 지금까지 단 하루도 편할 날이 없었습니다. 이 싸움이 도대체 언제나 끝날지 모르겠어요"라고 했다.

담요로 발을 덮은 채 『작은 책』을 읽고 있던 여성 노동자가 일어나 "글로만 뵙다가 이제야 직접 만나는군요. 지난번 교육 첫 번째 시간을 놓쳐서 저는 선생님 강의를 아직까지 한 번도 못 들었어요"라고 했다.

몇 년 전, 노조 설립 총회를 하던 날이 기억난다. 신길역 근처에 자리 잡은 한 노동단체의 허름한 사무실을 빌렸는데, 영하 20도 가까이 떨어진 추운 날씨로 수도관이 얼어 터지는 바람에 사무실 바닥 비닐 장판에 물이 흥건하게 고여, 엉덩이도 바닥에 제대로 붙이지 못한 채 엉거주춤 쪼그리고 앉아 교육을 했고, 노조 설립 총회를 치렀다.

그 뒤 해고된 위원장이 노동위원회 심판회의에 출석해 "동료들이 써 준 진술서를 이렇게 갖고 왔지만, 이 진술서가 저 쪽에 앉아있는 경영진에게 들어가면, 진술서를 써 준 동료들까지 해고될 것이 분명하기 때문에, 제출할 수 없습니다"라고, 진술서를 손에 움켜쥔 채 울먹거리던 모습이 생각나, 나는 악수를 나누다가 목이 또 묵직해졌다.

"이 시간에 어디를 가느냐?"고 묻기에 "일 다 끝내고, 밤 12시에 총회를 시작하는 노동조합이 있어서 대구에 내려간다"고 했더니, 그 말을 듣고 한 노동자가 말했다.

"우리보다 더한 사람들이 있구만."

차가운 콘크리트 바닥의 슬리핑백에서 앞으로 몇 일, 몇 달이 걸릴지도 모르는 농성을 시작하는 노동자들이, 밤 12시에 총회를 해야 하는 다른 노동자들을 걱정하고 있었다.

서울역 KTX 대합실에서 농성을 벌이고 있을 홍익회 매점 노동자들과 전국을 순회하며 밤 12시에 시작하는 총회를 며칠째 강행하고 있는 '피자헛' 노동자들이 내딛는 발걸음에 힘을 더할 수 있도록 내가 할 수 있는 일은 무엇인가······.

홍익회 철도 매점 노동자

홍익회는 '한국철도공사'(구 철도청)의 자회사인 '한국철도유통'의 옛 이름입니다. 철도 일을 하다가 사망하거나 부상당한 직원과 유족들을 위해 설립된 비영리법인으로, 잘 아시는 것처럼, 철도 매점 및 열차 내 물품 판매를 독점하고 있습니다.

홍익회 철도 매점 노동자들은 30년 동안이나 받아왔던 비인간적 대우에서 벗어나기 위해 2001년 1월 17일 노동조합을 설립했고, 그 뒤 온갖 회유와 협박, 구속에 시달리고 있으며 여러 가지 트집을 잡혀 계약 해지를 당하고 있습니다. 지금도 여전히 독소조항으로 가득 찬 용역계약을 강요받고 있습니다.

형식상 교묘하게 개인 사업자로 서류를 꾸며 노동자로서의 각종 권리도 박탈당한 채, 1년 365일 동안 단 하루의 휴일도 없이 하루 16시간 이상 노동을 하면서 한 달 평균 50만 원 정도의 '임금'을 받고 있습니다.

부부가 모두 매달려 일하는 경우도 많고 1인 평균 근무시간은 12~13시간, 주당 노동시간은 84시간으로 한국 노동자 평균 노동시간(주 47.8시간)보다 37시간이나 많으며, 이러한 수치는 세계의 유통업체를 통틀어 비교할 대상이 없을 정도로 가혹한 노동시간입니다. 불규칙한 장시간 노동을 오랜 세월 하면서 위장 장애와 허리 등 관절이 아프지 않은 사람이 거의 없을 정도입니다.

홍익회 철도 매점 노동자들에 대한 회사 측의 탄압과 저임금 등 극심한 노동조건과 회사가 저지른 비리 등에 대해서는 그동안 여러 차례 방송에 보도되기도 했으나 거의 달라진 것이 없고, 오히려 노동조합 탄압은 그 도를 더해 가고 있습니다.

회사 경영 사정이 좋지 않다는 이유로 전 직원에 대한 상여금을 체불한 회사가 정치인 27명에게 정치자금을 제공했다는 것이 최근에 밝혀졌습니다. 홍익회 철도 매점 노동자들이 그 자금을 받은 정치인들의 명단이 적힌 현수막을 펼쳐놓고 "성실 교섭 이행, 해고자 원직 복직, 노동조건 개선, 노동조합 활동 보장"을 요구하며 서울역 KTX 역사에서 농성을 시작한 이유[2005.07.20~]는 그 때문입니다.

(이상은 전국철도노동조합 철도매점본부의 홍보물 내용에 근거했습니다. '전국철도노동조합'과 '한국철도산업노동조합'은 엄연히 다릅니다. 우리가 보통 '철도노조'라고 할 때에는 '전국철도노동조합'을 뜻합니다.)

위로할 수 있는 자격

일을 하다가 다치거나 병든 노동자들이 모여 만든 단체에서 사람이 찾아왔다. 날더러 매주 금요일마다 산재 노동자들을 대상으로 교육해 줄 수 없겠느냐고 했고, 나는 기꺼이 그렇게 하겠노라고 했다. 노동상담을 직업으로 하고 있는 사람에게 그보다 더 큰 영광도 없을 테니까. 그러나, 이제 와서 고백하건대, 매번의 모임에서 하나라도 더 배운 사람은 바로 나다.

모임 첫날, 구로시장 허름한 건물 지하에 있는 그 단체의 사무실을 찾아갔다. 얼마나 습기가 차고 눅눅하던지 바닥에 깔린 비닐장판은 물기로 미끈거렸고, 복사용지에 출력해 간 교육 자료는 몇 분 만에 습기를 먹고 눅눅해져서 종잇장이 축축 늘어졌다. 그런 곳에서 팔 잘리고 손 잘린 노동자들이 열 명쯤 모여 앉아 있었다.

시간이 조금 남아서 사무실 구석에 앉아 강의 준비를 마저 하고 있는데, 사무실 한 켠이 갑자기 소란해졌다. 회원들 사이에 다툼이 생겼는지 한 사람이 다른 사람을 크게 나무라기 시작했다.

"야, 인마. 너는 잘 된 거야! 팔 하나 잘리고 4천만 원 받았잖아! 네가 앞으로 평생 노동자로 살면서 돈 모으면 현찰로 4천만 원 모을 수 있을 것 같애? 너는 잘 된 거라니까…… 팔 하나 잘리고 4천만 원 받았잖아! 행복한 줄 알고 살라구…… 그렇게 생각하면 되는 거야."

돌아보니, 그렇게 말하는 사람도 팔이 없다.

"나는 팔 잘리고 한 푼도 못 받았어! 너는 4천만 원이나 받았잖아! 너는 네가 얼마나 행복한지 모르지?"

산재사고로 팔을 잘린 뒤 4천만 원을 보상금으로 받고 절망에 빠져 있는 노동자에게 그것보다 더 큰 위로는 없었을 것이다. 만일 그날 그 자리에서 그렇게 말한 사람이 나였다면, 아마 사람들에게 몰매를 맞고 쫓겨났을 것이다. 사지가 멀쩡한 내가, 팔 하나 짤리고 4천만 원을 보상금으로 받고 절망에 빠져 있는 노동자에게 그렇게 말할 자격은 없다. '아, 위로는 아무나 할 수 있는 것이 아니다. 더 큰 고통을 당해 본 사람만이 다른 사람의 고통을 위로할 수 있는 것이로구나…….'

그날 이후 나는 감히 노동자를 위로하겠다는 건방진 생각을 버렸다. 산업재해를 당한 노동자들과의 모임 이름도 둘째 날부터는 '교육'이라는 주제넘은 단어를 버리고 '간담회'로 바꿨다.

노동자들은 간담회를 마치고 밤늦게 돌아가는 내 머리 뒤에 대고 "바쁜 시간 뺏어서 미안합니다"라고 인사를 했는데, 나는 그 말이 그렇게 섭섭하게 들렸다. 그것은 그 사람들과 나를 철저하게 구별하겠다는 뜻이니까. 노동자들이 성치 않은 몸으로 다른 산재 노동자들을 위해서 밤늦게까지 일하는 것은 당연하고, 내가 그렇게 하는 것은 특별히 미안한 일이라는 뜻이 그 말 속에 담겨 있기 때문이다.

한 노동자가 어느 날 "지금까지 식구들 외에는 아무에게도 보여준 적이 없었다"면서, 나에게 보여 주기 위해 말 없이 팔에 감긴 붕대를 풀었을 때, 가슴 밑바닥에서부터 올라오던 감당할 수 없는 벅찬 느낌을 잊을 수가 없다. 그 노동자의 팔은 몇 개월 전 기계에 말려들어 가는 바람에 팔뚝 아래에서부터 마치 어린 아이의 팔처럼 가느다랗게 말라 비틀어져 있었다. "지금도 계속 말라 비틀어져 가고 있는 중이에요"라고 말하는 그에게 나는 감히 "지금이라도 팔을 절단하고 의수를 사용하는 것이 좋겠다"고 했다. 사지가 멀쩡한 내가 산재 노동자 상담을 하면서 깨달은 짧은 지식으로 그에게 감히 "팔을 절단하는 것이 좋겠다"고 말했지만, 그는 기분 나쁘지 않게 내 말을 받아들였다.

그해 겨울, 산재 노동자들이 작은 잔치를 하면서 나를 불렀다. A4 복사용지 한 장에 한 글자씩 또박또박 "감/사/의/자/리/"라고 쓴 종이가 지하 사무실 벽에 붙어 있었다. 사람들이 나를 굳이 앞에 불러 세우더니 한 노동자가 "이 목도리는 내가 직접 백화점에서 고른 거예요"라고 말하면서 몇 개밖에 남지 않은 불편한 손가락으로 내 목에 직접 감아 주었다. 그 목도리를 목에 두를 때마다 백화점에서 목도리를 고르고 있었을 그의 모습이 떠오르면서 목이 멘다.

어려움에 빠진 사람을 위로하겠다는 생각보다 훨씬 더 중요한 것은 그 사람의 고통을 함께 느낄 수 있도록 노력하는 것이다. 그래서 그로부터 '우리와 같은 사람' 대접을 받게 된다면, 그때 비로소 무언가 작은 도움이라도 줄 수 있게 될 것이다. 신이었던 예수가 굳이 인간의 몸으로 세상에 온 이유도 그 때문일 것이다. 자신이 계속 인간과 구별되는 신으로 하늘 높은 곳에 있고서는 인간을 구원할 수 없었던 것이다.

'라디오21'에서 최근에 시작한 방송 〈하종강의 노동과 꿈〉 애청자 한 사람이 게시판에 "노동에 지친 육신, 토요일 밤, 상쾌한 한줄기 바람처럼, 추운 겨울날 햇볕 한 줌 같은 방송이 되기를 기원합니다"라는 글을 올려 주었다. 어찌 보면 그것이 내가 진행하는 방송의 최대값인지도 모른다.

그 방송을 진행하면서, 우리 제작진들은 노동자들을 감히 위로하겠다는 건방진 생각을 하지 않기로 했다. 노동자들과 아픔을 함께 나눌 수 있다면, 그것만으로도 큰 보람이라고 생각하기로 했다. 노동자들이 이 방송을 들으면서 "여기는 우리 동네야." 그렇게 느끼고, 자기 집에 온 것처럼 마음이 편해진다면 더 바랄 것이 없다. 그런 마음가짐으로, 마이크 앞에 앉는다.

요즘 노동조합 위원장 선거

한 중소기업 노동조합에서 위원장 선거가 시작됐다. 현 집행부의 위원장이 다시 후보로 나섰고, 회사는 노사협조주의를 표방하는 후보를 내세워 드러내 놓고 선거에 개입했다. 한국노총 소속 사업장이지만 지역에서 민주노총 사업장들과 호흡을 잘 맞춰 온 비교적 건강한 조직이었다. 회사가 현 집행부 위원장을 공격하면서 조합원들을 공략한 내용은 다음과 같았다.

"지금 위원장이 한 번 더 하면, 그때는 민주노총으로 가게 된다."

"현 위원장은 상급단체 간부가 되고 싶어 하는 사람이다. 조합원들의 이익에 대해서는 소홀할 수밖에 없다."

"현 위원장은 정치를 하고 싶은 야망이 있다. 지난번 노동조합 행사에 민주노동당 소속 국회의원이 참석했던 것이 바로 그 명백한 증거다."

그러한 비난들은 엄청난 파급력으로 선거에 영향을 미쳤다. 우리 노동자들의 정서가 아직은 대부분 그렇다. 현 집행부는 그러한 비난에 대해 효과적인 반론을 펼칠 여유조차 없었다. 위원장은 나에게 이렇게 말했다.

"선거 기간 내내 우리는 기아·현대차 노동조합 간부들과 한국노총 임원들의 비리 사건에 대해 해명하기에도 시간이 모자랐어요."

선거를 치른 날, 초조하게 결과를 기다리고 있는데 새벽녘에 휴대폰으로 짤막한 문자 메시지가 왔다.

"소장님, 우리가 완패했습니다. 나중에 다시 연락드리겠습니다."

며칠 뒤, 위원장을 만났을 때 나는 이렇게 말했다.

"그동안 죽도록 고생했으니, 현장에 돌아가 당분간 쉰다고 마음 편하게 생각하세요. '노동조합 솔직히 지긋지긋하다'고 말하는 활동가들도 많이 있잖아요. 위원장님도 직장 생활 20년보다 노동조합 생활 2년 동안 겪은 일들이 훨씬 더 많았지요?"

위원장은 "저도 그렇게 생각하기로 했습니다"라고 말하며 착하게 웃었다.

노동조합 집행부 인수인계가 끝난 며칠 뒤, 전임 집행부가 그 노동조합 창립 이래 처음으로 세웠던 연간 조합원 교육 사업계획들이 모두 취소됐다는 연락을 받았다.

기아·현대차 노조 간부들과 한국노총 임원들의 비리가 언론에 연일 대서특필되면서, 현장에서는 노사협조주의를 표방하는 조직들이 세력을 확장하기 시작했다. 한두 군데가 아니다. 이래저래 활동가들만 죽어난다. 예전에는 "회사 쪽에 붙었다고 한 번 찍힌 대의원은 우리 현장에 도저히 발을 붙일 수 없다"고 자신 있게 말하던 노동조합에서도 회사 쪽 입장을 드러내 놓고 대변하는 '어용'들이 "민주노총은 더 이상 정당성이 없다"고 당당하게 목소리를 높이기 시작했다.

대기업 노동조합이나 상급단체 간부들의 비리가 마치 우리 노동운동 전체를 상징하는 것처럼 사람들이 오해할지라도, 그 여론 때문에 노동운동이 한낱 사람들의 비웃음을 받는 대상이 됐을지라도, 그래서 시대를 거슬러 마치 70, 80년대로 돌아간 것처럼 노동자 권리를 주장하기가 더욱 어려운 세상이 됐을지라도, 현장의 활동가들은 삼보일배를 하는 심정으로 노동자 권리를 확대하는 일을 자신의 몫으로 끌어안을 수밖에 없다. 노동운동의 혁신은 그렇게 현장에서부터 활동가들에 의해 시작되고 완성될 것이다.

그 일에 내가 작은 보탬이라도 될 수 있다면 좋겠다. 그것이 비록 활동가들에게 물 한 잔 떠다 주는 일일지라도.

인생에 도움이 되는 잠

'현대정공' 강당에 250명쯤의 노동자가 모였고 한 켠에 여성 노동자들이 스무 명 남짓 앉아 있었다. 그날 교육 대상 중에 주방에서 근무하는 조합원이 포함되어 있었는지 한 아주머니가 무를 몇 개 갖고 오더니 강의시간 내내 깎아서 돌리는 것이다. 하얗고 작은 동그라미들이 계속 돌아다니는 것이 보였다. 잠시 시간이 지나고 하얀 동그라미들이 모두 없어지더니 그때부터 소곤소곤 잡담이 이어졌다. "아이구, 무가 다 떨어졌나보지요?" 내 농담에 사람들이 모두 웃었다.

어느 타이어 공장에 갔다. 200명쯤의 노동자가 모였는데 여성 노동자들이 한 쪽에 서른 명 남짓 앉아 있었다. 대부분 '주부사원'이었다. '아, 오늘은 저쪽이 취약지구로구나…….' 아무래도 여자들이 모여 앉아 있는 쪽이 '지방방송'이 심한 편이었으니까…….

강의가 시작된 지 30분 가량 되었을까…… 갑자기 '꽈당' 소리가 났다. '이게 뭔 일인가?' 둘러보니 한 여성이 어찌나 곤하게 잠이 들었던지 그만 바닥으로 떨어져버린 것이었다. 사람들이 모두 웃었고 나도 그냥 넘어갈 수 없어 한 마디 보탰다.

"제가 이런 활동을 시작한 지 올해로 만 19년이 되었습니다. 그 세월 동안 제가 교육할 때 가끔 졸거나 주무시는 분이 계시기는 했지만, 저렇게 아주 곤하게 잠이 들어서 완전히 바닥으로 떨어져 버리는 사람은 19

년 만에 처음 봤습니다."

사람들이 왁자지껄 더 크게 웃었고 나는 이어서 강의를 계속하려고 했는데, 대열의 맨 뒤에 앉아 있던 노동조합 간부 한 사람이 크게 외쳤다.

"정련부 소속입니다!"

자다가 떨어진 사람의 소속 부서를 굳이 밝히는 것이다. 사람들은 한 번 더 크게 웃었는데, 그 노조 간부가 강당이 떠나가라고 다시 목청껏 소리쳤다.

"우리 회사에서 가장 힘든 곳입니다!"

아, 그 노조 간부의 생각이 화살처럼 나의 가슴에 와 박혔다. 그 노조 간부가 내게 하고 싶었던 말은 이를테면 다음과 같았을 것이다.

"우리가 얼마나 힘들게 일하며 살아가고 있는지 당신이 알아? 현장의 실태를 제대로 알 수 없는 당신 같은 사람이 와서, 노동자가 교육 중에 잠시 곤하게 잠이 들었다고 그렇게 함부로 놀릴 수 있는 게 아니오."

그 노조 간부가 만일 여성문제에도 관심이 있는 사람이었다면 이어서 이렇게 말하고 싶었을지도 모른다.

"대부분의 여성 노동자들, 특히 이른바 '주부사원'은 남자들보다 두 배나 힘든 인생을 살고 있다는 걸 아시오? 회사에서 남자들과 똑같이 힘든 일을 다 하고, 퇴근해 집에 가면 가사노동은 온전히 그이의 몫으로 남아 있어서, 남편은 차려 주는 저녁을 먹고 신문이나 TV를 볼 동안, 그 주부사원은 온갖 집안 일은 물론이고 아이들에게 '숙제했냐?' '씻었냐?' '옷 갈아입었냐?'까지 모두 챙겨야 하니, 그 인생이 얼마나 고달프겠소? 당신이 그걸 알 리가 있소?"

어렵사리 강의를 끝낸 후, 나는 그 노조 간부를 찾아가 굳이 부탁했다.

"정련부에 한번 가 봅시다. 나를 그곳까지 데려다 주시겠소?"

노조 간부는 순순히 그러마 했고, 그이의 뒤를 따라 현장에 들어섰는데…… 나는 깜짝 놀랐다. 아, 아직도 이렇게 일하는 사람들이 있다니……

어찌나 고무 냄새가 지독한지 나는 5분 이상을 그곳에서 견디기가 어려웠다. 미세한 고무가루 먼지가 안개처럼 뽀얗게 떠 있었고 온갖 시설물들이 모두 고무로 두껍게 코팅이 되어 있었다. 공장 바닥은 물론이고, 기계를 오르내리는 나선형 철 계단의 바닥이나 난간도 모두 고무로 코팅이 되어 사람들이 안전화를 신고 아무리 그 계단을 오르내려도 쇳소리가 나지 않았다. 일부러 그렇게 한 것이 아니라, 공기 중에 떠다니는 고무가루가 오랫동안 내려앉아 쌓였기 때문이었다. 조명조차 침침하게 어두운 그곳에서 사람들은 마치 무성영화에 출연한 배우들처럼 묵묵히 움직이고 있었다. 옆 사람에게 말 한마디 건네는 것조차 번거롭고 힘들어 보였다.

'아, 아직도 이렇게 일하는 사람들이 있구나……그걸 내가 몰랐구나…….'

나는 그곳을 나서면서 가슴이 떨렸다. 그렇게 힘겹게 일하는 노동자들을 모아 놓고, 외부에서 강사랍시고 온 인간이 별 씨알머리도 없는 애기만 늘어놓느니, 차라리 그 시간 동안 달게 잠이라도 자는 것이 그 사람의 인생에 실제로 도움이 되겠다는 생각이 저절로 들었다.

그날 이후, 나는 교육 시간에 졸거나 잠을 자는 노동자가 보여도 절대로 그 사람을 원망하지 않는다. 나를 반성한다. '내가 지금 제대로 이야기를 하지 못하고 있구나. 저 사람이 졸음을 참으면서 들을 만한 이야기를 하지 못하고 있구나' 생각한다.

그러니 "20년 넘게 활동해 온 덕에, 이제는 어느 정도 노동현장의 실태와 노동자들의 정서에 익숙해졌다"고 건방을 떨지 말아야 할 일이다. 인간아, 인간아……아직도 멀었다.

사랑 사랑 누가 말했나

대구 근처 농공단지에 있는 공장에 노동조합이 생겼다고 연락이 와서 내려갔다. 버스터미널로 나를 마중 나온 사람이 쩔쩔매는 얼굴로 말한다.
"마땅한 교육 장소를 못 구했는데, 이거 죄송해서 어떻게 하지요."
"그게 뭐 나한테 죄송할 일인가요?"
그를 따라서 걸었더니 논밭 사이로 한참 가다가 어느 커다란 비닐하우스로 들어간다. 추운 겨울이었는데 구멍이 숭숭 뚫린 비닐하우스를 하나 빌린 것이다. 먼지가 자욱한 비닐하우스 속에서 짚단을 깔고 앉아 나를 기다리고 있는 노동자들은 대부분 40대의 아줌마들이었다. 쇠를 다루는 일을 한다는데 "어떤 일을 하세요?" 물었더니 한 아주머니가 "아주 시커먼 일이에요"라고 답했다.
"소장님 오셨으니까, 우리 노래 한 곡 부르고 강의 듣겠습니다."
사람들이 노래를 부르기 시작했는데······아, 나는 20년 만에 그런 노래를 다시 들었다. 필기도구를 꺼내 재빨리 가사를 받아 적기 시작했다.

때로는 돈을 벌려고 철야작업도 했었지 / 얇아져 가는 월급봉투를 보며 /
타는 가슴 소주로 달랬지 / 임금인상 누가 말했나 / 노동자의 피보다 진하다고 /
선진조국 누가 말했나 / 노동자의 기쁨이라고 / 세월이 흘러 어느 날 /
우리 다함께 모였지 / 이제 더 이상 참지 말자고 / 노동조합 힘차게 세웠지.

때 절은 작업복을 입은 아줌마 노동자들이 먼지 자욱한 비닐하우스에 짚단을 깔고 앉아 손뼉을 치며 목이 터져라 열심히 노래 부르는 모습…… 나는 눈시울이 뜨거웠다.

'아, 이 사람들에게 노동가요 하나 가르칠 사람이 없었구나. 이렇게 외롭게 떨어진 곳에서…… 노동조합을 만들고 임단투를 준비하는구나.'

마치 타임머신을 타고 20년 전으로 돌아간 사람들처럼 그 노동자들은 유행가에 가사를 바꿔 붙인 '노가바'를 부르고 있었던 것이다. 그날 강의 첫머리를 나는 이렇게 시작했다.

"노동조합원들은 서로를 '동지'라고 부릅니다. 전국의 모든 노동조합 사람들은 처음 만나는 순간부터 서로 '동지'라고 부릅니다. 저도 처음 만나는 여러분들을 이제부터 감히 '동지'라고 부르겠습니다."

그리고 이어서 이렇게 말하려고 했다.

"동지 여러분, 여러분들을 절대로 이곳에 이렇게…… 내버려 두지 않겠습니다."

그렇게 말하려고 하는데, 말이 나오지 않는 것이다. 내 앞에 앉아 있는 사람들의 얼굴 위로 20년 전에 내가 처음 만나기 시작했던 동일방직 여성 노동자들의 얼굴이 겹쳐지면서 목이 잠기기 시작하는 것이다.

1978년에 내가 사는 곳 가까이에서 그런 일이 있었다. 노동조합 활동을 탄압하는 회사에 항의하기 위해 여성 노동자들은 본관 앞 콘크리트 바닥 위에서 단식농성을 시작했다. 요즘처럼 스티로폼을 깔고 천막을 치고 하는 농성이 아니라, 그냥 콘크리트 바닥 위에서 담요 한 장도 없이 쌩으로 누워 버티는, 그야말로 '자살 텍'이었다. 따가운 삼복더위의 햇살 아래에서 여성 노동자들이 지칠대로 지쳤을 때, 무술경관 부대가 들이닥쳤다 (그때까지만 해도 살벌한 백골단이 없던 시대였다). 여자들은 구석으로 몰렸다. 구석에 아비규환처럼 엉켜 있던 여성 노동자들 중에서 한 사람이 소리쳤다.

"우리 모두 옷을 벗읍시다. 그렇게 하면 저놈들도 사람인데…… 차마 우리 몸에 손을 대지는 못할 거예요."

아, 여성 노동자들이 옷을 벗기 시작했다. 벌거숭이가 된 400여 명의 여성 노동자들은 벗어버린 하늘색 작업복들을 흔들며 눈물 범벅이 된 얼굴로 노래를 부르기 시작했다. 동일방직 나체시위 사건, 세계 노동운동사에 유일하게 우리나라에서만 있었던 일이다.

우여곡절 끝에 노동조합 지부장을 선출하기 위한 대의원 선거가 다시 시작되었다. 야간 근무조의 일이 끝나는 새벽 6시부터 투표가 시작되었는데, 야간 근무를 마친 여성 노동자들은 작업복도 미처 갈아입지 않은 채 투표소가 설치된 노동조합 사무실로 새벽길을 내달렸다. 투표를 하기 위해 달리기를 하는 노동자들…… '우리가 몇 초라도 늦으면 일이 잘못될지도 몰라……' 상황이 그만큼 긴박했다.

줄지어 투표가 시작되었는데, 아니나 다를까, 투표소가 설치된 노동조합 사무실에 회사의 사주를 받은 남자들이 난입했다. "여자가 노동조합 대표로 선출되는 꼴은 못 본다"는 것이었다. 그들의 손에는 기숙사 화장실에서 똥을 가득 퍼담은 양동이와 플라스틱 바가지들이 들려 있었다. 바가지로 똥을 퍼 사무실에 뿌려대면서 들이닥친 남자들은 여성 노동자들의 옷 속에 똥을 들이붓고 입안에 쑤셔 넣기도 했다.

그때 동일방직 여성 노동자들이 만들었던 유인물의 제목을 나는 아직도 선명하게 기억한다.

"우리는 똥을 먹고 살 수는 없습니다."

내가 세상에 태어나 '노동문제'라는 단어를 선명하게 접한 첫 번째 기억이다. 우리가 사는 바로 옆에서 내 나이 또래의 여성 노동자들이 그런 일을 당했다는데, 생각이 제대로 박힌 대학생이라면 가 봐야 하지 않겠는가 말이다. 그런 천인공노할 일이 어떻게 일어날 수 있었는지 가 봐야 하지 않겠는가 말이다. 원인은 무엇이고 잘못한 놈들은 도대체 누구인지 알아 봐야 하지 않겠는가 말이다. 그래서 학교에 돌아와 부모님이 보내 주신 대학이라고 그저 뭐가 뭔지도 모르면서 들락거리는 친구들에게 "세상에 이런 일이 있었다더라"고 알리는 일이라도 해야 하지 않겠는가 말이다. 축제기간에 '동일방직 노동자 돕기 찻집'이라도 해야 되지 않겠는가 말이다. 그래야 사람 사는 꼴이지……노동문제가 내 생활의 중심에 놓이게 된 것은 그때부터였다.

노동가요라고는 단 한 곡도 없었던 그 시대에 동일방직 여성 노동자들이 하늘색 작업복을 벗어 흔들며 불렀던 노래가 바로 그런 노래였다. 자신들이 좋아하는 유행가에 가사를 바꿔 붙인 '노가바'를 목이 터져라 불렀던 것이다.

며칠 전, 한국시그네틱스 노동조합에 교육을 하러 갔다가 강의 시작 전에 최신 노동가요 '내일의 노래'를 열심히 부르고 '힙합'이라는 춤을 닮은 율동을 신나게 추는 젊은 여성 노동자들을 보며, 마음 속으로 말했다.

'당신들은 참 행복한 사람들입니다. 노동가요라는 것이 있다는 것조차 모르는 노동자들이 아직도 이 땅에 있습다.'

이 글을 쓰면서 나는 당시의 동일방직 여성 노동자 두 명에게 전화를 해 보았다. 그들은 모두 나와 동갑이거나 한두 살 차이다. 그때 우리가 열심히 불렀던 '노가바'의 가사 몇 곡을 완벽하게 복원해 보고 싶었다. 그런데 한 명은 '생협' 활동을 하느라고 연락이 안 되었고, 다른 한 명은 치과에 치료 받으러 갔다고 그이의 예쁜 아이가 답했다. 참고로, 그 예쁜 딸아이는 우리 아들과 이미 소싯적에 정혼한 사이다.

참여 경영은 필연입니다

뉴스 시간마다 "경제가 어렵다"는 내용이 여러 가지 표현으로 강조되고 있습니다. 최근에 겪은 '차이나 쇼크'와 국제 유가 급등과 같은 상황은 자본주의 경제 체제에서 언제라도 발생할 수 있는 변수이고 그러한 상황이 극대화된 것이 바로 국제통화기금에서 구제금융을 받을 수밖에 없었던 이른바 'IMF 경제 위기'입니다. 언제라도 이런 일이 생길 수 있다는 것을 가정하고 그에 대한 대응력을 높이는 것이 필수적인 경제 정책일텐데, 상황이 발생할 때마다 마치 이런 일이 생길 줄은 까맣게 몰랐다는 듯 허둥지둥하는 정부와 기업의 대응 방식을 보면 '이렇게 한심할 수가 있나' 싶은 생각이 들 정도입니다.

어려운 경제 사정을 이유로 "노동자들도 목소리를 낮추어야 한다. 기업이 살아야 노동자도 살 수 있다"는 해묵은 주장은 한동안 또 되풀이될 것입니다. 지난 총선 이후, 정부와 기업이 부쩍 "상생의 경영을 해야 한다"고 목소리를 높이고 있는 것도 마찬가지입니다. 정부와 기업은 민주노동당이 국회에 진출함으로써 우리 사회에서 노동자들의 목소리가 더욱 커질 것이라 우려하며 "기업 경쟁력을 떨어뜨리는 과도한 임금인상을 자제해야 한다"는 식의 주장을 새삼 강조하고 싶은 것입니다.

'상생의 경영'이란 노동자들의 양보가 아니라 '참여 경영'으로부터 시작되는 것입니다. 우리나라는 기업의 소유·지배구조가 선진 기업들에 비해 낙후돼 있고, 기업 경영의 투명성·책임성·신뢰성이 낮은 등 노사 상생의 경영이 자리 잡기 어려운 조건을 갖고 있습니다. 예를 들어, 기업이 정치인들에게 100억씩 '차 떼기'를 하기 위해서는 투명 경영이 불가능할 수밖에 없습니다.

기업의 접대문화가 우리처럼 깊게 배어 있는 나라 역시 드문데, 그 원인을 한국 자본주의 이행이 일제 식민지라는 기형적 방식으로 출발했기 때문이라고 보는 연구 결과도 있습니다. 다른 조선 사람들보다 상대적으로 우월한 지위를 보장받는 수단으로 일본인 실력자들에게 과도한 접대를 하는 행태로 우리나라 기업 경영이 출발했기 때문이라는 것입니다. 실제로 당시 고관대작 출신 기업 경영자는 자신의 집을 일본 사람들을 접대하기 위한 호화시설로 뜯어고치고 거의 매일 연회를 열기도 했습니다.

기업은 여러 가지 이유를 들어 노동자의 경영 참여에 난색을 표하고 있지만, 지금까지 참여 경영을 도입한 기업들의 공통적인 성과는 높은 민주성을 구현하면서도 경영 효율성이 떨어지지 않았다는 것입니다. 날로 산업주기가 짧아지는 상황에서 기업의 대응 능력이나 기동력이 저하되지 않는다는 것입니다. 사업주의 전횡이 불가능해지는 것뿐입니다.

기업의 민주성은 노동자들이 소유와 경영에 여러 가지 방식으로 참여하는 것에서 시작됩니다. 스페인의 '몬드라곤' 그룹처럼 노동이 직접 자본을 통제하는 아주 높은 수준에서부터 우리나라 한 대형 조선회사처럼 노동조합 대표가 경영회의에 참가하는 초보적인 수준에 이르기까지 다양한 형태로 진행됩니다.

참여 경영은 우선 노사 갈등을 해소합니다. 노사관계는 상호 의존과 대립이라는 모순된 두 측면을 갖고 있습니다. 지금까지 노동자의 경영 참여 사례들은 노동과 자본간의 상호 침투가 활발히 일어나는 효과가 있다는 것을 보여 줍니다. 참여 경영은 또한 노동 의욕을 상승시킵니다. 1980~90년대 일본 기업들의 기술 혁신은 작업 과정에 대한 노동자들의 재량권이 많았기 때문에 가능했습니다.

　기업의 소유·지배구조에 대해서도 마찬가지입니다. 우리나라에서는 영미식 모델을 당연한 것처럼 받아들이지만, 자동차산업만 보더라도 '르노'나 '폴크스바겐'처럼 정부가 대주주인 기업도 있고 '도요타'나 '혼다'처럼 뚜렷한 대주주 없이 채권 은행 등 여러 이해관계자들이 공동소유하면서 민주적인 경영으로 경쟁에 앞서 나가는 기업들도 있습니다. 이렇듯 다양한 상생의 모델들을 염두에 두고, 각 이해 관계자들이 열린 자세로 합의점을 찾아야 할 것입니다.

　중소기업보다 특히 재벌 대기업들이 여러 가지 이유를 내세우며 참여 경영의 도입을 꺼리고 있습니다. 그러나 중·장기적으로는 재벌 기업들도 이러한 참여 경영 모델을 추구할 수밖에 없을 것입니다. 경쟁에서 살아남기 위해서는 불가피한 선택인 데다, 무엇보다 강력한 성공사례들이 있기 때문입니다. 한꺼번에 도입하지 않고 부분적으로 도입한 뒤, 전 사업부문에 단계적으로 확대할 수도 있습니다.

　노동자들은 경영 주체로서 기업을 인정하지 않을 도리가 없습니다. 정리해고나 기업 합병 등에 대해 노동자들이 다른 의견을 제시하는 것도 경영진을 기업 경영 주체로 간주하는 것을 전제로 하는 행위입니다. 반면에 많은 기업 경영자들은 아직도 노동조합을 '백해무익한 조직'이나 '말살해야 할 대상' 정도로 잘못 인식하고 있는 것이 현실입니다. 따라서 우리 사회 '상생의 경영'은 노동자들이 기업 사정을 고려해서 목소리를 낮추는 것이 아니라 경영자들이 노동조합의 역할을 존중하는 것에서 시작되어야 합니다. 최소한 '케인즈주의에 입각한 노자간 타협적 질서'라고 불리는 전형적 자본주의 국가 미국 수준만큼이라도 노동조합을 존중하는 풍토가 만들어져야 올바른 '상생의 경영'이 가능할 것입니다. 상대방을 인정하고 존중하는 참여 경영은 이제 필연입니다.

몰락하는 중산층

 몇 해 전, 외국 유수 대학에서 박사학위를 받은 직원들의 얼굴이 느린 동작으로 차례차례 등장하는 어느 재벌의 이미지 광고가 있었습니다. 그렇게 우수한 두뇌들이 자신의 삶을 펼치기로 한 꽤 괜찮은 기업이라는 자부심을 기업 안팎에 심어 주기 위한 목적이었을 것이고 그 광고 효과 역시 상당히 좋았다는 평가를 받았습니다. 그러나 우리나라 3대 재벌에 속했던 그 회사는 국제통화기금 경제 위기를 돌파하지 못한 채 25조 원이라는 막대한 자금을 부정하게 빼돌린 것이 드러나면서 해체됐으니, 세상 참 오래 살고 봐야 한다는 생각이 들기도 합니다.

 그 광고를 좀 다른 측면에서 보자면, 박사학위를 받은 그 사람들도 분명히 '노동자'입니다. "신성한 교사가 어떻게 노동자냐?"라고 임기 끝날 때까지 목소리를 높였던 김영삼 전 대통령의 발언은 무식의 소치여서 부끄러울 따름이니 그냥 빨리 잊는 것이 좋습니다. 전문직 노동자, 두뇌 노동자, 지식 노동자, 소수 특권층 노동자, 화이트칼라, 골드칼라 등 여러 가지로 표현할 수 있겠지만, 분명한 사실은 그들도 자신의 노동을 제공하고 임금을 받아 살아가는 노동자라는 것입니다.

 조합원 대부분이 석·박사학위를 갖고 있는 노동조합이 우리 사회에도 벌써 수십 개나 됩니다. 정부 산하 한 연구기관 노동조합의 행사에 참석했더니 조합원들이 상대방을 부르는 호칭이 대부분 '박사'였습니다. "조합원들 중에 박사학위를 가진 사람이 몇 퍼센트냐?"고 물었더니 내 질문을 받은 조합원은 다시 옆 사람에게 "우리 연구소에 지금 박사학위 없는 사람이 몇 명이나 남았냐?"고 묻기도 했습니다. 이 사람들은 '소수 특권층 노동자'가 아니라 이미 우리 사회 노동조합의 '주력'입니다.

한때 '중산층'이라는 허울을 쓰고 있었던 '화이트칼라'들은 지금 몰락하는 중산층의 대표적 존재입니다. 부유한 20%와 가난한 80%로 양극화되는 우리 사회에서 그들은 부유한 20%에 속하기 위해 안간힘을 쓰겠지만 결국 대부분은 가난한 80%에 속하게 될 수밖에 없습니다.

미국의 컴퓨터 산업, 은행업, 출판업, 증권업, 소매업, 통신업 등에 종사하는 노동자들은 예전보다 훨씬 더 적은 수의 직원이 훨씬 더 많은 일을 하고, 보수는 더 적게 받고 있습니다. 그들은 자신들을 '소모품 같다'고 느낍니다. 결사적으로 휴가를 내서 가족들과 여행을 간다고 해도 일에서 해방될 수는 없습니다. 휴양지에서도 휴대전화로 사무실에 계속 전화를 해야 하는 것이 이들의 처지입니다.

문명의 이기들은 근로조건을 개선하기는커녕 오히려 악화시키는 데에 기여합니다. 노트북 컴퓨터, 휴대전화, 전자수첩, 휴대용 팩시밀리, PDA 등은 노동자로 하여금 업무를 더욱 많이 처리하면서 휴식은 불가능하게 만듭니다. 노동자들은 이제 길을 걷거나, 지하철을 타거나, 자가용으로 이동하면서도 회사 일을 해야 합니다.

최근 미국의 한 연구에서는 놀라운 현상을 발견했습니다. 노동자들을 비정규직으로 몰아내면서 그 삶을 파괴한 기업들의 경영이 대부분 개선되지 않았다는 것입니다. 더욱 놀라운 것은 그런 상황에서도 최고경영자의 소득은 꽤 많이 증가했다는 것입니다. 결론적으로, 노동자들과 그 가족들의 삶을 파멸로 몰아가는 조치는 최고경영자의 사리사욕을 채우는 데만 도움이 됐을 뿐, 해당 기업과 미국 사회 전체에는 상당히 부정적인 영향을 미쳤다는 것입니다.

반면에 노동시간을 줄여 생산성을 증가시킨 성공 사례들이 있습니다. "강제적인 근무시간 단축"이 해결 방안의 하나가 될 수 있습니다. 실제로, 소프트웨어 개발회사인 'SAS 인스티튜트'에서는 오후 5시에 회사 업무시설의 전기 공급을 중단하고 한 시간 뒤에는 정문을 잠가버리는 조치를 취한 뒤 수년간 매출이 계속 증가했습니다. 이직률이 낮아져 노동숙련비용이 절감되고, 직원들의 업무 집중도가 높아지고, 불량률이 저하됐습니다. 그러한 성공 사례에도 불구하고 미국의 최고경영자들은 "근로시간 단축은 상상조차 할 수 없다. 미국이 경쟁력을 유지하기 위해서는 근로시간을 늘려야 한다"고 주장하고 있습니다.

노동자들을 몰아치는 경영전략은 '화이트칼라' 노동운동의 활성화라는 예기치 않은 결과를 가져오기도 했습니다. 노동자를 사무직과 생산직으로 구분하는 '화이트칼라'와 '블루칼라'의 이분법은 이제 별로 의미가 없습니다. 부당한 권력과 자본에 대항하는 올바른 선택―노동조합이 더욱 실질적 가치를 지니게 되는 것입니다.

아아, 한라중공업

'한라중공업 노조가 파업을 벌써 50일이 넘도록 하고 있다는데[1999.08] 왜 나를 한 번도 안 부르는 거야?' 내심 섭섭해하고 있었는데 "한번 내려와 달라"는 연락이 드디어 왔다. "너무 멀어서 내려오시기 힘이 들까봐 안 불렀노라"고 노조 간부는 짐짓 나를 듣기 좋은 말로 위로했다. "현장까지 오는 동안 검문이 심하니까 참고하십시오." 전화를 끊으며 단단히 겁을 주었다.

목포까지 가는 다섯 시간 동안 나는 내내 고민했다. '도대체 나는 어떤 자격으로 그 사람들 앞에 설 수 있는가?' 50일씩이나 파업을 하고 있는 노동자들 앞에서 짧은 격려라도 한 마디 하려면 최소한 그에 버금가는 싸움을 해 본 사람이어야 한다. 언젠가 36일 단식 농성을 했던 해고 노동자가 23일째 단식을 하고 누워 있는 노조 위원장에게 "요즘은 23일 굶어 가지고는 어디 가서 명함도 못 내밀어. 적어도 36일은 굶어야지"라고 농담하는 모습을 보았을 때, 나는 일찍이 깨달았다. '아, 위로나 격려는 아무나 할 수 있는 것이 아니로구나. 최소한 그에 걸맞는 고통을 겪어 본 사람만이 할 수 있는 것이로구나.'

그 해고 노동자는 그렇게 말할 수 있었다. 그는 최소한 36일을 굶어 봤으니까…… 자기를 해고한 회사 정문 앞 아스팔트 도로에 천막을 치고 36일 동안 굶으며 싸워 봤으니까…… 그렇지만 나는 그렇게 말할 수 없다. 나처럼 한 끼도 안 굶은 놈이 빤빤한 얼굴로, 단식하느라고 링거를 꽂은 채 누워 있는 노조 위원장에게 "23일 굶어 가지고는 어디 가서 명함도 못 내밀어"라고 빈정거렸다가는 조합원들에게 몰매를 맞았을 거다. 자격이 있고 없고는 그렇게 큰 차이가 있다. 똑같은 이야기도 자격이 있는 사람이 해야 진실이 된다. 자격 없는 사람이 하면 같은 얘기라도 '사기'가 된다.

나는 결국 고민에 대한 해답을 얻지 못한 채 목포에 닿았다. 검문이 심하다고 해서 일부러 평소에는 잘 안 입던 양복에 넥타이를 맨 차림으로 나섰는데, 웬걸, 그 '검문'은 경찰의 검문을 말했던 것이 아니었다. 현장 입구에서부터 요소요소마다 노동조합 사수대원들이 바리케이드를 치고 쇠파이프를 든 채 삼엄한 '검문'을 하고 있었다. 온갖 철구조물들을 동원해서 몇 겹으로 바리케이드를 쳐 놓고, 차 한 대가 겨우 지나갈 수 있는 만큼의 공간만 열어 놓고 있었다. 바리케이드 출입구마다 지켜 서 있는 사수대원들이 다음 갈 길을 일러 주었다. 직선 거리로 얼마 되지 않는 노동조합 본부를 찾아가기 위해 미로 같은 바리케이드 사이를 한참이나 빙빙 돌아야 했다. 1,300명의 조합원이 현장을 철통같이 지키면서 비조합원은 개미새끼 한 마리도 회사에 들여 놓지 않은 지 벌써 한 달이 넘었다고 했다.

노조 간부를 따라 교육 장소로 이동하는데 현장 곳곳에 뾰족뾰족한 장애물들이 널려 있고, 곳곳에 헝겊 무더기와 그 옆에 신나통들이 배치되어 있었다. 근처 야산에는 마치 눈이라도 온 것처럼 하얀 종이들이 온통 깔려 있었다.

"저게 다 뭐지요?"

"비행기가 와서 삐라를 다 뿌려대는군요."

조합원들과 집행부들을 이간질하느라고 회사 측에서 비행기를 동원해서 삐라를 뿌린다는 것이다. 육지로 밀고 들어오는 병력은 어느 정도 막을 자신이 있다고 했다. 싸움 한두 번 해 보는 것도 아니고…… 문제는 탁 트인 바다에서 상륙정을 타고 들어오는 병력인데, 그때는 재빨리 골리앗 크레인과 건조 중인 선박에서 두 번째 전선을 만들고 대치하는 수밖에 없다고 했다. 그곳에는 이미 비상식량을 비축해 두었다고 했다.

"바로 여기, 이곳으로 올라갈 겁니다."

나를 안내하던 노조 간부는 골리앗 크레인의 육중한 쇠기둥을 손바닥으로 만지면서 말했다. 크레인의 꼭대기가 가물가물 올려다 보였다.

88만 평 부지를 물샐 틈 없이 지키느라고 조합원들을 한 곳에 모을 수가 없었다. 아침 9시부터 저녁 6식까지 거점별로 돌아가면서 강의를 여러 차례 해야 했다. 타는 듯한 땡볕 아래에서도 조합 간부가 마이크를 잡고 "모이십시오." 몇 마디만 하면 금방 질서 정연한 대오가 짜여졌다. 땡볕을 고스란히 받으면서 강의를 듣게 한다고 불평하는 사람도 없다. 한 달 넘게 현장을 지키며 천막에서 먹고 잔 사람들이 새까맣게 탄 얼굴에 반짝거리는 눈빛으로 내 강의를 들었다.

노동자들이 그 넓은 땅덩어리 위에서 한 달 넘게 생활하느라고 그곳에는 작은 도시가 만들어진 것이나 마찬가지였다. 모두들 자기 역할을 한 가지씩 나누어 가졌는데 이를테면 '청소부'도 있었다. 그 청소부 조합원이 곳곳에 모아 놓은 쓰레기 더미를 치우는 청소차 운전기사도 있었다. 지게차를 개조하여 청소차로 쓰고 있었는데 그 차가 콘크리트 도로 위를 지나갈 때면 천지를 진동하는 굉음이 울렸다. 그 청소차가 쓰레기를 치우는 일정이 아마 나의 오후 교육 일정과 거의 같았던 모양이었다. 오후부터는 강의를 30분쯤 하고 나면 어김없이 천지를 진동하는 요란한 소리를 내면서 그 지게차가 나타났다. 앰프의 볼륨을 높이고 아무리 악을 써대도 내 목소리는 그 굉음에 묻혀 버렸다.

"에이, 저 아저씨 또 나 따라왔네."

농담 반으로 불평을 하고 쓰레기를 다 싣고 갈 때까지 얌전히 기다리는 수밖에 없었다.

식사는 각 단위별로 해결하고 사수대와 집행부만 식사당번이 밥을 해 준다고 했다. 나는 그 밥을 얻어 먹었다. 함께 식사를 하던 노조 간부가 '정구지'(부추)를 생선 젓갈과 고추가루로 범벅을 해서 만든 반찬을 젓가락으로 집으며 말했다.

"한 달쯤 하더니 이제 좀 제대로 만드는구만."

웃는 그 간부의 얼굴에 자기들을 위해서 수고하는 조합원들에 대한 고마움이 담겨 있다. 식사가 끝날 무렵, 고무로 만든 앞치마를 두른 조합원이 주방에서 나오더니 큰 소리로 말한다.

"오늘은 콘베어가 가동을 안 하니, 식사를 마치신 분들은 빈 그릇을 직접 주방 안으로 갖다 주시면 고맙겠습니다. 오늘, 빈 그릇은 주방 안으로!"

오후 늦은 시간, 주말이어서 모처럼 외박조가 편성되었다. 혹시 시내에 나갔다가 경찰의 검문을 당하더라도 아무 걸릴 것이 없는 안전한 조합원들—사수대원이나 집행부나 대의원이 아니면서 머리를 삭발하지도 않은 사람들 중에서 외박조가 선발되었다. 마치 군대의 신고식처럼 외박조를 내보내는 간단한 집회가 정문에서 치러졌고 사회를 보던 노조 간부가 마지막으로 비장하게 말했다.

"반드시 복귀하십시오. 동지들을 믿겠습니다."

마지막 강의 시간에, 몇 년 전 골리앗 크레인에 올라가 우리의 간담을 서늘하게 만든 적이 있었던 전임 노조 위원장이 대열 가운데쯤에 앉아 있는 것이 보였다. 신나를 몸에 끼얹고 라이터를 켜대기도 했으나 기적적으로 살아나기도 하는 등 죽을 고비를 몇 번씩이나 넘겨야 했던 그가 또다시 검붉게 탄 얼굴로 머리띠를 묶은 채 싸워야 하다니…… 강의 도중에 그이의 이글거리는 눈동자와 눈이 마주치면서 나는 목이 메었다. 강의가 끝난 후 그이가 나에게 다가와 악수를 청하며 말했다.

"소장님, 죽지는 않겠습니다."

나는 몇 년 전 그와 했던 약속이 떠올랐다.

"그럼, 그래야지요. 그래야 또다시 만나지요."

현장을 나설 무렵, 땅거미가 지는 현장에서 사수대원들이 교대를 하고 있었다. 쇠파이프를 든 수백 명의 사수대원들이 서해바다로 막 잠기는 해를 배경으로 질서정연하게 움직이고 있었다. 콘크리트 바닥 위에 길게 누워 있는 사수대원들의 그림자를 밟으며 정문을 나섰다.

오늘 아침, 한라중공업의 파업이 70일 만에 극적으로 타결되어 끝났다는 뉴스를 텔레비전에서 보았다. 삭발한 머리에 붉은 띠를 맨 노조 간부들이 회사 대표들과 악수를 하는 장면이 화면에 나왔다. 점심 무렵, 합의안이 55 대 45로 가결되었다는 소식을 전해 주던 노조 간부는 "수고하셨다"는 내 인사에 더 이상 말을 잇지 못했다. 그동안 자신들이 묵었던 수백 개의 크고 작은 텐트들을 철거하면서 한라중공업 노동자들은 눈물을 쏟았다. 눈물은 우리들 가슴에 새로운 씨앗이 된다.

학생들이 희망입니다

요즘 학생들은 수행평가라는 것을 합니다. 학생들이 미리 정해진 문제의 정답을 선택하는 것이 아니라, 스스로 정답을 만들어 가거나 행동으로 나타내도록 하는 평가방식입니다. 교육 전문가들의 말에 따르면 수행평가란 기억, 이해와 같은 낮은 사고능력보다는 창의, 비판, 종합과 같은 고등 사고능력을 중히 여기는 평가방식이라고 합니다. 개인 단위로 평가하기도 하고 집단 단위로 평가하기도 합니다. 대학입시에 영향을 미치는 소위 '내신 성적'이란 지필고사 점수와 수행평가 점수를 합산한 성적입니다.

고등학생 몇 명이 저를 만나서 노동문제에 대한 이야기를 듣고 그 내용을 정리하는 것으로 수행평가를 받기로 했다고 이메일로 연락이 왔습니다. 『전태일 평전』을 벌써 읽었다는 그 학생들은 참고하라면서 자신들이 쓴 독후감을 저에게 보내 주기도 했습니다. 그 독후감 중에서 몇 대목을 인용하면 다음과 같습니다.

"질병과 고통, 배고픔 속에서 사람다운 대접을 받지도 못한 채 일해야만 했던 1970년대의 노동자들. 현재가 있는 것은 그들의 희생이 있었기 때문이다. 그리고 그 한가운데에 전태일이 있었다."

"평화시장. 이름만 보면 이 시장은 평화로웠어야 한다. 하지만 이 시장이 평화로웠는가? 아니다. 이 시장은 평화와 너무나도 거리가 멀다. 평화시장은 자신들의 이익만을 위해 힘든 일을 강요하고 고통스럽게 일을 강요당하는 사람들이 모인 곳이다. 시장 밖의 세상에서는 볼 수 없고, 알 수 없는 그림자 같은 곳이었다."

"지금은 21세기의 2004년. 세상은 많이 변했다. 하지만 평화시장은 아직도 사라지지 않았다. 그 평화시장은 비정규직 노동자라는 새로운 이름으로 이어져 오고 있다. 비정규직은 현재의 평화시장인 것이다. 비정규직만이 아니다. 조금은 더 부유해진 우리 사회는 여전히 평화시장을 그림자처럼 끌고 오고 있다. 그들은 힘든 환경에서 힘든 일을 하면서도 많은 불평등에 놓여 있다. 기업주들은 아직도 자신들의 이익을 위해서 노력하고 있다.······이제 나머지는 우리들 모두가 해야 할 일이다."

"우리 아빠가 노동자였다면 우리 아빠도 힘들겠구나······라는 생각을 했다. 그러면서, 나는 왜 이제서야, 따지고 보면 가장 심각한 노동문제에 대해서는 잘 생각을 하지 않고 걱정하지 않을까? 취업 걱정은 태산만큼 하면서 왜 우리들은 취업한 뒤 어떤 대접을 받으며, 어떠한 모습으로 업무를 처리할지는 생각하지 않을까? 아무래도 나의 생각과 지식이 얕았던 것 같다. 눈앞에 보이는 것에만 신경 썼고 정작 나중에 중요하게 닥칠 문제는 생각해 보지 않고 태평하게 있었다. 그래서 TV에서 파업을 하면 그렇게 좋지 못한 눈으로 보았던 것이다. 앞으로 내가 뛰어들 이 사회에서 나는 그러한 문제들을 어떻게 헤쳐 나갈지, 그리고 언제 이러한 문제들이 많이 개선될지, 생각해 보며 이 글을 마친다."

어릴 적 꿈이 연예인이었다는 학생들이 쓴 글들입니다. 이러한 이야기를 듣고, 매우 부정적인 반응을 보이는 사람들도 있을 것입니다. "좌경 세력이 드디어 고등학생들에게까지 침투했다"고 개탄하거나 "이 나라가 지금 어떻게 되려고 이 모양인가?" 걱정하는 사람도 있을 것입니다.

반면에, 매우 긍정적으로 보는 사람들도 있습니다. 나중에 자라서 대부분 노동자가 되거나 노동자의 가족으로 살아가게 될 것이 분명한 학생들이니 노동문제에 대해 공부하는 것이 당연하고 '노동'에 대한 개념을 정리한 뒤 노동자가 되는 것이 훨씬 바람직하다고 생각하는 사람도 있을 것입니다.

이렇게 상반된 반응들 중에서 어떤 사람들의 주장대로 우리 사회가 변화할까요? 그것은 지금까지 우리 사회가 변해 온 모습을 보면 알 수 있습니다.

대통령까지 나서서 "신성한 교사가 어떻게 노동자냐?"며 1,600명이나 되는 교사들을 길거리로 내쫓았지만, 전교조는 10년 만에 합법화됐고 지금은 10만 명의 교사가 조합원으로 활동하고 있습니다.

아직도 "공무원이 무슨 노동자냐?"고 말하는 사람도 있지만 공무원 노동조합은 합법화를 코앞에 두고 있습니다.

주5일 근무제가 실시되면 우리 경제가 당장이라도 위기에 빠질 듯 호들갑을 떠는 사람들도 많았지만, 주5일 근무제는 결국 많은 우여곡절을 겪으며 실시되고 있습니다.

비정규직 노동자 문제도 마찬가지입니다. 언젠가는 비정규직 노동자들에 대한 비인간적인 차별이 엄청난 잘못임을 깨닫는 날이 올 것입니다. 노동문제를 자신의 문제라고 생각하기 시작한 학생들이 그 일을 해 낼 것입니다. 학생들은 우리의 희망입니다.

길 위에서 만난 사람들

한 시사주간지에 2년 8개월 동안 노동자 인터뷰 기사를 연재하다가 최근에 끝냈습니다. 그동안 모두 예순 여섯 명의 노동자들을 만났습니다.

제가 만나는 사람들을 정하는 기준은 비교적 간단했습니다. 가족이 아닌 다른 사람의 행복을 위해 자신의 손해를 감수해 본 경험이 있는 사람, 우리 사회의 모순된 억압 구조를 더욱 공고히 하는 데 기여하지 않는 사람, 운동권 내에서조차 중심에 우뚝 서 있지 않은 사람…… "정의감은 학습의 결과가 아니라 진화되어 온 본능적 특성"이라는 것이 최근의 연구 결과라는데, 내가 만난 사람들은 그 본능적 정의감이 핏속에 흐르고 있는 사람들이었습니다.

며칠 전에 저는 그 사람들의 안부가 궁금해 몇 명에게 전화를 해 봤는데, 그 사람들은 대부분 아직도 그 길 위에서 계속 싸우고 있었습니다.

2001년 7월에 만났던 이종선 씨는 용산역 구내 30미터 철탑에서 목숨을 건 농성을 수십일 동안 했던 철도 노동자입니다. 이종선 씨는 아직도 복직되지 않은 채 열심히 활동하고 있습니다.

동일방직 해고 노동자 출신 알짜배기 농사꾼 안순애 씨 부부는 요즘 거의 매일 서울에 올라와 자유무역협정(FTA) 비준 관련 집회에서 경찰의 물대포와 맞서 싸우느라고 정신이 없습니다. 여의도 근처를 지날 때마다 안순애 씨가 했던 많은 이야기들이 생각납니다.

작년 여름에 만났던 부안군 농민회의 조미옥 씨는 기사가 나간 며칠 뒤 한 일간지에 "규탄집회에서 머리를 깎은 한 여성이 울음을 터뜨리고 있다"는 설명과 함께 가슴 철렁하게 만드는 사진이 실리더니, 요즘 핵폐기장 반대 투쟁 전체의 살림을 책임지는 중책을 맡아 여념이 없습니다. 조미옥·김재관 씨 부부를 저에게 소개했던 김진원 씨는 일찌감치 수배돼 "성당밥 먹은 지 벌써 8개월째"라고 안부를 전합니다.

제가 만난 사람들은 모두 인터뷰하기를 한사코 마다했습니다. "나 그럴 만한 사람이오"라고 처음부터 내대는 사람은 단 한 명도 없었습니다. 사람들에게 "나 도와 주는 셈치고 한 번만 만나달라"고 거듭 부탁하면 사람들은 대개 자신이 지금 하고 있는 일이 세상에 조금이라도 알려지기를 바라는 마음으로 응했습니다.

제가 전혀 만날 수 없는 사람들도 있었습니다. 불굴의 의지를 가진 활동가가 아니라, 망설이면서 노동운동에 끼어들었다가 그 경험을 평생 동안 짐으로 안고 살아가는 사람들, 그 활동 때문에 고통받으면서 열등감 속에 살고 있는 사람들, 우리 활동 범위 밖에 있지만 여전히 역사의 주인인 사람들을 만나는 데에는 실패했습니다. 어쩌다 어렵게 만나도 자신이 남에게 알려지는 것을 허락하지 않았습니다. 비정규직 노동자들을 많이 만나지 못한 것은 그 때문입니다. 가까운 동료나 친척들에게조차 자신의 직업을 감추고 살아온 사람들에게 카메라와 녹음기를 들이댈 수가 없었습니다.

제가 만났던 예순 여섯 명의 노동자들처럼 저도 그 길 위에 있다고 감히 말할 수는 없지만, 최소한 그 길을 막는 사람이 되지는 말아야겠다는 다짐을 합니다.

하루 동안 만난 사람_디자이너와 여사장

패션회사에서 해고된 디자이너를 만났다. 그 여성 노동자의 호소는 이랬다.

"내가 무능한 디자이너라는 건 말이 안 되는 소리예요. 우리 회사가 1년 동안 모두 344개의 모델을 만들었어요. 그 중에 '완사입' 빼고 제가 234개의 모델을 개발한 거예요. 5년차, 7년차 디자이너 두 명 데리고 그걸 가능하게 했다는 건, 제가 생각해도 기적 같은 일이었어요. 이 바닥에서 일하는 사람들한테 한번 물어보세요. 거의 매일 밤새다시피 일하지 않았으면 불가능하다는 거, 알 만한 사람은 다 알아요. 그렇게 매일 밤새면서 일했는데, 제가 기계도 아니고 어떻게 매일 아침 정해진 시간에 출근을 해요. 그건 불가능한 거예요. 패션회사 디자이너들은 그렇게 일하지 않아요. 그런데 저를…… 출근 시간을 잘 지키지 않았다고……불성실 근무라고 해고했어요. 이건 말이 안 되는 거예요. 어느 누가 이런 일 당하고 가만히 있겠어요. 저는 디자인 일만 20년 넘게 했어요. 다 쓰러져 가는 회사를……정말 제가 와서 살린 거나 마찬가지였는데, 출장 일주일 갔다 왔더니 사무실에 짐 다 치워 버리고……책상 없애 버리고……사람을 이렇게 대접할 수는 없어요. 저도 회사 좋게 그만둘 수도 있어요. 사장님이랑 뜨거운 밥 한 끼라도 같이 먹으면서 얘기했으면 얼마든지 좋게 그만둘 수도 있어요. 사람을 이렇게 대접할 수는 없는 거예요."

오늘 그 자리에서 '완사입'이라는 말을 알아들은 사람은 나밖에 없었다.
회사 경리담당 여직원으로 입사했다가 지금은 그 회사 대표이사가 된 당찬 여성도 만났다. 우리 사회의 성공모델 같은 사람이었다. 그 회사의 단체협약에는 이런 규정이 있었다.

제 18조 (해고) 다음 각 호의 1에 해당하는 직원은 해고한다.
④ 동료간에 고소·고발을 하는 자, ⑤ 사전 허가 없이 동료들과 합숙하는 자

나는 이렇게 물었다.
"사람들이 사회 생활을 하다 보면 민·형사적인 문제들이 생길 수 있고, 그걸 해결하는 합법적·합리적 수단이 고소·고발인데, 어떻게 그것이 해고사유가 됩니까?"
똑똑한 사장은 이렇게 답했다.
"직원들 중에 회사의 비리를 노동부나 검찰 등 관공서에 고소·고발해서 회사 경영에 지장을 주는 사람들이 있었기 때문입니다. 얼마 전에도 세무서에 탈세 사실을 고발해서 세금을 십수억 원이나 추징당했습니다."
나는 또 이렇게 물었다.
"동료들과 합숙하는 것이 왜 문제가 됩니까? 직원들이 합숙하면서 왜 회사의 사전 허가를 받아야 합니까?"
사장은 또 이렇게 답했다.
"얼마 전, 회사 직원들이 회사 앞 여관에서 합숙하면서 회사의 인수·인계 문제 등 경영에 간섭하는 일을 모의하는 일이 있었기 때문입니다."
이것이 21세기를 지향한다는 우리 사회다. 정말 세상은 넓고, 우리가 해야 할 일은 너무나 많다.

어느 돌멩이의 외침

1970년대에 많은 사람들의 가슴을 울린 책들 중에 『어느 돌멩이의 외침』이라는 수기가 있다. '요꼬'라고 불리던 편물 노동자들의 처참한 현실과 인간답게 살기 위한 눈물겨운 노력을 절절하게 기록한 그 수기를 나는 단숨에 읽었고, 그날 이후 지금까지 노동문제는 내 관심의 가장 중요한 분야가 되었다.

1980년 9월에 그 책을 쓴 유○○ 선배를 처음 만났을 때, 나는 그이의 왜소한 체격과 빛나는 눈, 그리고 뾰족한 콧날에 깊은 인상을 받았다. 가끔 모임이 있을 때면 그 선배가 들고 나오는 빛바랜 공책이 한 권 있었는데 어느 날 그 공책을 들추어보다가 나는 거의 숨이 멎었다. 노동자들이 품을 수 있는 모든 의문에 대해서 선배가 정리한 모범답안들이 깨알같이 그 공책에 적혀 있었던 것이다.

"회사가 살아야 노동자도 사는 것 아닌가."
"노동자들의 파업은 사회에 불안을 조성하는 것 아닌가."
"우리는 북한과 대치하고 있는 특별한 상황인데 노동자들도 양보하고 목소리를 낮추어야 하는 것 아닌가."
"회사에 임금인상을 요구하는 것보다 새벽에 일찍 일어나 신문 배달이라도 하는 것이 더 성실한 노동자의 모습이 아닌가."

"사장은 회사를 만들어 우리를 취업시켜 먹고살게 해 주었으니 좋은 사람이 아닌가."

그러한 수많은 의문들이 왜 그릇된 것인지 조목조목 설명하고 있었다. 그 밖에도 나로서는 잘 이해할 수 없는 종교적 의문에 대한 설명까지 매우 자상한 모범답안들이 꼼꼼하게 적혀 있었다. 그 노트에 깨알같이 적혀 있는 내용들을 읽으면서 나는 학교를 거의 다니지 않았던 그 선배의 탁월하고 섬세한 식견에 감탄했고 세상을 바라보는 새로운 지평을 얻었다. 그동안 내가 알량하게 '배웠다'는 긴 세월의 노력이 과연 무슨 소용이 있는 것인지 참 허무하게 느껴시기도 했다.

1982년이었던가…… 전두환 정권이 막 들어섰던 그 살벌한 '비합의 시대'에 선배는 '전국민주노동자연맹'이라는 비공개 조직의 중앙위원으로 활동하다가 검거되어 재판을 받았다. 남민전 이래 최대의 조직사건이라는 그 재판에는 학생운동과 노동운동을 하던 활동가들이 모두 26명이나 구속 기소되었다. 나는 그 재판을 거의 빠짐없이 방청했는데, 선배는 사형을 구형받고나서 낭랑한 음성으로 최후진술을 했다.

"사람들은 나를 보고 노동운동을 했다고 하는데 내가 지금까지 15년 동안 해 온 일은 '근로기준법대로 하자'는 주장 이상이 아니었습니다. 근로기준법은 노동자가 인간의 모습을 유지하기 위해서 지켜야 할 최저의 기준입니다. 따라서 근로기준법이 지켜지지 않는다는 것은 우리 사회의 노동자가 이미 인간이 아니라는 뜻입니다. 그런 의미에서 내가 그동안 했던 활동은 단지 인간 선언일 뿐이었습니다. 우리의 노동운동은 지금 인간 선언의 절박한 요구로부터 출발하고 있는 것입니다. 프랑스를 비롯한 선진국에서는 기득권을 포기하고 노동현장에 들어가 노동운동에 헌신한 지식인들이 훌륭한 사람으로 국민적인 존경을 받고 있습니다. 왜 우리나라에서만 이렇게 옳은 일을 위해서 노력하는 사람들이 범죄자로 처벌을 받아야 합니까? 우리 사회의 발전을 위해서, 좀 더 많은 사람들이 따뜻한 밥을 먹을 수 있는 사회를 만들기 위해서 노력하는 우리들에게 극형을 구형하는 이 정권을 저는 솔직히 비웃을 수밖에 없습니다."

　높고 맑은 목소리로 서울형사지방법원 대법정을 쩌렁쩌렁 울리게 하던 선배의 뒷모습이 아직도 눈에 선하다. 사람이 포승으로 묶인 채 저렇게 당당할 수도 있구나…… 그런 생각을 하면서 나는 선배의 최후진술을 토씨 하나 틀리지 않게 되풀이해서 외웠다. 그때 지역 단체에서 그 사건의 자료집을 준비하고 있었는데 내가 바로 선배의 최후진술 담당이었다. 법정에서 드러내 놓고 메모를 하다가는 그 이유만으로도 잡혀가 곤욕을 치르는 한심하고 답답한 시대였기에 우리는 한 사람씩 최후진술을 맡아서 달달 외우기로 했던 것이다.
　그 이후 선배는 일이 참 안 풀리는 편이었다. 출판사에서 일을 하기도 하다가 몇 개의 운동단체 대표를 역임하기도 했는데, 생활의 어려움은 여전했다. 동일방직 해고자 출신이었던 선배의 부인은 내가 사는 아파트 단지 수퍼마켓 생선코너에서 일을 하기도 했었는데 냉동생선 상자를 옮기다가 허리를 다쳐 장기간 병원에 입원해야 했다. 병문안을 가서 나는 선배와 부인에게 당연히 산업재해로 인정받아야 하는 것에 대해 설명을 했고 선배는 예의 그 침착하고 꼼꼼한 태도로 이것저것 물으며 고개를 끄덕거렸다.
　선배는 부인이 다니던 회사에 찾아가 산업재해 처리를 요구했으나 회사에서는 아직까지 그런 예가 한 번도 없었다고 펄쩍 뛰었다. 몇 번이나 찾아갔으나 회사는 계속 산재 처리를 할 수 없다는 답변만 할 뿐이었다. 회사의 그러한 태도는 새빨간 거짓말이거나 철저히 무식한 탓이거나 둘 중의 하나였다. 선배는 마지막으로 한 마디 했다고 한다.

"내가 인내할 수 있는 선까지만 거짓말을 하시오. 아시겠오? 내가 인내할 수 있는 정도까지만 못되게 굴란 말이요."

결국 우여곡절 끝에 선배의 부인은 산재보험의 혜택을 받게 되었다. 선배의 가정은 완전히 몰락하기 일보 직전에 구제된 것이나 마찬가지였다. 그 후 한동안 선배의 종적은 묘연했다. 사람들이 가끔 한 아파트 단지에 살고 있던 나에게 선배의 안부를 묻곤 했으나 나에게도 감감 무소식이었다. 어떤 이들은 생활고에 시달리다가 작은 빚을 지게 된 선배가 원양어선을 탔다고도 했고, 어떤 이들은 외국으로 밀항했다고 하기도 했다.

우리 사무실에서 최근 주차 관리원의 사망을 과로사로 인정받기 위한 행정소송을 진행하고 있는데, 주차 관리원들의 근무 환경은 정말 상상 이상으로 가혹했다. 비를 피할 수 있는 알루미늄섀시 한 칸이라도 있으면 그것은 정말 횡재한 거나 다름 없다고 했다. 대부분의 주차 관리원들은 아직도 변변한 의자 하나 없이 길거리를 이리저리 뛰어다니면서 일해야 하는 형편이라고 했다.

그 주차 관리원의 사망은 어느 모로 보나 과로로 인한 사망이 분명했다. 그런데 안타깝게도 증인을 구할 수 없었다. 사망한 주차 관리원과 함께 일했던 어느 동료도 회사로부터 미움을 사게 되는 것이 두려워 증언해 줄 수 없다는 것이었다. 우리나라의 재판 관행상 노동문제 관련 소송에서 "노동자 측 증인이 없다"는 것은 "패소한다"와 거의 같은 뜻이다. 왜냐하면 우리의 상대인 회사는 무궁무진하게 증인을 만들어 낼 수 있기 때문이다. 설사 증인을 천신만고 끝에 구했다고 해도 어렵기는 마찬가지다. 어눌한 말씨와 초라한 행색의 노동자 측 증인은 한 명뿐이고, 빠릿빠릿한 회사 측 증인은 여러 명이었다면 판사는 그야말로 '공정하게' 회사 측 팔을 들어줄 수밖에 없는 것이다.

그 소송을 거의 포기할 단계에 이르렀을 때 미망인으로부터 전화가 왔다. 드디어 증인을 구했다는 것이다. 어떤 주차 관리원이 소문을 듣고 자기 발로 찾아오더니 자기가 주차 관리원의 가혹한 노동조건과 사망한 동료의 성실한 근무 태도에 대해 법정에서 증언해 주겠다고 스스로 자청해서 말하더라는 것이었다.

우리는 '이제 살았다' 싶은 느낌이었다. 서둘러 그 증인을 모시고 올라오라고 약속을 정했다. 드디어 약속 날, 미망인이 증인과 함께 우리 연구소를 들어섰는데, 우리 직원들은 일하다 말고 모두 자리에서 벌떡 일어섰다. 잠시 동안 서로 얼굴만 쳐다본 채 아무도 말을 못했다. 유○○ 선배가 바로 그 증인이었던 것이다.

"아니, 형님이 어떻게……."

선배도 잠시 동안 아무말을 못했다.

"어떻게 된 거에요? 그동안 어떻게 지내셨어요?"

"그냥 살았지. 뭐……."

"형님도 주차 관리원 일을 하시는 거에요?"

선배는 그렇다는 뜻으로 고개만 약간 끄덕거렸다. 선배와 우리 연구소의 연구실장이 서로 몇 년 동안 밀렸던 안부를 물으며 길게 이야기를 나누는 것을 물끄러미 바라보던 미망인이 말했다.

"어쩐지……그런 일 하실 분이 아니라는 생각이 들기는 했어요."

그 지난한 세월의 흔적을 감출 수는 없었으나 선배의 얼굴은 여전히 기품이 있었다. 부모와 함께 농성장에 와서 맨땅바닥을 벌벌 기어다니기도 했던 귀여운 딸 아이는 벌써 대학생이라고 했다. 선배의 작은 노력으로 그 미망인은 새 삶을 얻게 될 것이다. 선배는 그렇게 살고 있었다.

새 천년이 다가온다고 세상이 온통 난리가 났지만, 단순히 '세기말'이라는 계기가 특별한 역사적 전환점이 될 수는 없다. 새 천년은 선배와 같이 그렇게 묵묵히 자기 길을 걷는 사람들과 함께 열릴 것이다. 새로운 세상을 여는 역사의 강물은 그렇게 의연히 자기 길을 걷는 '작은 돌멩이'들에 의해 흘러갈 것이다. 우리 모두 그 강물에서 나오지 말자.

'복직이'에 관한 추억

인천 6공단 입구에 있는 허름한 건물 2층에 작은 노동상담소를 차려 놓고 혼자서 소장 겸 사무원 겸 사환으로 북 지고 장구 치며 몇 개월 일했다. 산부인과, 만화가게, 약국 등이 들어 있는 건물이었는데, 산부인과는 '이런 병원에 누가 올까' 싶을 정도로 허름해 보였고, 만화가게는 주인 아주머니가 남편이 산재로 사망한 보상금을 받아 차린 곳이어서 이야기가 통했고, 약국은 나이 많은 할머니 약사가 두 딸과 함께 경영하고 있었는데 나를 보고는 '도대체 어떤 일을 하는 사람일까?' 궁금하다고 했다.

근로조건 개선 투쟁에 앞장섰다가 해고된 노동자가 있었는데, 그는 해고되자마자 자신이 다니던 회사 정문 앞에 포장마차를 차려 놓고 그 포장마차에 '복직 포장마차' 라는 간판을 내걸었다. 꼭 먹고살아야겠다는 것보다 저녁마다 자신의 포장마차에서 동료들을 만나 자신의 이야기를 계속 들려 주겠다는 생각이었을 것이다.

손님의 주머니에 있는 돈보다 손님의 입에서 나오는 대화에 더 관심을 갖는 포장마차 주인이었으니 그 장사가 잘 될 턱이 없다. 아침에 눈을 뜨면서부터 '내가 오늘은 어디에 가서 값싸고 싱싱한 안주거리를 구해다가 맛있는 요리를 해서 팔아먹나' 만을 골똘히 연구하는 바로 옆 포장마차들과는 처음부터 경쟁 상대가 되지 못했다. 가끔 진하고 예쁜 화장을 한 여자가 앉아서 안주거리를 챙겨 주기도 하는 옆 포장마차에는 손님이 많았으나, 그의 포장마차에는 파리만 날아다니는 일이 많았다.

어렵게 한 달쯤 버틴 후, 달이 휘영청 밝던 어느 날 밤에 그는 커다란 '오함마'를 들고 나가, 자본주의의 냉혹함을 미처 몰랐던 자신의 무지에 분개하며 스스로 그 포장마차를 때려 부쉈다. 그리고는 친구들을 불러 모아 우리가 즐겨 찾던 '똥바다'의 썩은 개펄 둑 위에 앉아 달빛을 온몸에 받으며 마지막 '오뎅' 국물과 김밥으로 큰 잔치를 치렀다.

포장마차를 잃었어도 그의 출근 투쟁은 계속됐다. 아침 출근시간에 맞춰 회사 정문에 나가 동료들과 악수를 나누거나 유인물을 돌리고, 근무시간 중에는 구호를 외치고 노래도 하다가 힘이 빠지면 정문에 앉아 쉬기도 했다. 점심시간이 되면 중국집에 짜장면을 배달시켜 정문에 걸터앉아 먹기도 하다가 동료들과 함께 '퇴근'했다. 그 출근 투쟁은 비가 오나 눈이 오나 하루도 거르지 않고 계속되었고 출근 투쟁을 마치고 돌아갈 때마다 우리 상담소에 들러서 다음날 투쟁에 필요한 대자보나 유인물을 만들곤 했다.

어느 날 회사 게시판에 다음과 같은 내용의 공고가 붙었다.

"선량한 근로자 여러분들은 좌경용공 불순세력의 선동에 절대 현혹당하지 마시고 생산 활동에 전념해 주시기 바랍니다……."

다음날 아침 그가 손에 아주 그럴듯해 뵈는 상자를 들고 상담소에 들어섰다. 해병대 복무 시절 전두환 대통령에게 받은 훈장이라는 것이다. 상자를 여니 붉은 우단 가운데 놓인 훈장이 눈부시게 빛났다. 그가 대자보를 쓰기 시작했다.

"내가 만일 좌경용공 불순세력이라면, 좌경용공 불순세력한테 훈장을 준 전두환은 그럼 뭐냐? 운운……." (전두환 씨가 당시 대통령이었다)

그는 그 대자보 밑에 그 훈장을 펼쳐 놓고 하루 종일 시위를 벌였는데, 저녁 퇴근 무렵, 그가 만면에 웃음을 띠고 상담소에 들어섰다. "드디어 회사와 3개 사항을 합의했다"면서 그가 보여 준 합의서에는 다음과 같이 쓰여 있었다.

1. 좌경용공 불순세력이라고 매도하지는 않음.
2. 점심은 회사가 제공함.
3. 경비실까지 들어 올 수 있음.

나는 도저히 웃음을 참을 수가 없었다.
"이게 뭐야?"
"내가 그랬지요. '해고당해서 돈도 없는 놈이 매일 중국집에 짜장면 시켜 먹을 수는 없는 노릇 아니냐?' 그랬더니 '그럼 점심은 회사가 주겠다'고 하더군요."
"그래서 오늘 점심은 회사에서 먹었어?"
"점심시간이 되었길래 회사 정문을 들어섰지요. 경비들이 나와서 막더라구요. 김 부장이 사무실에서 빤히 내려다보고 있다가 달려 나오더니 팔을 움켜잡고는 '아니, 어디 가십니까?'라고 새삼스럽게 존댓말을 하는 거예요. 그래서 내가 '점심 먹으러 식당에 간다. 점심은 회사가 제공하기로 하지 않았느냐?' 그랬더니 '경비실에 들어가 계시면 우리가 다 날라다 드리겠습니다' 그러더라구요. 그래서 '셋째, 경비실까지는 들어올 수 있다'는 합의사항이 하나 더 추가된 거지요. 비 올 때 홀딱 젖어서 정문에 서 있으려면 되게 서글펐는데, 이제는 경비실에 들어가 쉴 수 있게 되었으니 참 잘 됐어요."

그 후 내가 그 상담소를 떠나고 활동지역도 바뀌어서 그를 만나지 못한 몇 년 동안 가끔 그의 이름이 생각나지 않는 경우는 있었지만 '복직이'라는 그의 별명은 잊혀지지 않았다.

몇 년 뒤, 후배와 함께 해고자 복직 투쟁위원회 사무실에 들렸다. 함께 갔던 후배는 그날따라 일이 있어서 복부인처럼 좋아 보이는 옷을 차려입고 나온 바람에 사무실에 선뜻 들어서기가 뭐해 문 밖에 엉거주춤 서 있었는데 사람들이 자꾸 들어오라고 해서 쭈빗쭈빗 들어가 노동자들 사이에 끼어 앉기는 했으나, 옷차림새 때문인지 그의 민중적인 얼굴 생김에도 불구하고 꿰다 논 보릿자루처럼 영 어울리지를 못했다.

그런데 바로 '복직이'가 그 사무실에 있었다. 자신을 해고했던 회사에 6년 만에 드디어 복직이 되었다는 것이다. 주변에 둘러앉은 동료 노동자들이 그를 계속 놀려댔다. '말 많은' 여성 노동자들이 더욱 그랬다.

"복직이 되면 뭐하나? 총무과에 책상 하나 갖다 놓고 하루종일 놀고 있다는데……."

"그러기에 복직되기 전에 그런 걸 확실히 해야 한다고 내가 얼마나 강조했어? 원직에 복직을 해야지. 노동자가 책상머리나 지키고 앉아 있으니 되겠어?"

"오늘 우리 사무실에 빈손으로 왔지? 내가 복직만 돼 봐라. 나는 절대 빈손으로 안 온다. 술이라도 사 들고 오지."

그런 놀림을 받으면서도 그는 "이제 다시 새로운 싸움을 시작하는 거지, 뭐"라고 중얼거리며 계속 웃었다. 그때, 40대 중반의 나이 지긋한 노동자가 사무실에 들어서더니 '복직이'와 악수를 나누며 다짜고짜 욕부터 했다.

"이런 쓰발놈, 혼자서만 복직되고……좋겠다."

욕을 먹으면서도 '복직이'는 계속 싱글거렸다. 그 40대 중반의 노동자는 얼마 전에 구속된 선배 노동자 면회를 다녀오는 길이라고 했다. 사람들이 물었다.

"선배님 잘 계시는 거 같아요?"

"응, 아주 얼굴이 허여멀겋더라구. 거 왜 물에다 두부 담가 놓으면 허옇게 불어 터지잖아. 얼굴이 딱 그 색깔이 되었더라구. 매일 땡볕에 돌아다니던 양반이 햇볕을 못 보니까 모처럼 하얀 얼굴이 되었던데……."

"뭐라고 그래요?"

"그 안에 앉아서도 바깥 일 걱정만 하고 있어. '이번 ○○노동조합 위원장 선거에 누구 나온대?' 그래서 '○○○이 나온답디다' 그랬더니 '걔 안 되는데……걔가 위원장되면 안 되는데……걔보다는 지금 있는 ○○○이가 훨씬 더 나은데……지금 있는 ○○○이 그냥 찍으라고 그래' 그딴 소리나 하고 있어. 그 안에 앉아서 그런다고 뭐가 되나?"

복직이가 사 온 음료수를 한 잔씩 마시고 그 사무실을 나섰다. 후배는 아무 말 않고 한참 동안 얌전히 따라오다가 말했다.

"참 대단한 사람이에요. 6년 동안이나 포기하지 않고……."

단병호 위원장에 관한……

　민주노총 단병호 위원장이 곧 임기를 마친다는 기사를 쓰면서 한 정신없는 잡지는 기사 제목을 "단병호, 역사의 뒤안길로"라고 뽑았다. 씁쓸하고 떨떠름하다. 단병호 씨가 역사의 뒤안길로 사라지기를 바라는 사람들도 많겠지만, 천만의 말씀이다.
　단병호 위원장을 가까이에서 처음 본 것은 1989년 10월 12일 저녁이었다. 여성백인회관에서 170여 명의 참석자가 모인 가운데 '산업안전보건법 개정을 위한 공청회'가 진행되고 있었는데, 행사가 막 시작될 무렵, 키가 훌쩍 크고 넓은 이마에 앞니가 듬성듬성한 사내가 작업복과 안전화 차림으로 성큼성큼 단상에 올라섰다. '지역업종별노동조합전국회의' 단병호 의장이었다. 그날 단 의장이 "열악한 노동환경의 개선을 국회 청원이라는 형태보다는 노동자들의 실질적 투쟁력에 의해 쟁취하자"고 외쳤던 짧고 굵은 인사말이 아직도 귀에 쨍쨍 울린다.
　그로부터 한 달 뒤 1989년 11월 12일, 야밤에 몇 시간 동안이나 관악산 기슭을 타고 넘어 서울대에 집결한 4천여 명의 노동자들은 '전태일열사정신계승, 노동악법철폐및전노협건설을위한전국노동자대회'를 성공리에 개최했고(이 대회 이름을 다시 한번 읽어 보자. 모두 31글자나 된다. 내가 기억하기로는 아마 역사상 가장 긴 이름의 대회였을 것이다), 이 대회에 참석하지 못한 노동자들은 서울 시내 곳곳에서 시위를 벌이며 '전노협 건설'이라는 새 역사의 서막을 열었다.

단병호 씨가 민주노총 위원장으로 처음 취임했을 때, 한 단체에서 단 위원장 인터뷰를 부탁하기에 찾아갔다. 보통 직장인들의 출근 시간보다 한 시간 반쯤 일찍 영등포 민주노총 사무실에서 만난 단병호 위원장은 내가 거듭 "괜찮다"고 사양을 했는데도 굳이 큼지막한 머그잔을 양 손에 하나씩 챙기더니 바깥에 나가 손수 녹차를 준비해 왔다. 녹차 봉지에 달린 실을 머그잔 손잡이에 한바퀴씩 돌려 감은 솜씨에서 뜻밖의 섬세함이 느껴졌다.

오래 전, 천호동의 어느 치과에서 단 위원장의 딸을 한 번 본 적이 있다. 한 친구는 그 이야기를 듣고 "맞아. 단 위원장님의 치아를 닮았다면 치료를 좀 받아야 할거야"라고 농담을 했다. 분위기를 부드럽게 만드느라고 그 이야기부터 꺼내니 단 위원장은 자신의 치아를 훤히 보여주며 "나도 지금 치료를 받아야 하는데 시간이 없어서 치과에 갈 수가 없어"라고 웃는다. 딸 이야기가 나온 김에 자녀 교육에 관한 단 위원장의 생각을 물어보았다. 단 위원장은 뭘 그런 걸 다 묻느냐는 얼굴로 답했다.

"그런 면에서 아마 나는 빵점일 거요. 일을 하면서 아이들과 시간을 보내거나 대화를 많이 나누지 못한 것이 큰 아쉬움인데, 다행히 그래도 아이들이 특별히 모나지 않게 잘 자라 주었어. 큰 애는 중·고등학교 때 전교조 선생님들을 잘 만나서 그 선생님들이 가끔 '아빠가 결코 나쁜 일을 하시는 게 아니다. 사회에 도움이 되는 일을 하시는 거다. 너희 아빠 훌륭한 분이다'라고 얘기해 준 것이 큰 힘이 되었던 것 같아. 학교 교육의 중요성을 우리 아이들을 통해서 오히려 내가 배웠지."

1995년인가, 전노협 주최 노동교육이 서당골농원에서 열렸다. 강의를 끝내고 강사숙소로 돌아왔더니 천영세 선배가 벌써 이부자리를 펴 놓고 잘 채비를 끝내 놓고 있었다. 막 잠이 들었을까 싶었는데 문을 두드리는 소리가 났다. 속옷 바람에 문을 열었더니 몇 개월째 수배 중인 단병호, 양규헌 두 위원장이 불쑥 방으로 들어서는 것이다. 두 선배가 그 교육 장소에 어렵사리 찾아오겠다는 연락을 받았지만 '접선'이 몇 번이나 어긋나 포기하고 있었는데, 밤늦은 시간에 겨우 도착했던 것이다. 단병호 위원장이 불쑥 일갈 대성을 내뱉었다.

"이런 좋은 곳에서 벌써 자겠다고 누워 있어? 팔자 늘어졌구만. 청문회 한번 해야 되겠군. 빨리 못 일어나?"

강사의 숙소가 지나치게 번듯해서 화려하다 싶을 정도로 좋은 곳이었는데, 수배 중인 자기들의 생활과 차이가 난다는 걸 단 위원장은 그렇게 표현했다. 단 위원장이 나와 천영세 선배의 이부자리를 계속 발로 툭툭 걷어차며 장난스레 방해를 하는 바람에 우리는 주섬주섬 다시 옷을 입고 일어나 앉았다. 새벽녘이 되도록 많은 얘기를 했는데 워낙 여유만만한 사람들인지라 시종일관 웃음이 끊이지 않았다.

다음날 아침, 식사를 마친 후 시간이 좀 남았을 때 단병호 위원장에게 말했다.

"아주 어려운 부탁 하나 하겠습니다."

단병호 위원장은 궁금해 하는 눈빛으로 바라본다.

"싸인 하나 해 주십시오. 가문의 영광으로 간직하겠습니다."

방 안에 있던 사람들이 모두 웃음을 터뜨렸고, 단 위원장은 거의 뒤로 넘어갔다. 옆에 있던 양규헌 씨가 재촉했다. "어서 하세요. 이제는 그런 것도 좀 해 봐야 돼요." 몇 번이나 사양하던 단 위원장은 마침내 아주 어색한 몸짓으로 종이와 플러스펜을 받아 들었다. "아주 힘있게 눌러서 써 주십시오." 내가 그렇게 말했는데, 단 위원장이 몇 자 적다가 말한다. "이 사람아, 이거 아무리 힘있게 눌러도 잘 안 써지네. 좀 제대로 나오는 걸로 줘 봐." 새로 건네 받은 플러스펜을 쥐고 단병호 위원장은 내 노동가요책 표지에 이렇게 적었다. "노동해방 세상, 단병호." 우리 집 가보가 생긴 내력이다.

그날 낮, 교육 일정 중에 등산 순서가 있어 노동자들이 헐레벌떡 산꼭

대기에 올라갔을 때, 단 위원장이 거기서 노동자들을 기다리고 있었다. '선배 노동자와의 대화'가 끝날 무렵 한 노동자가 단 위원장에게 마지막 질문을 했다.

"지금 제일 하고 싶은 일이 무엇입니까?"

단 위원장은 잠시 생각하는 듯한 표정이 되더니 "아이들 얼굴이 보고 싶습니다"라고 말했다. 아, 그때 우리는 단 위원장의 콧등이 살짝 일그러지는 것을 보았다. 민주노조운동 시대의 상징, 역전노장 선배 노동자의 얼굴에 스치듯 지나가는 슬픈 그림자를 보고 모두가 숙연해졌던 기억이 아직도 새롭다.

삭년 2003년 4월 3일 0시 5분경, 경기도 의왕시 서울구치소에서 단병호 위원장이 여섯 번째 징역을 마치고 만기 출소했다. 단 위원장은 지난 2001년 8월 2일 명동성당 농성 중 김대중 정부가 '잔여형기 종료 후 석방, 구속수배노동자 문제 해결' 등을 약속하자 자진출두했으나, 정부가 약속을 깨고 재구속해 결국 징역 1년 6월을 선고받고 모두 1년 8개월을 감옥에서 보냈다.

4월 2일 밤 11시경부터 서울구치소 앞 주차장에서 시작된 출소 환영대회에는 백기완 선생, 권영길 대표, 오세철 교수 각계 원로 및 정당·사회단체 대표와 민주노총 조합원 등 모두 2백여 명이 참석했다. 단 위원장은 인사말을 통해 "전쟁반대·파병반대 투쟁으로 바쁘고 현장은 임·단투로 바쁠텐데 늦은 시간에 환영해 줘서 고맙다. 밖에서 여러분들이 처절히 싸우는 동안 나는 징역살이를 한 것뿐"이라며 고마움을 표시했다. 단 위원장은 또 "노무현 정부는 출범 이후 노동정책과 관련한 일부 긍정적인 조치를 제시하고 있지만 공기업 사유화, 노동 유연화, 노동시간 단축, 비정규 노동자 문제 등 전면적 대립지점에서는 긍정적인 변화를 찾기 어렵다. 노동운동의 본질적인 문제를 혼동해서는 안 되고 통일된 인식을 가지고 대응하자"고 말했다.

단병호 위원장의 모습을 보면서 나는 '그동안 많이 늙으셨다'는 느낌으로 가슴이 아팠다. 내가 사십대 중반을 넘기면서 느끼는 것 중 하나는 외모나 체력이 늙어가는 속도가 그 나이쯤부터 굉장히 빨라진다는 것이다. 요즘 내 또래 친구들을 몇 년 만에 만나면 생각보다 훨씬 늙어 보이는 모습에 깜짝 놀라곤 한다. 민주노총의 한 간부도 "단 위원장님 말씀하시는 톤이 예전과 조금 다르다"면서 얼굴이 굳어졌다.

지난 가을 노동자대회를 앞두고 만났을 때 내가 "머리카락이 그 새 더 많이 빠지셨군요"라고 인사를 하니까 단 위원장은 "내 머리카락이 빠지는 이유를 하 소장이 연구를 좀 해 보시든지. 연구소장이니까……"라고 농담을 했다.

앞으로 오랜 세월 동안, 뉴스에서 얼핏 단병호 위원장의 모습을 볼 때마다 그런 가슴 시린 추억들이 생각날 것이다.

에필로그

"노동자들이 제 삶을 지탱해 줍니다"

월간 『말』, "인물탐구" (2001. 12), 하종강 한울노동문제연구소장 | 고동우

매달 10일경이면 난 그에게 전화를 해야 한다.

"선생님, 원고 언제 주실 거예요?"

몇 달 전부터 연재를 시작한 '노동상담' 코너 '하종강에게 물어보세요' 원고를 부탁하는 것이다.

"어…… 그래요. 깜빡했네. 오늘밤 안에 줄게요."

그러나 그 '약속'은 늘 지켜지지 않는다. 시간에 맞춰 다시 전화를 하면 어김없이 이런 대답이 돌아온다.

"미안해요. 제가 지방에 와 있거든요. 내일 새벽에나 도착해요. 내일 오전까진 꼭 보내 줄게요."

이렇게 말해 놓고선, 그는 또 하루를 거의 비슷한 이유로 넘기곤 한다. 그러나 평소와는 달리(기자는 한 필자에게 '왜 그리 깐깐해요!' 라는 항의를 받은 적도 있다) 난 그에게 불평하거나 '빚 받아 내듯' 원고독촉을 하지 못한다. 그가 무슨 일을 하고 있는지, 얼마나 바쁘게 살고 있는지, 왜 약속된 원고를 '깜빡' 할 수밖에 없는지 나름대로 잘 알고 있기 때문이다.

1년에 3백 회 이상 다니는 노동교육.

서초동 한울노동문제연구소에서 하종강 소장과 마주 앉자마자 대뜸 이렇게 물었다.

한 달에 몇 번 정도 강연을 나가는 거예요?

"그런 거 수치화하면 노동자들에 대한 모독 같아요."

원고마감 단골 '지각대장'의 항변으로 받아줄 겸, 대체 얼마나 많은 강연을 다니는지 알고 싶어 물었더니 돌아오는 답이 이거다. 하는 수 없이 그가 늘 가지고 다니는 다이어리를 빼앗아 확인해 봐야 했다. 펼쳐 보니 올해 1월부터 11월까지 거의 하루도 빠짐없이 새까맣다. 어떤 날은 한 번, 어떤 날은 두 번, 세 번. 그렇게 최소한 한 달에 25~30회, 1년이면 3백 회 이상 그는 강연을 다니고 있었다. 1주일에 하루 정도를 제외하곤 노동자들을 만나는 일에 거의 모든 시간을 쏟고 있는 셈이다. 그런데 잠시 후 난 더욱 크게 놀라지 않을 수 없었다.

일정은 어떻게 잡는 거예요?

"제가 미리 준비하고 계획한 것은 하나도 없어요. 노동조합에서 요청해 오면 하나하나 일정을 잡는 거예요."

인터뷰 도중에도 그는 휴대폰을 꺼 놓을 수가 없었다. 물론 나 역시 꺼 놓으라는 요구를 도저히 할 수 없었다. 상당히 방해가 되는 게 사실이지만, 그에겐 한 통 한 통이 너무나도 소중한 전화임에 분명했기 때문이다.

"어, 그래요. 잘 지냈어요? 그런데 어떡하지. 그날 내가 지방에 강연 가야 하는데. 미안해요. 다른 날 해야지 뭐."

빠듯한 일정 때문에 완곡히 거절해야 하는 강연요청까지 합하면 그는 아마도 1년에 1천 회 이상 강연을 다녀야 할 것이다. 무슨 대학교수도, 변호사도, 박사도 아니고 그 흔한 자격증 하나 없는 하종강을 노동자들은 대체 왜 그리도 '애타게' 찾고 있는 걸까. 직함이라곤 직원 두 명이 함께 일하는 한울노동문제연구소의 소장, 그리고 그나마 좀 번듯한 게 서울지방노동위원회 심판담당 공익위원 정도인데 말이다.

그 해답은 아무래도 진보운동진영 내에서 '정설'처럼 떠다니는 소문에서 찾아야 할 것이다. "무슨 주제든 교육을 제대로 하려면 하종강이 하는 걸 들어보라." '안티조선' 강연으로 바쁜 우리 『말』지 정지환 기자도 노동자들 대상으로 강연을 갔다가 한 노조 간부에게서 그런 이야기를 들었단다. 하 소장에게 이 이야기를 직접 해 줬더니 그는 "20년 하고 이만큼도 못하면 바보"라고 받아친다.

"어떤 사람들은 굉장히 잘한다고 하지만, 20년이나 했으니까 당연히 이만 큼 하는 거죠. 언젠가 교육을 한번 갔다가 어떤 아줌마인데, 그 노동자가 이러 는 거예요. '아유, 교육을 잘하니까 구두까지 예뻐 보이네. 어쩜 그렇게 신발도 듬직하게 잘 생겼어.' 하하, 그래서 전 그랬어요. '어휴, 아주머니, 아줌마도 20 년 하면 이만큼 못할까요.' 그랬더니 아줌마가 이렇게 말해요. '그래, 그거 말 된다. 나도 공장일 한 10년 했더니 눈 감고도 해.' 하하, 그러더라구요."

그렇다. 벌써 20년째다. 하종강은 대학을 졸업한 1982년부터 인천 도시산 업선교회가 운영하는 '일꾼자료연구실'에서 노동자들의 정서·욕구·일상이 무 엇인지 구체적으로 익히고, 그걸 체계적으로 정리해 교육자료를 만들어서 작 은 소모임 공간에서부터 노동교육을 시작했다. 그 뒤 마음먹고, 목적의식을 갖고 '노동교육 전문가가 되어야지' 하진 않았지만, 어찌어찌 하다 보니 지금 에 이르게 되었다(물론 다른 '심각한' 이유도 있었다. 그것은 글 뒷부분에서 설명된다)는 게 그의 설명이다. 그러나 아무리 20년을 해 온 '전문가'라 하더라도 그의 강연을 들은 노동자들이 이렇게 '뿅 간다'면 좀 '심한' 것 아닌가?

노동조합원이라는 게 자랑스럽다

"전공련(전국공무원직장협의회총연합) 대의원대회 때 선생님의 강의를 듣고 제 자신 은 물론 그 자리를 채운 2백여 명의 동지들이 많은 감동을 받았고, 공무원노 조 건설의 당위성을 재정립하는 계기가 되었습니다. 그 주옥 같은 강의내용 을 참가자들만 듣기엔 너무나 아까워 제가 있는 곳에 모시고자 합니다. 다른 훌륭한 선생님들도 많겠지만 하 선생님의 강의를 최우선으로 듣고 싶은 게 개인적인 심정입니다"(모지역 공무원직협 간부).

"선생님 강의를 듣고 엄청난 감명을 받은 사람입니다. 그동안 노동조합에 대해 별로 생각해 본 적이 없었지만 선생님 강의를 듣고 한번 잘 생각해 보았습니다. 그동안 당연시했던 모든 일들을 다른 각도로 바라보니 모두 새로운 의미를 가지고 있다는 것을 깨달았습니다. 그동안 제 모습이 부끄러웠습니다. 제게는 노동의 가치와 노동조합의 필요성을 느끼게 해 준 소중한 시간이었습니다. 이제는 제가 노동조합원이라는 것이 자랑스럽습니다"(김○○, 모 노조 조합원).

"선생님 강의를 경청하고 매우 감명 받은 사람입니다. 우리나라가 터부시하는 노동의 가치와 소중함을 일깨워 주셨고, 이 사회의 구조적인 모순에 대해 명쾌하게 말씀해 주셨습니다. 한 선생님이 말하길 자기는 조합원이면서도 늘 주눅들어 있었는데, 선생님 강의를 듣고 어깨가 쭉쭉 펴지는 것을 느꼈답니다"(최○○, 전교조 조합원).

"소장님 명강의에 대한 조합원들의 칭찬에 우리 노조 집행부의 어깨가 우쭐해져 기쁨을 감출 수가 없었습니다. 조합원들의 반응은 한결 같았습니다. 그동안 잊고 살았던 것을 볼 수 있었다고 뿌듯해 하더군요. 항상 건강하시고 전국의 모든 노동자들에게 희망과 꿈을 심어 주실 것을 부탁드립니다"(박○○, 모 노조 간부).

모두 그의 개인 홈페이지 '하종강의 노동과 꿈'(www.hadream.com)에 올라온 글들이다. 개중에는 더 '심한'(이를테면 마치 하종강을 '조폭' 형님 대하듯 하는 글부터 진한 애정 표현까지) 글도 많지만, 조금 얌전한 것만 모아본 게 이 정도다.

노동조합을 '집단이기주의 세력'이라고, 나아가 자기 이해만을 위해 '반(反)개혁'을 일삼는 집단이라고 몰아붙이는 정관계, 보수언론, 일부 시민단체 나으리들이 보면 통탄할 일이 아닐 수 없다. 노조 한다고 어깨가 펴진다니? 자랑스럽다니? 게다가 공무원 노조의 당위성까지 재정립해? 그러나 하종강에게 그것은 너무나도 당연한 '진리'에 지나지 않았다.

"노동조합은 원래 이기적인 거예요. 노동자들은 어떤 경제원리를 이해해서 임금인상, 노동조건 개선, 고용안정을 요구하지 않아요. 그러나 어느 시대, 어느 사회에서나 노동하는 사람들이 자신의 이익을 추구하는 것은 항상 역사 발전의 원동력이 돼 왔어요. 한 사회가 가지고 있는 수많은 문제점을 해결하는 올바른 처방이 되었어요. 노동조합의 정당한 활동은 자본주의의 모순적인 억압구조를 공고히 하는 쪽에 기여하는 것이 아니라 보다 평등한 구조로 개선하는 동력이 돼 온 것이잖아요. 그건 고대 노예들이 해방되기 위해 주인을 칼로 찌르는 것과 마찬가지 행동입니다."

비정규직 노동자들에게 화를 낸 이유

사람들은 자주 말한다. "그깟 돈 몇 푼 더 받겠다고 저렇게 죽어라 싸워?" 그러나 그것은 하종강의 조금 어눌하지만, 진지하고 솔직한 입을 통하면 이처럼 역사의 진보와 평등사회를 향한 정당한 몸부림이 된다. 천박하고 이기적인 요구에서 '유장한' 의미를 지닌 치열한 저항으로 옷을 갈아입게 되는 것이다. 하종강이 강연 때마다 강조하는 것이 바로 그런 것이다.

"노동운동가들 중에도 그런 사람이 있어요. 왜 민주노총, 한국노총은 꼭 임금인상, 노동조건 개선에만 신경을 쓰냐는 거죠. 자기는 그렇게 안 할 거래요. 하지만 노동운동은 본래 고상한 게 아니에요. 누구는 '요즘 개나 소나 노동조합 다 한다' 이렇게 말하지만, 원래 개나 소나 다 하는 게 노동조합이에요. 투사들만 하는 게 아니라는 말입니다. 우리 사회의 교육이 어릴 때부터 뭔가 '고상한' 가치만 추구하도록 만들어 왔기 때문에 그런 말이 나온다고 생각해요. 완벽한 음모의 시스템이에요, 이건. 자본가들과 정치인들은 있는 돈, 없는 돈 뒤에서 다 받아먹으면서 말이죠."

물론 하종강은 '할 만큼 해 온' 베테랑 노동운동가들에겐 이런 말을 잘 하지 않는다. 경제주의적 시각의 한계에서 머무를 그가 아니다. 우리 사회에선 노동조합이 제대로 존립하는 풍토조차 형성되어 있지 않기 때문에 주로 '초보' 노동운동가, 일반 조합원들을 대상으로 위와 같은 말을 할 뿐, 그 역시 노동운동이 가지고 있는 문제점을 그 누구보다 잘 알고 있다. 이를테면 그는 "노동운동은 한 달에 몇 백만 원씩 받는 대기업 정규직 노동자들이 1백만 원도 채 못 받는 중소·영세사업장 노동자들, 비정규직 노동자들의 투쟁지원금·생활비를 적극 지원하는 수준까지 가야 한다"고 말한다. 같은 노동자로 살면서, 똑같이 일하면서 이러한 격차가 생기는 것은 말이 안 된다는 것이다.

"한국 노동운동이 해결할 문제가 그겁니다. 나눠 가질 줄 아는 것. 그런데……."

이 대목에서 그는 갑자기 목이 메여졌다. 살짝 그의 눈을 바라보니 어느새 눈시울이 빨갛게 불거져 있다.

"그러니까 한국통신 계약직 노동자들……. 20년 일한 사람이 85만 원인가 받았어요. 정말 바보들 아니에요? 하지만 그 바보 같은 사람들은 그런 불이익을 받으면서도 몇 년에 한두 명씩 정규직된다고, 가족들을 그걸로 설득해 온 거예요. 하늘 같은 정규직만 되면 이제 고생 끝난다고……. 애들 등록금도 다 나오고, 임금도 세 배는 뛴다고. 그런데 노조 만들었다고 어느 날 갑자기 계약 해지 당했잖아요. 그래서 전국 곳곳의 수천 개 전화국을 다니면서 사람들 조직했다구요. 나도 함께 했어요. 그런데 어느 날 충북본부에서 노조 설립한다고 나보고 강연 와 달래요. 무슨 칠갑산 기슭에 있는 분교라나. 아, 그래서 이 사람들 어떻게 분교 교실 한 칸이라도 빌렸구나 했죠. 그런데 물어 물어 찾아가 보니 운동장 한 귀퉁이 맨땅바닥에 그냥 삼삼오오 모여 앉아 있는 거예요. 그래서 난 벌컥 화를 냈어요. '이 사람들아, 땅바닥에서 하려면 뭐 하러 여기까지 찾아 들어와. 그냥 아무 데서나 하지.' 그때 목이 콱 잠기더라구요. 그 사람들은 그래도…… 교육한다고, 모양새라도 갖추려고 분교에 자리를 잡은 거였어요. 맨 땅바닥에……. 그런데 1년에 수십 억씩 조합비를 받는 대기업 노조들, 그리고 한국통신 정규직 노조는 대체 뭐하고 있냐구요."

나는 더 이상 질문을 이어갈 수가 없었다. 묵묵히 그를 바라보는 것 말고는 아무것도 할 수 있는 게 없었다. 하종강의 눈물이 말해 주고 있는 것이 있었다. 그는 스스로 "나는 투철한 사상과 과학으로 무장한 이데올로기적 인간은 아니다'라고 자주 말해 왔다. 다시 말해 자신은 과학적 인식이 아니라 감성에 의해 움직이는 사람이라는 것이다.

"아무리 시대가, 정권이 바뀌어도 하루 세 끼를 걱정해야 하는 노동자들이 있었어요. 노동조합 활동을 한다고 탄압받는 노동자들이 있었어요. 외국에 갔다 온 한 친구는 내 스케줄을 보더니 '니가 이런 거 안 한다고 세상이 멈추냐, 안 한다고 세상이 달라지냐' 그래요. 하지만 내일 길가에 나앉아야 할지 모르는 노동자들이 사방에 있거든요. 저는 외국에 가서 박사학위 받는 것보다 이 사람들과 함께 하는 게 옳은 것이라고 생각했어요. 물론 제 자신이 확신이 없으면서 노동자들한테 떠들어대면 그건 '사기'니까, 나름대로는 세계관을 끊임없이 정리하고 있어요. 하지만 제 선택은 늘 과학적 인식에 따른 것이 아니라 감성에 의한 것이었어요."

과학이 아닌 '감성'에 의한 선택

그랬다. 노동자들은 하종강의 말을 들으면 어깨가 쭉쭉 펴진다고 하지만, 하종강은 고통받는 노동자들이 있기에 20년을 그렇게 살아올 수 있었던 것이다. 그것이 바로 숱한 위기와 '유혹' 속에서도 하종강이 큰 흔들림 없이 인생의 절반을 노동자들과 함께 해 올 수 있었던 근거였다. 현실 사회주의가 무너지면서 수많은 운동가들이 "노동해방은 끝났어. 무슨 노동운동이야" 하며, "내가 가장 진보적이고 앞서가는 사람이라고 생각했는데 이제 그게 아닌 것 같다"며 하나 둘 노동자 곁을 떠났을 때는 '최소한 고전적인 휴머니즘만은 버리지 말고 살자'고 자신을 다잡았다. 1980년대 중반 국제적인 인권운동가로 발돋움할 수 있는 해외연수 기회가 왔을 때도 그의 머릿속엔 온통 이 나라 노동자들이 놓인 열악한 현실밖에는 없었다.

하종강의 강연을 들어본 사람은 알겠지만, 그의 강연엔 늘 그가 직접 겪은 그 생생한 '현실'과 '역사'가 고스란히 녹아들어 간다. 강의 처음부터 끝까지 그가 파업현장에서, 집회에서, 평범한 일상에서 노동자들과 함께 울고 웃으며 겪은 고통, 울분, 저항 그리고 그 안에서 피어나는 여러 감동들이 그의 나지막한 목소리로 전달된다. 하종강의 강연이 '살아 있다'는 평을 듣는 것은 바로 그 때문이다. 아무리 책을 많이 읽고, 머리에 담긴 게 많아도 결코 하종강이 노동자들과 함께 해 온 그 20년 세월을 따라올 수는 없는 것이다. 그의 강의교재는 어떤 체계적인 지식이나 이론이 아니라 바로 하종강 그 자신인 셈이다.

그러나 하종강은 이러한 해석에 '절대' 동의하지 않는다. 자신처럼 '편한 길'만 찾아 살아온 사람도 없다는 것이다. 대체 왜?

"제가 지금껏 어느 조직에 소속되어서 조직운동을 하지 못하는 이유가 있어요. 조직운동은 올바로 가기 위해 생각이 다른 사람을 배제하고, 원칙에 어긋나면 잘라내야 하거든요. 그게 성실한 조직운동가의 자세거든요. 그런데 전 그게 너무 힘들었어요. 저도 직접 조직에서 후배를 제명해 보고, 내가 제명당해 보기도 했지만, 도저히 감당할 수 없는 삶이라는 생각이 들었어요. 그래서 1980년대 중반에 조직운동을 포기하고, 개인적으로 노동운동에 기여할 수 있는 길을 찾다 보니 여기까지 오게 된 거예요. 선·후배들은 한동안 그랬어요. '그만 좀 편하게 살아라. 이제 그 생활에서 기어나와라.' 이런 말도 들었어요. '너 지금 굉장히 천사표처럼 착하게, 좋은 말만 하면서 사는 것 같은데, 그건 니가 조직운동을 포기한 부채감 때문이야.' 전 이 지적에 공감해요. 나름대로 열심히 교육 다니면서, 노동자들을 위해 시간을 쏟아 붓는 건 제가 편한 길을 걸어 왔다는 그 부채감 때문도 있어요. 조직운동이 제가 하는 일보다 훨씬 더 중요한 일이거든요. 부채감 같은 거로 운동하면 정말 안 되는데……."

'부채감'에서 벗어나지 말자

'부채감'은 인터뷰 중에 그가 가장 많이 쓴 표현 중 하나였다. 그의 부채감은 비단 조직운동을 포기하면서 자신의 한계를 '너무 일찍 규정지은 것'에만 있지 않았다. 인터뷰 말미, 이제 정리할 때가 됐다 싶어 미처 하지 못한 '자투리' 이야기를 재미있게 나누던 중이었다.

선생님이 세워 놓은 '작은 삶의 원칙' 같은 거 없어요?

"작은 원칙들, 굉장히 중요하게 생각하죠. 많은데, 그 중 하나를 이야기하면 제가 결혼하고 14년 만에 양복 한 벌을 사 입었거든요."

14년이나요?

"옷 사입는 데 돈 들어가는 게 너무 아까우니까요. 그런데 욕도 많이 먹었죠. 한 번은 누구더라⋯⋯ 아무튼 누가 죽어서 관을 운구차로 옮기는데 제가 청바지에 빨간 방수잠바 입고 관을 들었거든요."

하하, 욕 많이 먹었겠어요?

"그랬죠. 그래도 검은 양복 쫙 빼입고 폼잡는 것보다 음식 날라주고, 잔심부름 해 주고, 진심으로 위로해 주는 게 더 중요하다고 생각했어요. 그런데 운구하니까 갑자기 생각나는데⋯⋯."

화기애애했던 분위기가 갑자기 심각해졌다. 또 그의 눈엔 눈물이 그렁그렁 맺혀 있었다.

"80년 5월에, 제가 수배된 학생이었거든요. 그래서 부천 원미동 석유가게에 취업해서 숨어 있었어요. 그런데 그때, 내가 그렇게 숨어서 석유배달을 다니던 그때⋯⋯ 골목에서 중국음식점 철가방 소년을 만나면 즐거운 수다를 떨기도 했던 그때에⋯⋯ 다방에 석유배달을 가서 다방 종업원들과 희희덕거리기도 했던 그때에⋯⋯ 한가할 때면 서점에 들어가 만화책을 수십 권씩 키득키득 웃으며 읽기도 했던 그때에⋯⋯ 내 친구 김의기(당시 22세, 서강대)가 광주학살의 진상을 폭로한다며 종로5가 기독교방송국 8층 난간에서 아스팔트 위로 투신했어요. 그때 유인물 제목은 이랬어요. '동포여, 무엇을 하고 있는가!' 군사정권이 수백, 수천 명을 죽이고 있는데 동포라는 당신은 도대체 어디서 무엇을 하고 있느냐는 것이었죠. 그런데 김의기의 장례식을 치렀던 선배가 몇 달 후 저를 만났을 때 이러는 거예요. '똑똑한 놈들은 다 숨어버리고, 멍청한 놈들만 나와서 장례를 치렀다. 애새끼들이 얼마나 꼭꼭 숨었는지 의기 관을 운구할 놈이 없는 거야. 너는 임마, 나쁜 놈이야.'"

하종강은 아무런 말도 할 수 없었다. 김의기가 처절하게 절규하며 아스팔트 위로 몸을 날리는 동안 자신은 무엇을 하고 있었는지……. 그 부채감은 아직까지도 하종강을 가위눌리게 하고 있는 것이었다. 굳이 '역사'와 '운동'을 이야기하지 않더라도 인간이라면 그 부채감에 답할 수 있는 삶을 살아야 한다는 것, 그것이 최소한 인간의 모습을 하고 살아가는 방법이라는 것, 적어도 하종강에겐 그게 '진실'이었다.

어쩌면 하종강에게 '부채감'은, 자신을 옥죄고 있는 어떤 '과거의 사슬'이 아니라 스스로 올바른 길을 선택하기 위해, 인간으로서 부끄럽지 않은 삶을 살기 위해 끊임없이 되묻고 또 되묻는 자신에 대한 '채찍질'인지도 몰랐다. 그는 오늘도 수많은 '부채'를 스스로 만들어가면서 살아가고 있다. 자신이 가르치고 지원해 준 노동자들이 싸우다가 해고·구속 등 엄청난 피해를 입었을 때, 그는 부채를 청산할 생각을 하지 못한다. 자신이 맛있는 밥을 먹고 좋은 옷을 입고 다닐 때, 길거리에 나앉아 끼니조차 제대로 챙기지 못하는 수많은 노동자들이 있음을 생각하면, 부채는 열 배 백 배씩 불어나고 만다.

"올 초 그 혹한의 겨울에, 눈보라가 몰아치는 명동성당 입구에서 인권운동가들이 목숨을 건 단식농성을 하는 동안 당신은 어디서 무엇을 하고 있었나요? 그들의 손발과 코끝이 동상으로 문드러지는 동안 당신은 어디에서 무엇을 하고 있었나요? 노숙투쟁을 밥 먹듯이 하면서 할 수 있는 건 다 하고 있는 한국통신 계약직 노동자들과는 마음 깊은 곳에서라도 함께 울었나요? 우리 모두 이 부채감에서 벗어나면 안 됩니다."

하종강이 사회진보를 바라는 수많은 사람들에게 마지막으로 전하는 말이었다. 수많은 진보운동가들이 있으나 이런 말을 자신있게 할 수 있는 '자격'을 가진 사람은 많지 않다. 그러나 하종강은 다르다. 그의 삶 자체가 부채감과의 전쟁, 바로 그것이었기 때문이다.

어둔 밤, 죽음 같은 고문의 절망을 딛고 일어나

월간 『말』 "나의 20대" (2001.01) | 허종강

1974년, 대학에 진학하면서 호기롭게 가졌던 각오는 간단했다. '이 나라의 대학은 2년만 다니자. 그 2년은 아예 내 인생에서 없는 셈치자'고 생각했다. 자연계는 2년, 인문계는 4년을 수료해야만 정부가 외국 유학을 허가하는 답답한 시대였다. 조국의 대학을 2년씩이나 다녀야 한다는 걸 무슨 대단한 수치처럼 여기는 덜떨어진 수재들이 있었고, 나는 결코 수재가 아니었으면서도 되지 못한 수재 흉내를 냈다. 10대를 벗어나지 못한 오만함으로 미래를 바라보니, 20대에 박사가 되는 것도 별로 어렵지 않았고 당연히 강의시간에는 언제나 맨 앞자리에 앉았다. 내가 과대표일 거라고 오해를 하고 교수들은 자꾸 나한테 뭘 시키곤 했다.

'인민의 눈물 젖은 빵과 저 노래는 어떤 관계가 있나'

중·고등학교 6년 동안 까까중 머리와 검은색 교복 속에 갇혀 숨을 죽여야 했던 정서적 배고픔을 충족시키기 위한 노력도 게을리할 수 없었다. '천박스럽지만 않다면 가릴 게 없다'는 생각이었다. 날을 잡아서, 9시간 동안 꼼짝 않고 앉아서 맹물만 마시며 관현악을 들어 보았는데 견딜 만했다. 몇몇 친구들과 함께 고전음악감상회를 만들어 바로크에 푹 젖어 살았다. 고등학교 때 미술 선생님과 친하게 지내느라고 미술실에 드나들며 곁눈으로 배웠던 데생을 마저 배우고, 수채화와 유화를 몇 점 흉내내 전시회장에 걸어 놓으니, 나처럼 세상

을 풍요롭게 사는 놈도 없는 듯싶었다.

그 무렵, 고전음악과 미술이라는 내 '귀족 취미'는 톨스토이의 예술론 몇 쪽만으로도 이미 혁파되었다. "저기 왕자가 나아오네~"라는 짧은 귀절을 완성태에 이를 때까지 수십 번이나 반복 연습하는 오페라 가수를 보면서, 톨스토이가 '인민의 눈물 젖은 빵과 저 노래는 어떤 관계가 있나'를 고민했다는 내용은 유신의 서슬이 시퍼렇던 1970년대 초반의 혈기 왕성한 대학생에게 쉽게 공감되었다. 내 기억에 자신이 없지만, 20년도 더 전에 읽은 '톨스토이 예술론' 어느 장의 첫머리가 그렇게 시작되고 있었다. 다소 경망스러운 짓거리였다는 느낌이 전혀 없지는 않지만 얼마 후에는 '루카치'를 원서로 읽었다.

무풍지대인 줄 알았던 우리 대학에도 좋은 선배들과 친구들은 있기 마련이어서 자연스레 모였다. '아, 대학은 자유와 진리의 광장이며' 따위로 시작되는 영탄조의 유인물 몇 장을 교내에 뿌린 것만으로도, 굴비 두름처럼 꿰어져 줄줄이 교도소로 가야 하는 것이 당연했던 '비합'의 시대였다. 교내 집회나 시위가 10분을 넘기면 성공적이라는 평가를 받았다.

결정적인 결단을 내려야 할 때, 나는 작고 어두운 내 방에 들어가 하루 종일 뒤척이며 나오지 않았다. '20대 박사'로 상징되던 온 가족의 꿈이 아까워 고민했다. 어머니가 이따금 내 방문을 열어보시고는 아무 말 없이 닫으셨다. 그렇게 이틀이 지나고 사흘째 되던 날 아침 밥상머리에서, 사춘기의 한가운데쯤에 들어서 있던 여동생에게 어머니가 말씀하셨다.

"네 오빠가 지금 하고 있는 고민의 내용을 이 에미는 잘 모른다. 너도 역시 그 내용을 모를 테지만, 오빠가 지금 올바르게 살기 위한 고민을 하고 있다는 것쯤은 알아 두어라. 세상을 바르게 산다는 게 결코 쉽지 않다는 것만이라도 알아 두어라. 그리고, 드러나는 것보다 근본이 중요하다고 가르쳐 온 에미로서, 네 오빠가 이번에 어떤 결정을 하든, 나는 아무 말 않기로 했다."

아, 그것은 나에게 하시는 말씀이었다. 적산가옥의 커다란 창 옆 흐린 전등불 밑에 앉아 구멍난 양말 속에 알전구를 넣어 짜깁기를 하시면서 "사람은 주변에 좋은 영향을 미치면서 살아야 한다"고 말씀하시던 어릴 적 어머니의 모습이 선명하게 되살아났고, 그날 각인된 어머니의 양말 깁던 모습은 흐릿한 조명과 오랜 세월이 지난 지금도 생생하다.

며칠 뒤, 나는 몇몇 선배들과 함께 여관에서 밤을 꼬박 새며 등사기로 밀어낸('등사기를 민다'는 표현을 이해하는 학생들이 몇이나 있을까. 생각해 보면, 그때는 참으로 '원시시대'였다) 유인물 뭉치를 라면박스에 싸 들고 새벽에 학교로 들어가 시간이 되기를 기다렸다. 손바닥에 잔뜩 묻은 등사 잉크도 지우지 못한 채였다.

그날 저녁, 경찰서에 연행된 학생들 중에 유일한 1학년이었던 나는 "1학년 밖에 안 된 놈이 뭘 안다고 까부냐?"는 이유로 '간첩 잡는' 형사들에게 숱한 꿀밤을 얻어맞으며, 대공계 사무실 구석에 쪼그리고 앉아, 새로운 인생의 분기점에 섰다는 감격으로 눈물지었다. 그날 이후 우리 사회의 '소수 몰지각한 무리'에서 크게 벗어나 본 적은 없다. 어머니는 지금도 가끔 나를 보면 농담처럼 말씀하신다.

"저 녀석이 74년도 11월에 처음으로 잡혀가서 두들겨 맞기 시작한 이래 오늘까지 단 하루도 제정신 차려본 날이 없었다니까……."

그 말은 내가 제정신 차리기 시작한 지 26년이 되었다는 말이다.

돌이켜 보면, 대학을 나선 뒤의 전망이 제대로 모색되지 않는 참으로 암담한 시기였다. 졸업한 뒤에는 재벌 회사의 금배지를 가슴팍에 달고 '자본의 하수인'이 되든지 '자본가를 때려 부수는' 망치를 들고 노동자가 되든지, 둘 중의 하나뿐이지 다른 선택의 여지가 없었다. '사무전문직 노동운동'은 환상으로도 존재하지 않았다. 요즘처럼, 사회에 나가 지식 노동자로 옳게 서서 사회에 이바지한다는 생각은 꿈에도 할 수 없었던 황량한 시대였다. 어떤 선택이 옳은 것인지는 너무나 자명했다.

그 후 사반세기의 세월 동안, 날이면 날마다 인원 동원을 준비하고, '원봉'(원천봉쇄)을 어떻게 뚫어 낼까를 고민하고, 수배된 학우들을 위한 '안가'를 마련해야 하고, 교문 앞을 불바다로 만들면서 저지선을 뚫기 위한 싸움을 준

비해야 하는 후배들이 끊임없이 있었다. 그런 쉼 없는 활동에 젊음을 바쳤던 사람들이 1970, 80년대에 수십만 명이나 있었고, 그 후배들은 내가 가끔 길에서 내려서고 싶을 때마다 나의 선생님이 되었다.

아, 잊을 수 없는 어머니의 고백!

1987년 7, 8월의 '노동자 대투쟁'과 같은 역사는 다시 또 우리 앞에 없을지도 모른다. 해방 이후 40년 세월 동안 만들었던 노동조합과 거의 같은 수의 노동조합이 그 해에 만들어졌고, 2천여 개 사업장에서 동시에 노동쟁의가 발생했다. 아마 6·25전쟁이나 임진왜란의 들끓는 분위기도 1987년 7, 8월에 미치지는 못했을 것이다. 머리띠를 묶어 맨 수만 명 노동자들의 모습과 휘날리는 수백수천의 깃발과 현수막의 물결이 두 달 내내 TV 뉴스의 첫머리를 장식했다.

그 1987년 7, 8월 어느 날, TV 뉴스를 물끄러미 바라보던 어머니가 지나가는 말처럼 말씀하셨다.

"그동안 말은 안 했지만, 사실은 내가 전평(조선노동조합전국평의회) 조합원이었다. 40년이 넘도록 아무에게도 말을 못하고 살았지만 사실은 내가 전평 활동을 했다. 그때 우리와 같이 활동했던 사람들은 어느 날 깨어서 보면 한강변에 시체로 떠오르기도 하고 간밤에 죽창에 찔려 죽기도 하고 그랬다. 그래도 다들 열심히 했지. 6·25사변 때에는 보도연맹에 가입했다가 모두 다 죽고 나 혼자 운 좋게 살아 남았는데, 다들 너보다 더 똑똑하고, 더 말 잘하고, 더 잘생긴 아까운 사람들이었다. 남편에게도 여지껏 말을 못하고 살았지만, 사실은 내가 전평 조합원이었다."

아, 칠순이 다 된 어머니가 40년 동안 살을 맞대고 살아온 남편에게조차 말하지 못했던 비밀을 그날 아들에게 고백하셨던 것이다. 14년 전 아침 밥상머리에서 어머니가 여동생에게 "네 오빠가 이번에 어떤 결정을 하든, 나는 아무 말 않기로 했다"고 말씀하실 수 있었던 비밀을 나는 그날에서야 풀 수 있었다. 더 오래 전 옛날, 적산가옥의 흐릿한 전등불 밑에서 구멍 난 양말 속에 알전구를 넣어 짜깁기를 하시면서 기껏해야 대여섯 살배기였던 나에게 "사람은 주변에 좋은 영향을 끼치며 살아야 하는 거야"라고 단단히 각인시킬 수 있었던 어머니의 비밀을 나는 그날에야 풀었다. 감히 말하건대, 어머니가 없었다면 오늘의 나는 없었다.

최근 후배의 좁은 자취방에서 나보다 훨씬 나이가 어린 '영화 마니아'들 틈에 끼어 앉아 영화 〈무방비 도시(Open City)〉를 본 적이 있다. 영화의 뒷부분 절반은 이탈리아 지하군 포로에게 가해지는 나치 친위대의 무자비한 고문과 그에 대한 숭고한 저항이 내용의 중심이다. 화면 가득 폭력이 난무하고 비명이 넘쳤다. 같은 인간이 인간의 탈을 쓰고 어떻게 저럴 수 있는가……. 영화를 보고 나서 젊은 사람들은 말했다.

"이건, 흡사 공포영화군요", "웬만한 공포영화보다 더 무섭군요."

그러나 우리나라의 '흔해 빠진' 운동권 출신들에게 영화 〈무방비 도시〉에 나오는 고문은 그렇게 낯선 장면이 아니었다. 우리나라 1970, 80년대 십수 년 세월 동안 줄잡아 수만 명이 그런 고문을 당했다. 경찰서에서, 대공에서, 안기부에서, 보안사에서……. 잡혀간 운동권들에게 가해진 가공할 고문은 그야말로 우리나라에서 '흔해 빠진' 일이었다.

영화를 보며 사람들은 '인간이 어떻게 저럴 수가 있는가'라고 혀를 찼지만, 인간은 충분히 그럴 수 있었다. 19년 전, 20대 후반의 팔팔한 사내였던 내가 말로만 듣던 '비녀꽂기', '통닭구이'를 당하며 사흘 밤 동안 거꾸로 매달려 있다시피 했을 때 '인간의 탈을 쓴' 수사관들은 손 털고 뒤돌아서면 딸아이의 대학입시 걱정을 했고 운전면허시험에 떨어진 마누라 걱정을 했다. 그들도 집에 돌아가면 여느 인자한 아빠나 자상한 남편과 다를 바 없었다. 인간은 충분히 그럴 수 있었다. 나에게 그 짓을 했던 사람들 중에 한 명의 이름을 아직도 똑똑히 기억한다. 아마 죽을 때까지 잊지 못할 것이다.

지금 나의 '무기'는 무엇인가

그해 여름, 장마철이 되었을 때, 나는 팔이 쑤셔서 우산조차 들 수 없었다. 가슴에 생긴 검은 멍 자국은 몇 개월 동안 없어지지 않았다. 그러나 그 고문을 견뎌내고 '죽지 않고 살았다'는 걸 깨달았을 때 우리에게 들었던 생각은 일종의 자신감이었다. 앞으로 남은 인생 동안 우리에게 그만큼 큰 고통은 다시 없으리. 그러니까 우리가 앞으로 이기지 못할 고통은 없다. 과연 그랬다. 그날 이후, 그 고통의 절반쯤 되는 어려움도 아직까지 겪어보지 못했다. 앞으로 남은 인생에서도 그럴 것이다.

하지만 죽지 않고 살아났을 뿐이지, 우리가 그 고문을 이겨낸 것은 아니다. 고문을 이기는 것은 영화에서나 가능한 일이다. 나보다 먼저 잡혀 며칠 동안이나 고문을 당했던 후배는 "나는 모르지만 하종강 선배는 알지도 모른다"고 말해 버렸고, 그래서 잡혀간 나는 사흘 만에 아끼는 후배의 이름들을 수사관에게 말할 수밖에 없었다. 그 뒤 며칠 동안 나는 후배들이 차례차례 잡혀 들어오는 것을 지켜봐야 했다. 후배들은 내 얼굴을 보고는 "2년짜리 수련회에 왔다고 생각하지요"라고 말하며 오히려 나를 위로했지만, 그날 밤부터 나는 복도에 울려 퍼지는 후배들의 비명을 들어야 했다. 깊은 밤, 어두운 복도에서 후배들이 "종강이 형~"을 부르며 질러대는 비명을 듣고 있어야 하는 절망감을 아는가. 그 절망감은 분노가 되어 나의 무기가 되었다.

오늘도 결의를 다지면서 머리띠를 묶어 매야 하는 노동자들과, 번화한 거리 뒷골목에서 단속반과 숨바꼭질을 벌여야 하는 노점상들과, 포크레인 삽날에 무너져 내리는 삶의 터전을 지켜보아야 하는 철거민들과, 썩어 문드러진 논밭을 바라보며 이를 가는 농민들이 있다. 이들은 모두 진솔한 '우리'이다. 다른 것은 몰라도, 최소한 그들과 친구가 되어야 한다. 그것이 내가 죽어도 손에서 놓을 수 없는 내 무기의 최저값이다.